Satzarten unterscheiden

Satzglieder erkennen

Wortarten bestimmen

Rechtschreibstrategien

Rechtschreibregeln

Deutschbuch

Erweiterte Ausgabe

Sprach- und Lesebuch

5

Herausgegeben von
Bernd Schurf und Andrea Wagener

Erarbeitet von
Christoph Berghaus, Friedrich Dick,
Heike Frädrich, Agnes Fulde,
Hans-Joachim Gauggel, Frauke Hoffmann,
Anna Löwen, Ruth Malaka,
Sabine Matthäus, Katja Reinhardt,
Volker Semmler, Mechthild Stüber,
Bettina Tolle, Carolin Wemhoff

Cornelsen

Redaktion: Annika Kusumi
Bildrecherche: Gabi Sprickerhof

Illustrationen:
Uta Bettzieche, Leipzig: S. 59, 65, 69, 71, 72, 75, 127–138, 167, 168, 175–179, 183–191, 193–195
Nils Fliegner, Hamburg: S. 197–222, 224–228, Vorsätze
Christiane Grauert, Milwaukee (USA): S. 43–46, 49, 50, 52–57, 59
Constanze Guhr, Berlin: S. 30–32, 34–36, 39, 41
Josep Rodés Jordà, Murnau: S. 14, 16, 22, 24, 79, 81–84, 87–89, 91, 143, 145, 147, 148, 156, 231, 233
Christa Unzner, Berlin: S. 93, 94, 97, 99–102, 104–109
Constanze von Kitzing, Köln: S. 111, 112, 114, 116, 117, 119–121, 123–125

Gesamtgestaltung und technische Umsetzung: werkstatt für gebrauchsgrafik, Berlin
Coverfoto: Thomas Schulz, Teupitz

www.cornelsen.de

Die Links zu externen Webseiten Dritter, die in diesem Lehrwerk angegeben sind, wurden vor Drucklegung sorgfältig auf ihre Aktualität geprüft. Der Verlag übernimmt keine Gewähr für die Aktualität und den Inhalt dieser Seiten oder solcher, die mit ihnen verlinkt sind.

Dieses Werk berücksichtigt die Regeln der reformierten Rechtschreibung und Zeichensetzung. Bei den mit [R] gekennzeichneten Texten haben die Rechteinhaber einer Anpassung widersprochen.

1. Auflage, 1. Druck 2014

Alle Drucke dieser Auflage sind inhaltlich unverändert und können im Unterricht nebeneinander verwendet werden.

Druck: Mohn Media Mohndruck, Gütersloh

ISBN 978-3-06-062940-4

Inhalt gedruckt auf säurefreiem Papier aus nachhaltiger Forstwirtschaft.

Euer Deutschbuch auf einen Blick

Das Buch ist in **vier Kompetenzbereiche** aufgeteilt.
Ihr erkennt sie an den Farben:

- **Sprechen – Zuhören – Schreiben**
- **Lesen – Umgang mit Texten und Medien**
- **Nachdenken über Sprache**
- **Arbeitstechniken**

Jedes **Kapitel** besteht aus **drei Teilen:**

1 Hauptkompetenzbereich
Hier wird das Thema des Kapitels erarbeitet, z. B. in Kapitel 3 *Erzählen:*

3.1 Abenteuer im Alltag – Erlebnisse erzählen

2 Verknüpfung mit einem zweiten Kompetenzbereich
Das Kapitelthema wird mit einem anderen Kompetenzbereich verbunden und vertiefend geübt, z. B.:

3.2 Um Mitternacht ... – Gespenstergeschichten lesen und schreiben

3 Klassenarbeitstraining oder Projekt
Hier überprüft ihr das Gelernte anhand einer Beispielklassenarbeit und einer Checkliste oder ihr erhaltet Anregungen für ein Projekt, z. B.:

3.3 Fit in ...! – Spannend erzählen

Das **Orientierungswissen** findet ihr in den blauen Kästen mit den Bezeichnungen **Information** und **Methode**.

Auf den blauen Seiten am Ende des Buches (► S. 239–260) könnt ihr das Orientierungswissen aller Kapitel noch einmal nachschlagen.

Folgende **Kennzeichnungen** werdet ihr im Buch entdecken:

- Partnerarbeit
- Gruppenarbeit
- 4 Zusatzaufgabe

Die **Punkte** sagen euch etwas über die Schwierigkeit der Aufgabe:

- ●○○ Diese Aufgaben geben euch Starthilfen oder schlagen euch verschiedene Lösungen vor.
- ●●○ Diese Aufgaben sind leichter zu lösen als die Aufgaben mit drei Punkten.
- ●●● Diese Aufgaben verlangen, dass ihr sie möglichst selbstständig bearbeitet.

Inhaltsverzeichnis

Nachdenken über Sprache

Kompetenzschwerpunkt

11 Grammatiktraining – Wortarten und Satzglieder unterscheiden 167

- **Sprache und Sprachgebrauch untersuchen**
  Wortarten kennen und funktional gebrauchen; grammatische Kategorien kennen und nutzen (Kasus, Numerus und Genus, Tempusformen des Verbs)
- **Schreiben**
  Strategien zur sprachlichen Richtigkeit und Rechtschreibung anwenden; Texte überarbeiten
- **Sprache und Sprachgebrauch untersuchen**
  Satzstrukturen kennen und funktional verwenden (Umstellprobe, Frageprobe, Ersatzprobe; Aussage-, Frage- und Aufforderungssatz)

12 Rechtschreibung erforschen – Strategien und Regeln finden 197

▶ **Sprache und Sprachgebrauch untersuchen**
laut und deutlich sprechen, verwandte Wörter suchen, Wörter verlängern (Nachschlagen im Wörterbuch); wichtige Regeln der Aussprache und der Orthografie kennen und beim Sprachhandeln berücksichtigen (lange und kurze Vokale, *i*- und *s*-Laute, Doppelkonsonanten, Großschreibung von Nomen)

▶ **Schreiben**
Strategien zur sprachlichen Richtigkeit und Rechtschreibung anwenden; Texte überarbeiten (fehlerfrei abschreiben)

Kompetenzschwerpunkt

13 Erfolgreich lernen! – Arbeitstechniken beherrschen 229

► **Arbeitstechniken**
das Heft nach Ordnungskriterien führen;
in gut lesbarer Handschrift schreiben;
mit dem Verfahren des Ideensterns arbeiten

► **Lesen, mit Texten und Medien umgehen**
zentrale Inhalte erschließen;
wesentliche Elemente eines Textes erfassen;
analytische Methoden anwenden (Fragen zur Texterschließung);
sprachliche Gestaltungsmittel in ihren Wirkungszusammenhängen erkennen

Orientierungswissen 239

1 Unsere neue Schule – Erfahrungen mitteilen und Informationen austauschen

1 Neue Schule, neue Klasse: Erzählt, wie es euch am ersten Schultag in der neuen Schule ergangen ist.

2 Was ist an der neuen Schule im Vergleich zu eurer Grundschule neu oder anders? Tauscht euch zu zweit aus.

Fächer • Lehrer/-innen • Schulgebäude • Schulhof • Mitschüler/-innen

3 Was wünscht ihr euch für die Zeit an der neuen Schule? Formuliert drei Wünsche.
Ich wünsche mir … / Ich möchte gern … / Ich hoffe, dass … / Mein größter Wunsch ist …

4
a Stellt euch vor, ihr sollt einen Brief über eure Erlebnisse an der neuen Schule schreiben. Worauf müsst ihr beim Schreiben von Briefen achten? Nennt Merkmale von Briefen.
b Habt ihr schon einmal einen Brief geschrieben? Berichtet davon.

In diesem Kapitel …

- stellt ihr euch einander vor,
- informiert ihr euch und andere über eure neue Schule,
- schreibt ihr in einem Brief über eure Schulerfahrungen,
- lest ihr interessante Texte zum Thema Schule.

1.1 Neue Schule, neue Klasse – Sich informieren

Wir lernen uns kennen

1 a Gestaltet ein Wappen, mit dem ihr euch den anderen in der Klasse vorstellt.
b Hängt euer Wappen im Klassenraum auf und erklärt den anderen, was darauf zu sehen ist, z. B.:

- Ich bin Leon. Wie ihr auf dem Wappen sehen könnt, mag ich ...
- Ich interessiere mich auch für ...
- Mein Hobby ist ...
- Am liebsten ...
- Meine jüngere Schwester heißt ...
- Nach der Schule treffe ich mich oft mit ...
- So lautet mein Spruch: ...

2 Was habt ihr euch über eure Mitschülerinnen und Mitschüler gemerkt?
Denkt euch Quizfragen zu den Wappen aus und stellt sie der Klasse, z. B.:
Wer spielt Gitarre? / Wessen Lieblingsfarbe ist ...?

Wir erkunden unsere Schule

Ein Interview führen

1 Um noch mehr über eure neue Schule zu erfahren, könnt ihr Personen befragen, die besondere Aufgaben an der Schule haben, z. B. Schulleiter/-in, Sekretär/-in, Hausmeister/-in, Fachlehrer/-in, Tutor/-in, Elternvertreter/-in, Schülersprecher/-in, Streitschlichter/-in.

a Sammelt die Namen von Personen mit besonderen Aufgaben an eurer Schule an der Tafel und tragt zusammen, was ihr über sie wisst.

b Überlegt, über welche Personen ihr noch mehr erfahren möchtet.

2 Bereitet einen Fragebogen für euer Interview vor. Geht dabei so vor:

a Bildet Gruppen und entscheidet, welche Person ihr befragen wollt. Notiert Fragen, die ihr dieser Person stellen möchtet.
Tipp: Achtet darauf, wie ihr euren Gesprächspartner anredet. Verwendet für erwachsene Personen die Sie-Form.

- *Welche Aufgaben hast du / haben Sie an dieser Schule?*
- *Seit wann übst du / üben Sie diese Tätigkeit aus?*
- *Worüber freust du dich / freuen Sie sich am meisten? Was ärgert dich/Sie? ...*

b Ordnet eure Fragen in eine sinnvolle Reihenfolge und schreibt sie noch einmal sauber ab.

3 a Organisiert euer Interview. Sprecht dazu die folgenden Dinge ab:

- Wer bittet die Person um eine Verabredung?
- Wer stellt im Interview die Fragen?
- Wer schreibt die Antworten mit?
- Wer bereitet den Bericht für die Klasse vor?

b Überlegt, wie ihr die Person ansprecht. Formuliert gemeinsam die Interview-Anfrage.

4 Übt in einem Rollenspiel, wie ihr euren Interviewpartner zu Anfang begrüßt und wie ihr zum Schluss für das Gespräch dankt. Achtet dabei auf die richtige Anrede (Du-Form/Sie-Form).

Guten Tag, Frau ... Danke, dass Sie sich heute Zeit für uns nehmen.

Das waren sehr interessante Informationen. Wir danken Ihnen für das Gespräch!

5 Führt eure Interviews durch und berichtet der Klasse, was ihr im Interview über eure Gesprächspartnerin oder euren Gesprächspartner erfahren habt.

Methode **Ein Interview führen**

In einem Interview stellt man dem Gesprächspartner Fragen zu einem bestimmten Thema.

- Bereitet die **Fragen** vor dem Interview gründlich vor.
- Achtet beim Formulieren der Fragen auf die richtige **Anrede** in der Du-Form oder Sie-Form, z. B.: *Welche Aufgaben hast du? / Welche Aufgaben haben Sie?*
- Denkt beim Gespräch daran, den Gesprächspartner **höflich** zu begrüßen und am Ende für das Gespräch zu danken.

Neue Wege beschreiben

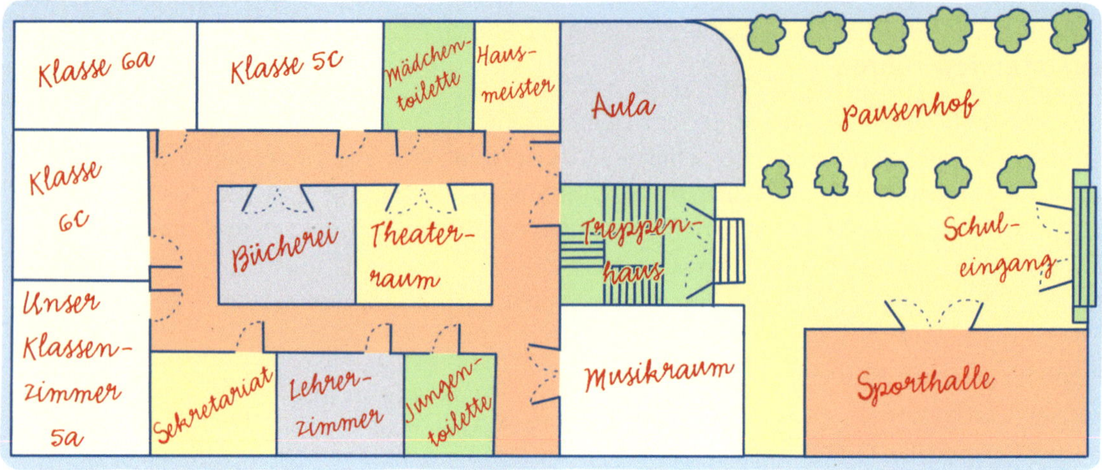

1 a Betrachtet den Grundriss und sucht das Klassenzimmer der Klasse 5 a.
b Wie kommt man von diesem Klassenzimmer zur Mädchentoilette, zum Lehrerzimmer, zum Sekretariat, zum Musikraum, zum Pausenhof, zur Sporthalle ...?
Sucht jeweils den kürzesten Weg und beschreibt ihn einer Partnerin oder einem Partner. Wechselt euch ab und verwendet die folgenden Wörter:

gehen • hinaufgehen • hinuntergehen • weitergehen • überqueren • abbiegen

rechts • links • vor • gegenüber • neben • zwischen • hinter

zuerst • dann • danach • anschließend • schließlich • zuletzt

2 Wie gut kennt ihr die Wege in eurer Schule?
a Zeichnet den Grundriss eurer Etage. Beschriftet die Zeichnung.
b Bildet Gruppen und formuliert Wegbeschreibungen als Rätsel:
Einer nennt den Ausgangspunkt und beschreibt dann den Weg. Die anderen erraten das Ziel.

Wenn du aus dem Klassenzimmer kommst, gehst du zuerst nach links bis ...

3 Fertigt vor dem nächsten Elternabend eine Wegbeschreibung für eure Eltern an, damit sie den Weg vom Schuleingang bis zu eurem Klassenzimmer finden.

Methode **Einen Weg beschreiben**

Einen Weg beschreibt man für jemanden, der den Weg nicht kennt, ihn aber leicht finden soll.
- Beschreibt den Weg in der **Reihenfolge,** in der man ihn geht. Beginnt am Ausgangspunkt und listet Schritt für Schritt den weiteren Weg bis zum Ziel genau auf.
- Beschreibt **knapp, sachlich** und im **Präsens.**

Einen Brief über die ersten Schultage schreiben

Köln, den 03.09.20…

Liebe Paula,

endlich ist Wochenende! Jch hatte noch gar keine Zeit, dir von meiner neuen Schule zu berichten, so viel war hier los. Jch vermute mal, dass es dir ganz ähnlich ging.

Jetzt ist die erste Schulwoche geschafft. Sie war viel besser, als ich erwartet hatte. Jn der Nacht vor der Einschulung konnte ich überhaupt nicht schlafen, und am ersten Tag war ich total aufgeregt. Meine Eltern und meine Oma haben mich zur Einschulungsfeier begleitet. Die Schüler aus der 6. Klasse haben in der Aula ein kleines Theaterstück für uns aufgeführt. Nächstes Jahr sind wir dann dran. Danach wurden wir von unseren neuen Klassenlehrern aufgerufen. Das war spannend! Jch konnte es nicht erwarten zu sehen, wer meine neuen Mitschüler sind. Aus unserer alten Schule sind Tim, Roberto und Ayla in meiner Klasse gelandet. Weißt du, wer neben mir sitzt? Tim! ♡ Unser Klassenzimmer liegt im ersten Stock. Wenn man aus dem Fenster blickt, sieht man den Pausenhof und eine Wiese mit einem Klettergerüst.
Anders als in der Grundschule haben wir jetzt jeden Tag bis 16 Uhr Unterricht. Das ist ganz schön anstrengend.

Wie geht es dir denn so? Und wie gefällt es dir an deiner neuen Schule?
Wie war deine Einschulungsfeier? Neben wem sitzt du jetzt?
Jch vermisse dich sehr.

Viele Grüße
deine Charlotte

1 a Worüber schreibt Charlotte? Listet die Themen in ihrem Brief auf.
b Woran erkennt man, dass das ein Brief an eine Freundin ist? Nennt Beispiele aus dem Text.

2 Charlottes Brief ist ein persönlicher Brief. Ein persönlicher Brief ist wie ein Gespräch in schriftlicher Form. Nennt Textstellen, in denen Charlotte ihre Freundin direkt anspricht.

3 Ein Brief besteht aus verschiedenen Bausteinen. Beschreibt den Aufbau des Briefs und verwendet dabei die folgenden Begriffe:

Briefkopf | Anrede | Grußformel | Unterschrift | Einleitung | Hauptteil (Kern des Briefs) | Schluss

4 Für verschiedene Briefpartner kann man unterschiedliche Anreden und Grußformeln verwenden. Welche würdet ihr in Briefen an die folgenden Personen nutzen? Sammelt Ideen.

bester Freund • beste Freundin • kranker Mitschüler • Oma • Cousine • ehemalige Lehrerin

5 a An wen würdet ihr gern einen Brief über eure ersten Tage an der neuen Schule schreiben? Entscheidet euch für eine Person.

b Überlegt, worüber ihr eurer Briefpartnerin oder eurem Briefpartner schreiben wollt.
- Was interessiert sie oder ihn?
- Was möchtet ihr sie oder ihn fragen?

Sammelt eure Ideen in Stichworten.

c In welcher Reihenfolge wollt ihr über diese Dinge schreiben? Nummeriert eure Stichworte.

6 Schreibt einen ersten Entwurf für den Brief. Beachtet die Hinweise im Merkkasten unten.

7 a Überarbeitet euren Brief. Geht dabei so vor:
- Lest euren Brief einmal gründlich durch. Verbessert schwer verständliche Stellen.
- Korrigiert in einem zweiten Durchgang die Rechtschreibung.

b Schreibt den Brief noch einmal sauber auf ein Blatt Papier ab.
Ihr könnt echtes Briefpapier benutzen oder die Seite anschließend selbst gestalten.

8 Beschriftet den Briefumschlag. Achtet dabei auf die richtige Anordnung der Adressen, damit der Brief auch wirklich ankommt.

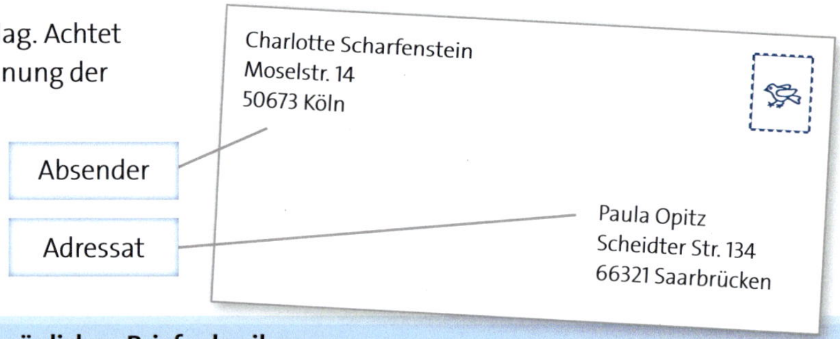

Methode **Einen persönlichen Brief schreiben**

Es hängt vom **Empfänger** ab, worüber man in einem Brief schreibt und wie man den Brief formuliert.
Briefe haben folgenden **Aufbau:**

Briefkopf (Ort und Datum)

Anrede mit Ausrufezeichen oder Komma

Brieftext
- Gliedert den Brief in Einleitung, Hauptteil und Schluss.
- Überlegt, was die Empfängerin oder den Empfänger interessiert. Sprecht sie oder ihn direkt an und stellt Fragen.
- Teilt Neuigkeiten und Erlebnisse mit.
- Anredepronomen wie *du, dein, euch* könnt ihr kleinschreiben. Wenn ihr jemanden siezt, schreibt ihr die Anredepronomen groß, z. B. *Sie, Ihre, Ihnen.*

Grußformel und Unterschrift
- Nutzt für Grußformel und Unterschrift jeweils eine eigene Zeile. Setzt am Ende weder Punkt noch Ausrufezeichen.

Köln, 03.09.20...

Hallo Ella! / Liebe Frau Kunz,

Wie geht es dir? / wie geht es Ihnen?
Die ersten Wochen an meiner neuen Schule waren ...
Besonders gut gefällt mir ...
Wie waren deine/Ihre ersten Schulwochen?
Ich hoffe, du meldest dich bald. / Ich würde mich sehr freuen, wenn Sie mir antworten würden.

Bis bald / Viele Grüße
dein/Ihr Tim

Teste dich!

Ein Lerntagebuch führen

Ihr behaltet besser, was im Unterricht Thema war, wenn ihr am Ende einer Übung noch einmal über Folgendes nachdenkt:
Was sollten wir lernen? Wie haben wir gelernt?

1 In einem eigenen Lerntagebuch könnt ihr eintragen, was und wie ihr etwas gelernt habt. Beschreibt, wie die folgende Seite aus einem Lerntagebuch aufgebaut ist.
Beginnt z. B. so: *Ein Datum zeigt, wann die Seite angelegt wurde. Oben steht eine Überschrift. Die Überschrift nennt das ... Dann folgen Antworten auf die Fragen: ...*

Thema: Einen Brief schreiben 17.09.20..

Das habe ich gelernt:
1. Worauf man bei einem Brief achten muss:
   - hängt von der Person ab, der ich schreibe (Empfänger)
   - ...

Das konnte ich bereits:
1. – passende Anreden finden
   – ...

2. Wie ein persönlicher Brief aufgebaut ist:
   - ganz oben: Ort und Datum
   - Anrede mit Komma oder ...
   - ...

So habe ich es gelernt:
- Wir haben einen Brief gelesen und darüber gesprochen.
- Jn Partnerarbeit haben wir dann ...

Das möchte ich noch üben:
- mehr auf die Rechtschreibung achten
- ...

Das möchte ich mir noch merken:
- So sieht ein Briefumschlag aus:

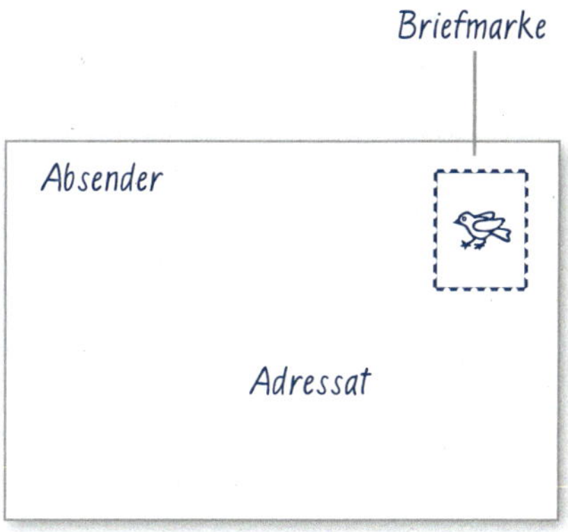

2 Schreibt zum Thema „Einen Brief schreiben“ einen eigenen Lerntagebuch-Eintrag.

3 Stellt euch eure Einträge gegenseitig vor:
- Berichtet, was ihr zum Thema „Einen Brief schreiben“ gelernt habt.
- Erklärt, was euch beim Lernen am besten geholfen hat, z. B. eine bestimmte Aufgabe.
- Ergänzt, was ihr vergessen habt. Lest dafür noch einmal den Methodenkasten (▶ Seite 18).
- Stellt fest, was ihr noch üben oder was ihr wiederholen müsst.

1.2 Schule hier und anderswo – Texte lesen

Unterricht im fahrenden Klassenzimmer

Zirkus – das klingt nach Abenteuer, Akrobatik, Reisen und Spaß. Doch auch beim Zirkus gibt es einen Alltag, zu dem Unterricht und Pauken gehören. Hinter dem großen Zirkuszelt des Zirkus FlicFlac stehen die Wohnwagen der Artisten und Angestellten, aber auch das „fahrende Klassenzimmer". „Was ist das?", fragt die Lehrerin auf Englisch und hält eine Bildkarte hoch. „*A tree*", antwortet die 11-jährige Maja, „ein Baum." Die Lehrerin hakt nach: „Aber das ist doch mehr als ein Baum. Wie nennt man das?" „Oh ja, ich weiß es: Das ist ein Wald, *a forest!*", ruft die 13-jährige Sascha stolz dazwischen. Während die beiden Mädchen gemeinsam mit ihrer Lehrerin Monika englische Vokabeln pauken, sitzen am Nebentisch die älteren Schüler Nicolai, Saidou und Jegor in ihre Bücher vertieft. Über ihren Köpfen hängt eine Weltkarte an der Wand, in der Ecke stehen ein Computer, ein Skelett und ein randvoll gefüllter Bücherschrank. Vieles ist wie in jeder anderen Schule, aber manches ist ganz anders. Zum Beispiel, dass alle Schüler Hausschuhe tragen, die Lehrerin duzen und selbst darüber bestimmen können, wann sie Mathe oder Englisch haben.
Die Mini-Schule befindet sich in einem Wohnwagen und zieht mit dem Zirkus das ganze Jahr lang von Stadt zu Stadt. In diesem Schuljahr besuchen hier fünf Kinder zwischen 8 und 15 Jahren den Unterricht. Die Eltern der Schüler sind Artisten oder arbeiten als Ticketverkäufer und Büroangestellte im Zirkus. Ein Leben unterwegs – wie sich das wohl anfühlt?

„Ich finde es toll, beim Zirkus zu leben. Ich liebe das viele Reisen und kann ganz Deutschland erkunden. Und man lernt immer wieder neue Menschen kennen", erzählt der 15-jährige Nicolai mit glitzernden Augen. Er lebt seit sechs Jahren beim Zirkus FlicFlac und geht hier zur Schule. An einem normalen Tag hat er von 9 bis 14 Uhr Schule und nachmittags Training: Er trainiert Diabolo und Trapezkunst. „Ich habe in ziemlich vielen Städten Freunde, und meine Familie ist sehr groß und lebt über ganz Deutschland verstreut. Es gibt eigentlich in jeder Stadt jemanden, den ich treffen kann."
Dass die verschiedenen Altersklassen im gleichen Raum unterrichtet werden müssen, ist kein Problem. Im Gegenteil: „Jede Woche müssen die Schüler Referate halten. Dabei lernen die Kleineren schon jede Menge dazu, weil sie ja auch den Referaten der Älteren zuhören", meint die Lehrerin.
Doch vor dem nächsten Referat ist jetzt erst einmal große Pause angesagt, in der die Schüler ihr Pausenbrot schnell „zu Hause" im Wohnwagen der Eltern abholen. Sascha klappt ihr Englisch-Vokabelheft zu. Dann zählt sie leise bis drei und ruft laut durch den Schul-Wohnwagen: „Pauuuuuse!" Denn eine Schulklingel gibt es im fahrenden Klassenzimmer nicht.

1 a Wie stellt ihr euch eine Zirkusschule vor? Äußert eure Vermutungen, bevor ihr den Text lest.
b Lest den Text „Unterricht im fahrenden Klassenzimmer". Waren eure Vermutungen richtig?

2 a Was erfahrt ihr im Text über die Zirkusschule? Listet alle wichtigen Informationen auf.
b Worin unterscheidet sich die Zirkusschule von eurer Schule? Notiert die Unterschiede.

Das größte Klassenzimmer der Welt

Das vermutlich größte Klassenzimmer der Welt befindet sich in Australien und umfasst die Größe von über 1 Million Quadratkilometern. Es ist damit ungefähr viermal so groß wie Deutschland. Eigentlich müsste der Schulweg also viele Hundert Kilometer lang sein. Tatsächlich ist er aber ganz kurz, nämlich nur bis zum nächsten Schreibtisch, denn die Kinder werden über Radio oder Internet unterrichtet.

Etwa 140 Kinder besuchen diese Schule. Sie heißt *Alice Springs School of the Air* und befindet sich im Outback. So heißt die dünn besiedelte Gegend in Australien. Die Schule ist für Kinder gedacht, die auf Farmen weit außerhalb der Städte wohnen und nicht täglich zur Schule fahren oder gehen können. Auch einige Kinder der australischen Ureinwohner nehmen am Unterricht teil.

Ein typischer Schultag sieht so aus: Die Schüler erhalten per Funk oder über das Internet einmal am Tag eine Stunde Gruppen- oder Einzelunterricht. Die übrigen Fächer erarbeiten sie selbst mit Materialien, die sie zugesendet bekommen. Lange Zeit war es üblich, dass die Hausaufgaben per LKW kamen – in großen Viehtransportern, die gleichzeitig auch Post- und Lieferfahrzeuge waren. Heute wird vieles über das Internet verschickt. Die Lehrer sitzen in weit entfernten Büros und vergeben und überprüfen die Aufgaben. Meldet sich ein Schüler zu Unterrichtsbeginn nicht, wird er angerufen. Eine wichtige Aufgabe übernehmen die Eltern. Sie erhalten regelmäßig Stundenpläne mit Angaben dazu, was und wie lange die Schüler arbeiten sollen.

Damit Lehrer und Schüler sich auch persönlich kennen lernen, besuchen die Lehrer ihre Schüler einmal im Jahr zu Hause. Außerdem findet jährlich ein Schulcamp statt, bei dem sich alle Schüler und Lehrer an einem Ort treffen.

Neun Jahre, inklusive Kindergarten und Vorschule, werden die Kinder so unterrichtet. Danach besuchen sie meist Internate in größeren Städten, um höhere Abschlüsse machen zu können.

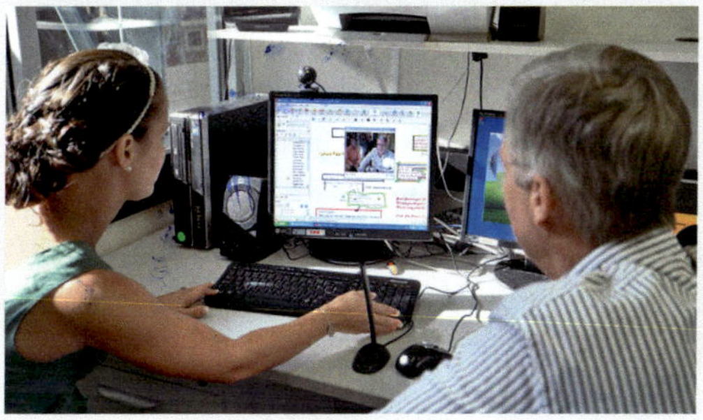

1 a Lest den Text „Das größte Klassenzimmer der Welt".
b Worum geht es in dem Text? Formuliert das Thema in einem Satz.
In dem Text geht es um ... / Der Text informiert über ...

2 a Formuliert zu jedem Textabschnitt W-Fragen, z. B.:
Wo befindet sich das größte Klassenzimmer der Welt?
Verwendet die folgenden Fragewörter:

Wer?	Wann?	Was?	Wo?	Warum?	Wie?	Wie viele?

b Stellt euch gegenseitig eure W-Fragen und beantwortet sie.

3 Würdet ihr gern eine Zirkusschule besuchen oder Fernunterricht erhalten? Besprecht die Vorteile und Nachteile dieser Schulen und äußert eure Meinung.

Sabine Ludwig

Die fabelhafte Miss Braitwhistle

Die Frau sah freundlich aus und auch wieder nicht. Sie sah jung aus und auch wieder nicht. Auch ihre Haare waren seltsam. Nicht richtig rot und nicht richtig blond. Sie hat ihre Tasche auf den Lehrertisch gestellt, die Tasche war ziemlich groß und sah aus wie die von meiner Oma. Dann hat sie uns über ihre Brille hinweg prüfend angeschaut. So wie ein Forscher, der gerade ein Insekt entdeckt hat, von dem er nicht weiß, ob es giftig ist oder nicht.
Aki hat mich angeschaut und ich hab Aki angeschaut. „Wer ist die denn?“, flüsterte er.
„Vielleicht die neue Schulzahnärztin“, flüsterte ich zurück. Die alte hatte auch so eine große Tasche und diesen forschenden Blick und hat jedes, auch das allerkleinste Loch im allerletzten Zahn sofort entdeckt.
Doch es war keine Zahnärztin, es war unsere neue Lehrerin.
Herr Fischli hat gesagt: „Darf ich euch Miss Braitwhistle vorstellen? Sie kommt aus England und ist seit heute als Englischlehrerin an unserer Schule. Netterweise hat sie sich bereit erklärt, Frau Taube für heute zu vertreten.“
Und schon war er wieder zur Tür raus und ließ uns mit der englischen Miss allein.
„Wie heißt die?“, hat Annalisa gefragt. „Bratwiesel?“ Sie hatte es nicht laut gesagt, aber die Miss hat es trotzdem verstanden.
„Bratwiesel!“, sagte sie abfällig. „Wasch dir die Ohren, my dear, oder hast du noch nie gehort von William Arthur Brandon Braitwhistle?“
Sie schien ein Problem mit dem Ö zu haben. Annalisa schüttelte den Kopf.
„Das solltest du. William Arthur Brandon Braitwhistle, Sir William Arthur Brandon Braitwhistle, um zu sein genau, hat erfunden die heiße Wasserflasche. Mein Urgroßvater“, fügte sie stolz hinzu.
Wir wussten nicht, was eine heiße Wasserflasche sein sollte. Aber Clemens, der von uns allen der Klügste ist, hat sich gemeldet.

„Meinen Sie eine Wärmflasche?“ „Warme Flasche, genau!“ Sie schien ein Problem mit dem Ä zu haben. Die meisten von uns fanden die Erfindung der Wärmflasche nicht besonders beeindruckend, und Hugo rief in die Klasse: „Aber Alexander Graham Bell hat die Glühbirne erfunden und das war viel wichtiger!“
Miss Braitwhistle warf ihm einen vernichtenden Blick zu. „Erstens war das Thomas Alva Edinson, und zweitens versuch mal, dir mit einer Gluhbirne zu machen warm die Fuße.“
Sie hatte anscheinend auch ein Problem mit dem Ü. „Bei ‚warm‘ mir fallt etwas ein“, sagte Miss Braitwhistle, öffnete ihre Tasche und schaute hinein. Dann zog sie eine Zuckerdose heraus. Es folgten ein Löffel, eine Untertasse, eine Tasse mit Goldrand und blauen Blümchen und schließlich eine Teekanne.
Wir haben ihr interessiert zugeschaut und waren ausnahmsweise mal still.
Sie stellte die Tasse auf die Untertasse und goss sich Tee ein, der musste sehr heiß sein, denn er dampfte. Dann nahm sie mit dem Löffel ein Stück Zucker aus der Zuckerdose, runzelte die Stirn und nahm schließlich noch eins. „Zucker ist gut for die Nerven.“

„Wir dürfen im Unterricht nicht trinken!“, rief Hugo, dabei hatte das bisher auch keinen interessiert. Miss Braitwhistle achtete auch nicht auf ihn, sie nahm einen Schluck und sah sehr zufrieden aus. „Sweet, hot and strong. Really perfect“, sagte sie.

Wir haben kein Wort verstanden. Annalisa meldete sich. „Wir haben jetzt aber kein Englisch, Miss!“ Sie kann manchmal genauso besserwisserisch sein wie Hugo.

Miss Braitwhistle beäugte Annalisa, dann schüttelte sie den Kopf. „Ich erinnere mich nicht, dass ich habe dich gefragt, Annalisa.“

Annalisa hat den Mund auf- und wieder zugemacht. Ihre Augen wurden ganz groß. Das werden sie immer, bevor sie anfängt zu heulen. „Wieso wissen Sie, wie ich heiße?“

„Du siehst aus wie eine Annalisa“, sagte Miss Braitwhistle ruhig und nahm noch einen Schluck Tee. [...]

Aki hat mich angeschaut und ich hab Aki angeschaut, und Aki hat gefragt: „Woher kann sie das alles wissen?“ „Der Direktor hat doch eine Klassenliste“, hab ich gesagt. [...] Sehr merkwürdig. Und es wurde noch merkwürdiger.

Gerade, als ich überlegte, ob ich es schaffen könnte, mit meinem Katapult einen hart gewordenen Kaugummi genau in Miss Braitwhistles Teetasse zu schießen, ging schon wieder die Tür auf. Hier ging's ja heute zu wie auf dem Bahnhof! Ein Mann ist reingekommen. Er trug eine Brille, genau wie Miss Braitwhistle, sonst sah er ihr aber nicht ähnlich. „Guten Morgen, bin ich hier richtig in der 4a?“, fragte er. „A wie Albtraum“, sagte Aki neben mir. „Wie bitte?“, fragte der Mann.

„Sie sind richtig, wir sind die 4a“, hab ich schnell gesagt. „Sehr schön. Ich bin Herr Wühlisch, der Schulinspektor.“ „Wo hat er denn die Handschellen?“, hat Aki gefragt. „Und einen Revolver seh ich auch nicht.“ Er war sehr enttäuscht. Ich auch.

Der Mann sah überhaupt nicht aus wie ein Polizist. Er hatte einen braunen Pulli an und ein ausgebeultes Jackett und nicht mehr viele Haare auf dem Kopf. „Herr Inspektor, Herr Inspektor!“, rief Hugo. „Sie müssen diesen Jungen sofort verhaften!“ Er zeigte auf Aki. „Warum denn das?“, hat der Inspektor gefragt. „Weil er mich vorhin an die Heizung gekettet hat und dann ist die kaputtgegangen und alles war nass!“

Inzwischen war aber gar nichts mehr nass, weil Herr Pommerenke das Ventil wieder angeschraubt und den Boden aufgewischt hatte.

„Du hast doch die Heizung kaputt gemacht, Schwachkopf!“, hat Aki zurückgeschrien.

„Aber Aki hat angefangen, er fängt immer an, er ist der schrecklichste Junge der ganzen Klasse“, hat Annalisa gerufen, aber keiner hat zugehört, weil Aki Hugo in den Schwitzkasten genommen hat.

Hugo hat laut geschrien und Annalisa hat angefangen zu weinen.

Der Schulinspektor sah nicht sehr glücklich aus. Miss Braitwhistle trank weiter Tee. Eigentlich hätte sie ihm ja auch eine Tasse anbieten können.

Dann hat Aki Hugo plötzlich losgelassen, Hugo ist auf Max gefallen, und der ist auf einen Schokokuss geplumpst, den er eigentlich essen wollte. Das hat ihm natürlich nicht gefallen und nun brüllte er auch. Es war ein ziemlicher Lärm, da ertönte auf einmal ein Pfiff und alle waren still. Der Pfiff kam aus einer Trillerpfeife und in die Trillerpfeife geblasen hatte Miss Braitwhistle.

1 Wie gefällt euch die Erzählung? Tauscht euch über euren ersten Leseeindruck aus.

2 a Beschreibt, wie die erste Begegnung zwischen Miss Braitwhistle und der Klasse abläuft.
b Was ist ungewöhnlich und überraschend an Miss Braitwhistle? Nennt Textstellen.

3 a „Sweet, hot and strong. Really perfect“ (Zeile 73–74). Übersetzt den Satz ins Deutsche.
b Sucht fehlerhafte Sätze von Miss Braitwhistle heraus und korrigiert ihre Äußerungen.

Fordern und fördern – Ein Brief über die neue Lehrerin

Der Schüler Aki ist erstaunt über die neue Englischlehrerin und will seinem Freund in einem Brief über diese Lehrerin berichten.

1 Überlegt, was Aki über Miss Braitwhistle schreiben könnte. Plant den Brief:

●●● **a** Sammelt alle wichtigen Informationen zu Miss Braitwhistle in einem Ideenstern (▸ Seite 237).
▷ Eine Hilfe zu Aufgabe 1a findet ihr auf Seite 25.

b In welcher Reihenfolge sollte Aki über die Besonderheiten von Miss Braitwhistle schreiben? Nummeriert die Angaben in eurem Ideenstern.

●●● **c** Was hat Aki während der ersten Schulstunde mit Miss Braitwhistle gedacht? Was hält er von der neuen Lehrerin? Notiert eure Ideen in Stichworten.

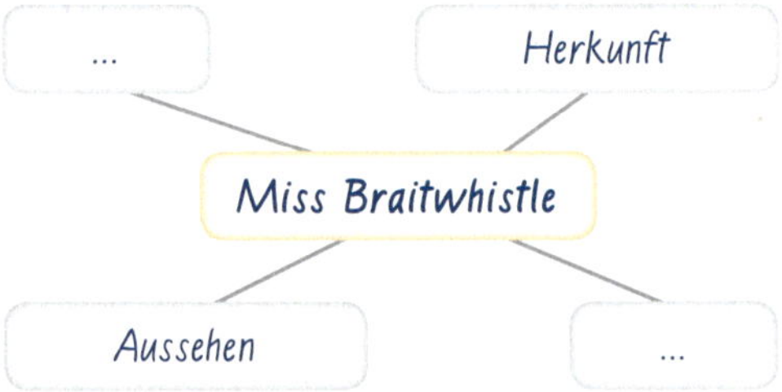

▷ Hilfe zu Aufgabe 1c Seite 25

2 In einem Brief soll der Empfänger direkt angesprochen werden. Formuliert Fragen, die Aki seinem Freund im Brief stellen könnte, z. B.: *Wie würde dir so eine Lehrerin gefallen?*

3 Welche Teile gehören in einen persönlichen Brief?
●●○ Ergänzt die fehlenden Bausteine in der richtigen Reihenfolge. ▷ Hilfe zu Aufgabe 3 Seite 25
1. Briefkopf / 2. Anrede / 3. ...

4 ●●● **a** Formuliert Akis Brief an seinen Freund. Richtet euch dabei nach dem Schreibplan im Kasten.
▷ Hilfe zu Aufgabe 4 a Seite 25

b Überarbeitet euren Brief. Überprüft den Ausdruck und die Rechtschreibung.

> ***Schreibplan:***
> *Einleitung: Freund direkt ansprechen*
> *Hauptteil:*
> *– über Miss Braitwhistle ausführlich berichten (Aussehen, Alter, Herkunft, Verhalten im Unterricht)*
> *– Gedanken und Gefühle während der Stunde*
> *Schluss: Fragen an den Freund*

5 Würde euch eine Lehrerin wie Miss Braitwhistle gefallen? Begründet eure Meinung.
Ich hätte (nicht) gern eine Lehrerin wie Miss Braitwhistle, denn ...
Besonders gefällt mir an ihr, dass ...
Ich finde es nicht gut, dass ...

●○○ Aufgabe 1a mit Hilfe

Sammelt alle wichtigen Informationen zu Miss Braitwhistle in einem Ideenstern (▶ Seite 237). Übertragt dazu den folgenden Ideenstern in euer Heft und ergänzt ihn.

Aussehen
- *seltsame Haarfarbe (orange)*
- *...*

Alter
- *...*

Herkunft
- *England*
- *...*

Verhalten
- *schaut Schüler prüfend an*
- *spricht mit englischem Akzent*
- *...*

Miss Braitwhistle

●○○ Aufgabe 1c mit Hilfe

Was hat Aki während der ersten Schulstunde mit Miss Braitwhistle gedacht? Was hält er von seiner neuen Lehrerin? Wählt zutreffende Stichworte aus und schreibt sie ins Heft.

- *denkt, dass sie verrückt ist*
- *ist begeistert, die Nachfahrin vom Erfinder der Wärmflasche kennen zu lernen*
- *findet sie sehr schön und verliebt sich in sie*
- *ist schockiert darüber, dass sie im Unterricht einfach Tee trinkt*
- *hat Angst vor ihr, weil er ihr Deutsch nicht versteht*
- *denkt, dass er bei ihr gut Englisch lernen wird*
- *fragt sich, woher sie die Namen der Schüler kennt*

●○○ Aufgabe 3 mit Hilfe

Welche Teile gehören in einen persönlichen Brief? Notiert die Bausteine im Kasten in der richtigen Reihenfolge.

Schluss • Anrede • Unterschrift • Hauptteil • Briefkopf • Einleitung • Grußformel

●○○ Aufgabe 4a mit Hilfe

Formuliert Akis Brief an seinen Freund. Nutzt folgende Hilfen:

Einleitung: Freund direkt ansprechen	*Jn deinem letzten Brief hast du doch über deinen lustigen Klassenlehrer geschrieben. Heute muss ich dir unbedingt von ... erzählen.*
Hauptteil: – über Miss Braitwhistle ausführlich berichten (Aussehen, Alter, Herkunft, Verhalten im Unterricht) – Gedanken und Gefühle während der Stunde	*Sie heißt ... und kommt aus ...* *Sie hat ... und trägt ...* *Jch schätze, dass sie ... Jahre alt ist.* *Wenn sie spricht, fällt auf, dass ...* *Wir waren erstaunt, dass ...* *Stell dir vor, ...* *Jch finde, dass sie ...* *Jch frage mich, ...* *Wir sind alle gespannt darauf, ...*
Schluss: Fragen an den Freund	*Wie würde dir so eine Lehrerin gefallen?* *Habt ihr immer noch so viel Spaß mit eurem Klassenlehrer?*

1.3 Fit in ...! – Einen Brief schreiben

Stellt euch vor, ihr bekommt in der nächsten Klassenarbeit die folgende Aufgabe gestellt:

Verfasse einen Brief an deine ehemalige Grundschullehrerin oder an deinen ehemaligen Grundschullehrer. Berichte ihr oder ihm von deinen Erfahrungen an der neuen Schule. Schreibe über deine neue Klasse, die neuen Fächer und wie du dich an der Schule fühlst.

Die Aufgabe richtig verstehen und den Brief planen

1 Lest die Aufgabe zweimal langsam durch. Schließt das Buch und gebt die Aufgabe möglichst genau mit eigenen Worten wieder. Eine Partnerin oder ein Partner kontrolliert.

2 a Worüber wollt ihr eurer Lehrerin oder eurem Lehrer berichten? Notiert eure Ideen mit Hilfe eines Ideensterns (► Seite 237) und nummeriert sie in einer sinnvollen Reihenfolge.
b Notiert Fragen, die ihr der Lehrerin oder dem Lehrer in eurem Brief stellen könnt.

Schreiben und überarbeiten

3 a Welche Anrede und welche Einleitung erscheinen euch für den Brief geeignet? Wählt aus.

Hallo Frau Wenzel,
ich will dir endlich mal schreiben.

Liebe Frau Schumacher,
nun bin ich schon einige Wochen an der neuen Schule.

Sehr geehrte Frau Schulze,
hiermit sende ich Jhnen einen Bericht über meine ersten Schultage.

b Verfasst den Brief. Achtet dabei auf die Großschreibung der Anredepronomen *Sie/Ihnen/Ihre*.

4 Überarbeitet zu zweit eure Briefe. Nutzt dabei die folgende Checkliste.

Checkliste

Einen persönlichen Brief schreiben
- Sind alle wichtigen **Bausteine** eines Briefs vorhanden:
  Ort, Datum, passende Anrede, Einleitung, Hauptteil, Schluss, Grußformel, Unterschrift?
- Wird auf die Empfängerin oder den Empfänger eingegangen? Werden **Fragen** gestellt?
- Sind die **Anredepronomen** richtig geschrieben?
- Habt ihr **Rechtschreibung und Zeichensetzung** geprüft?

Schreibwörter ► S. 228

der Schulweg	das Interview	die Fachlehrerin	der Absender	grüßen
der Unterricht	das Hobby	der Adressat	die Adresse	interessieren

2 Ich bin anderer Meinung! – Gespräche untersuchen

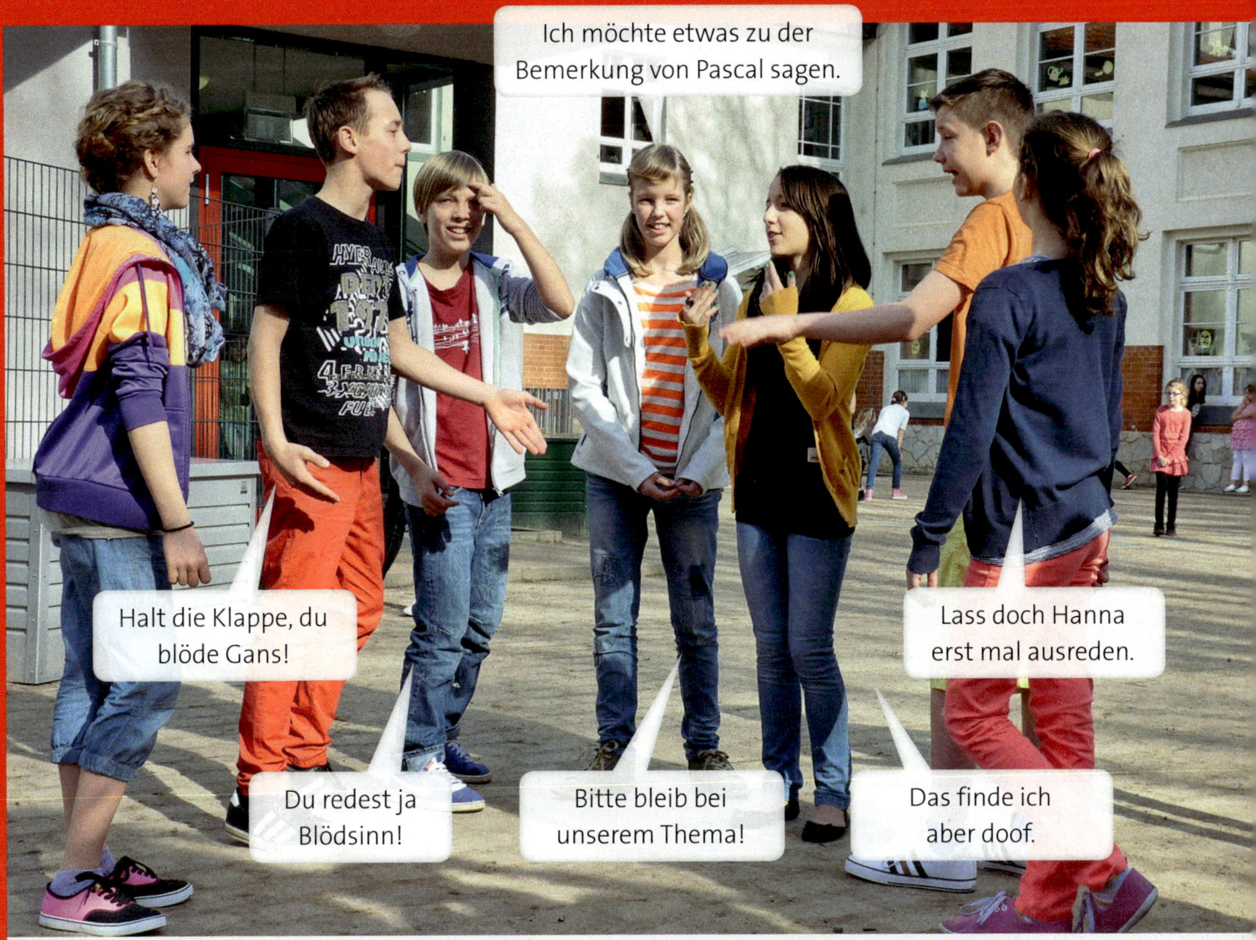

1 Lest die Äußerungen der Schülerinnen und Schüler. Wie würdet ihr auf die einzelnen Aussagen reagieren? Tauscht euch aus.

2 Welche der sechs Äußerungen ermutigen andere zum Sprechen? Welche blockieren das Gespräch? Begründet eure Entscheidung.

3 Wie führt man ein gutes Gespräch? Nennt Gesprächsregeln, die ihr bereits kennt.

In diesem Kapitel …

- untersucht ihr Gespräche,
- entscheidet ihr, welche Gesprächsregeln in eurer Klasse gelten sollen,
- übt ihr das Zuhören,
- lernt ihr, eure Meinung mündlich und schriftlich überzeugend zu begründen.

2.1 Klassengespräche führen – Meinungen begründen

Die Klassenraumgestaltung – Gespräche untersuchen

Die Schülerinnen und Schüler wollen ihren Klassenraum verschönern. Doch was einen Klassenraum freundlicher macht, darüber gibt es unterschiedliche Meinungen:

Torben: Was haltet ihr davon, wenn wir Poster von Fußballspielern aufhängen?
Tina: Der Vorschlag gefällt mir gut – aber nur Nationalspieler!
Sophia *(ohne sich gemeldet zu haben):* So ein Quatsch! Die Wände brauchen mal ein bisschen Farbe. Wir wollen uns doch nicht die ganze Zeit diese komischen Fußballer anschauen!
Robin: Ich mag gern Pflanzen, die würden unseren Raum freundlicher machen.
Leonie *(kichert):* Warum willst du denn den Raum mit Grünzeug zumüllen?
Burak: Du peilst das nicht, das bringt doch Sauerstoff für deine grauen Zellen. Tut dir gut!
Lea: Klasse Idee! Ich bringe eine Gießkanne mit und ...
(Julian fällt Lea ins Wort.)
Julian: Finde ich doof! Regale wären mir lieber, dann könnten wir unsere Sachen, die wir nur in der Schule benötigen, dort ablegen. Dann würde ich auch endlich nichts mehr zu Hause vergessen.
Miriam: Kann ja nur von dir kommen, du Faulpelz. Du musst abends einfach mal auf den Stundenplan schauen, wenn du deine Tasche packst.
...

1 **a** Lest das Gespräch zwischen den Schülerinnen und Schülern mit verteilten Rollen.
b Besprecht, wie das Gespräch auf euch wirkt.

2 Untersucht das Gespräch: Welche Schülerinnen oder Schüler halten sich an Gesprächsregeln? Welche nicht? Begründet eure Aussagen.

3 Es gibt Gesprächsmotoren, die ein Gespräch voranbringen, und Gesprächsbremsen, die es blockieren.

a Welche der folgenden Verhaltensweisen wirken als Gesprächsmotoren, welche als Gesprächsbremsen? Sortiert sie in die Tabelle unten ein.

Ich lasse den anderen ausreden.

Ich wechsle das Thema und sage, was ich wichtig finde.

Ich unterbreche den anderen schnell, wenn ich etwas Wichtiges sagen will.

Ich benutze Schimpfwörter oder Beleidigungen, wenn ich anderer Meinung bin.

Ich bleibe höflich, auch wenn ich eine ganz andere Meinung habe.

Ich gehe darauf ein, was der andere vorher gesagt hat.

Gesprächsmotoren	Gesprächsbremsen
1. Ich lasse den anderen ausreden.	...

b Welche Äußerungen der Schülerinnen und Schüler blockieren das Gespräch auf Seite 28? Sucht alle Gesprächsbremsen und begründet, warum sie das Gespräch stören.

4 Überarbeitet das Streitgespräch auf Seite 28 in Gruppen. Geht so vor:

a Formuliert die Gesprächsbremsen gemeinsam so um, dass sie das Gespräch nicht blockieren. Verwendet dazu die folgenden Satzanfänge:

Einen Vorschlag machen:
Ich bin der Meinung, dass ...
Ich finde, dass ...

Einen Gegenvorschlag äußern:
Ich sehe das anders, weil ...
Ich möchte einen Gegenvorschlag machen:

Einem Vorschlag zustimmen:
Ich bin deiner Meinung.
Ich sehe das auch so.

Sich einigen:
Ich schlage vor, dass ...
Ich bin einverstanden, wenn ...

b Schreibt ein Ende für das Streitgespräch, bei dem alle Schülerinnen und Schüler schließlich zufrieden sind.

c Tragt eure Streitgespräche in der Klasse vor.

5 Überlegt euch jeweils drei weitere Beispiele für Gesprächsmotoren und Gesprächsbremsen. Stellt sie der Klasse vor.

Information **Gesprächsmotoren und Gesprächsbremsen**

- **Gesprächsmotoren** nennt man Aussagen oder Verhaltensweisen, die ein Gespräch voranbringen, z. B.: *Ich verstehe, was du meinst. Aber ich finde, dass ...*
- **Gesprächsbremsen** nennt man Äußerungen oder Verhaltensweisen, die ein Gespräch blockieren, z. B.: *Du redest Blödsinn! Das ist Quatsch!*

Gesprächsregeln formulieren

1 Damit ihr in der Klasse gute Gespräche führen könnt, solltet ihr Gesprächsregeln vereinbaren. Einigt euch auf Gesprächsregeln, die für alle gelten. Geht dabei so vor:
- Bildet Gruppen von vier bis sechs Schülerinnen und Schülern.
- Jedes Gruppenmitglied schreibt drei Regeln, die sie oder er für wichtig hält, auf eine Karte.
- Stellt eure drei Regeln in der Gruppe vor und begründet, warum ihr sie wichtig findet.
- Einigt euch in der Gruppe auf die drei wichtigsten Gesprächsregeln. Schreibt jede der drei Regeln in großer Schrift auf eine Karteikarte.
- Jede Gruppe heftet ihre drei Regelkarten an die Tafel.
- Lest alle Karten an der Tafel und ordnet sie: Auf welchen stehen gleiche oder ähnliche Regeln?
- Welche drei Regeln wurden am meisten genannt? Legt gemeinsam fest, welche Gesprächsregeln von nun an für eure Klasse gelten sollen.

2 Wie wollt ihr eure Gesprächsregeln formulieren?

a Vergleicht die folgenden vier Möglichkeiten und diskutiert, welche ihr am besten findet.

Höre deinem Gesprächspartner aufmerksam zu!	Ich höre meinem Gesprächspartner aufmerksam zu.	Wir hören unserem Gesprächspartner aufmerksam zu.	Aufmerksam zuhören!

b Einigt euch auf eine Möglichkeit und formuliert eure Gesprächsregeln auf diese Weise.

3 Fertigt für den Klassenraum ein Plakat (▸ S. 238) mit euren Gesprächsregeln an. Geht so vor:

a Überlegt, wie euer Plakat aussehen soll. Betrachtet dazu folgende Vorschläge und beurteilt sie:

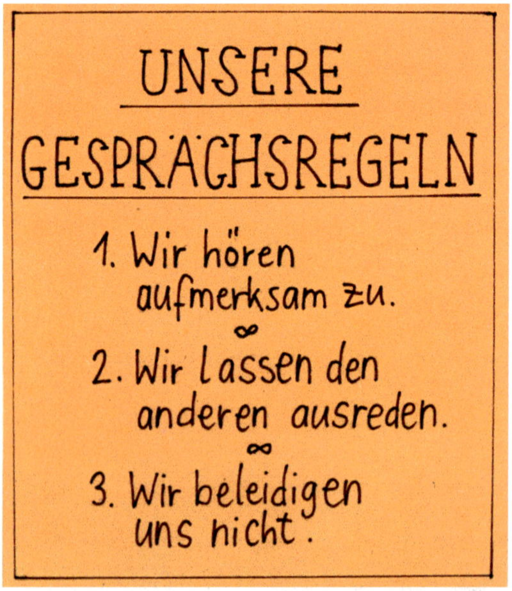

b Schreibt eure Gesprächsregeln groß und gut lesbar auf ein Plakat und hängt es im Klassenraum auf.

Pausenangebote – Sprechen und Zuhören üben

Ich wünsche mir eine Pausenspielkiste mit Bällen, Sprungseilen und Reifen. Dann kann sich jeder etwas aussuchen, und wir können uns in der Pause bewegen.

Du meinst, dass eine Pausenkiste mit Sportgeräten sinnvoll wäre. Bestimmt würden sich dann viele von uns mehr bewegen. Ich finde aber wichtiger, dass auf dem Schulhof endlich Bänke aufgestellt werden ...

1 a Lest die zwei Äußerungen. Worüber diskutieren die beiden?
b Besprecht, wie es dem Jungen gelingt, auf die Äußerung seiner Mitschülerin einzugehen.
c Welche Pausenangebote wünscht ihr euch für eure Schule? Notiert sie auf einem Zettel.
Ich wünsche mir ... / Es wäre schön, wenn es ... gäbe. / Ich hätte gern ...

2 In einem Gespräch ist es wichtig, sich gegenseitig gut zuzuhören. Nur so kann man an die Beiträge der Gesprächspartner anknüpfen.
a Setzt euch zu viert zusammen und lest den Methodenkasten unten zum Echo-Gespräch. Erklärt euch gegenseitig, was beim Echo-Gespräch gemacht wird.
b Übt das Zuhören mit dem Echo-Gespräch:
- Zwei Gruppenmitglieder sprechen über ihre Wünsche für Pausenangebote (▶ Aufgabe 1c) und probieren die Methode des Echo-Gesprächs. Die Satzanfänge im rechten Kasten helfen dabei.
- Die übrigen Gruppenmitglieder beobachten das Gespräch und notieren, ob die Regeln des Echo-Gesprächs befolgt wurden.
- Wertet das Gespräch aus:
  Wie habt ihr euch bei dem Gespräch gefühlt?
  Haben sich die zwei Sprecher an die Regeln gehalten?
- Tauscht die Rollen und führt eine zweite Übungsrunde durch.

Diese Satzanfänge helfen euch:
Du denkst, dass ... • Du meinst, dass ... • Du findest, dass ... • Du glaubst, dass ... • Du bist der Ansicht, dass ... • Verstehe ich richtig, dass ...? • Ich habe dich so verstanden: ... • Du möchtest damit sagen, dass ... • Wenn ich dich richtig verstanden habe, bist du der Meinung, dass ...

Methode **Ein Echo-Gespräch führen**

Damit ein Gespräch gelingt, müsst ihr aufmerksam zuhören und aufeinander eingehen. Haltet **Blickkontakt** zu eurem Gesprächspartner und zeigt euer Interesse durch **Nachfragen, Mimik** (Gesichtsausdruck) und **Gestik** (Bewegungen).
Mit dem **Echo-Gespräch** könnt ihr das üben. Geht dabei so vor:
- Der erste Redner sagt seine Meinung zu einem Thema.
- Bevor der nächste Redner seine Meinung äußert, muss er in eigenen Worten wiederholen, was der Vorredner gesagt hat.

Schulgarten oder Sportprojekt? – Meinungen mündlich begründen

Erhan: Ich schlage vor, dass wir als Klassenprojekt einen Schulgarten anlegen, damit unser Schulgelände schöner aussieht.
Dominik: Nein, wir sollten ein Klassenfest vorbereiten!
Sina: Schulgarten anlegen, das ist Buddeln im Sand! Wohl eher was für Erstklässler!
Katrin: Mit gefällt der Vorschlag, weil jeder seine Ideen einbringen kann, wie wir den Garten anlegen.
Max: Ich könnte auch ein paar Pflanzen von zu Hause mitbringen.
Clara: Die Idee ist ja gut, aber wer pflegt dann den Garten, wenn wir Ferien haben?
Amani: Schulgarten anlegen? Total langweilig!
Paula: Ich bin eher für ein Sportprojekt.
Bastian: Das finde ich gut, weil wir uns dann jeden Tag bewegen können.
Micha: Wir könnten mal Sportarten ausprobieren, die wir sonst nicht im Sportunterricht machen.
Chris: Jeden Tag Sport? Nein danke.
Micha: Kann ja nur von dir kommen, du Bewegungsmuffel.
Yannik: Das ist doch keine vernünftige Diskussion! Manche von euch nennen überhaupt keine Begründung für ihre Meinung. Andere nennen nur Gründe, die man nicht ernst nehmen kann.

1 a Lest das Gespräch mit verteilten Rollen.
b Worum geht es in dem Gespräch? Wählt die richtige Aussage aus.
A Es soll ein Klassenfest organisiert werden.
B Es wird überlegt, wie das Schulgelände verschönert werden kann.
C Es werden Vorschläge für ein Klassenprojekt gesammelt und diskutiert.
D Es soll über ein Sportprojekt abgestimmt werden.

2 Untersucht das Gespräch genauer. Welche Schüler begründen ihre Meinung, welche nicht?
a Legt eine Tabelle an. Notiert die Meinungen und ergänzt, wenn möglich, die Begründung.

Name	Meinung	Begründung
Erhan	*Schulgarten anlegen*	– *Schulgelände sieht dadurch schöner aus*
Dominik	*Klassenfest vorbereiten*	– ...
Sina	*gegen Schulgarten*	...
...	...	...

b Welche Gründe könnten Dominik, Paula und Chris für ihre Meinung nennen? Formuliert mögliche Begründungen.

3 a Welches Klassenprojekt würde euch gefallen? Einigt euch zu zweit auf einen Vorschlag und notiert ihn: *Wir schlagen vor, dass wir mit der Klasse ... / Wir sind der Meinung, dass ...*

b Wie würdet ihr euren Vorschlag begründen? Überlegt und ergänzt eine Begründung, z. B.: *..., weil so ein Projekt die Klassengemeinschaft stärkt. / ..., denn dabei könnten wir ...*

c Tragt eure Vorschläge vor der Klasse vor. Was meinen die anderen dazu?

Schul-Wunschliste

1. *Einmal im Monat sollte ein Haustiertag stattfinden.*
2. *Wir sollten die Poster von den Wänden entfernen, da sie uns vom Unterricht ablenken.*
3. *Jn den Pausen müssten Ballspiele erlaubt werden.*
4. *Ein Ausflug in den Kletterpark wäre toll, denn so können wir eine neue Sportart ausprobieren.*
5. *Wir möchten in den Pausen Waffeln verkaufen, weil wir Geld für die Klassenfahrt brauchen.*
6. *Die Schülerinnen und Schüler sollten die Unterrichtsräume und die Toiletten selber säubern.*
7. *Wir wünschen uns einmal wöchentlich einen Nachmittag ohne Hausaufgaben!*

4 a Lest die Wunschliste. Welchen Vorschlägen stimmt ihr zu? Tauscht euch aus.

b Schreibt die Aussagen ab, die begründet wurden.

c Unterstreicht in den begründeten Aussagen die Wörter, die die Begründung einleiten.

d Ergänzt mögliche Begründungen für die Vorschläge, die nicht begründet wurden. Verwendet dabei die Verknüpfungswörter *weil, da* oder *denn.*

5 Entscheidet: *denn* oder *weil?* Ordnet den folgenden vier Vorschlägen die geeigneten Begründungen zu und verknüpft die Sätze mit dem passenden Wort.

Gruppentische im Klassenraum sind praktisch, •	... wir uns damit richtig austoben können. •
Die Einrichtung einer Leseecke wäre toll, •	... das meine Lieblingssportart ist. •
Ich wünsche mir eine Basketball-AG, •	... dorthin könnten wir uns in der Mittagspause zurückziehen und in Ruhe lesen. •
Sportgeräte für die Hofpausen finde ich gut,	... man kommt miteinander ins Gespräch.

6 Was wünscht ihr euch für eure Schule? Notiert drei Vorschläge mit Begründung.

Information **Die eigene Meinung begründen**

- Wenn ihr andere von eurer Meinung überzeugen wollt, müsst ihr sie begründen, z. B.:
  Ich bin dafür, dass wir einen Schulgarten anlegen, = **die Meinung**
  weil *dadurch unser Schulgelände schöner wird.* = **die Begründung (das Argument)**
  Oder: ..., ***denn*** *dadurch wird unser Schulgelände schöner.*
- Die Meinung und die Begründung werden durch **Verknüpfungswörter** wie *weil, da* und *denn* verbunden:
  Ich bin für ..., denn ...
  Meiner Meinung nach ..., weil ...
  Ich schlage ... vor, da ...

Teste dich!

Meinungen begründen

1 Formuliere die „Gesprächsbremsen" A bis E so um, dass sie den Gesprächspartner nicht verletzen und das Gespräch voranbringen, z. B.:
A Ich verstehe, was du meinst, aber ich habe einen anderen Vorschlag.

2 Welche der folgenden Aussagen sind begründet? Notiere die Buchstaben der begründeten Äußerungen hintereinander ins Heft und lies sie rückwärts. Dann erhältst du ein Lösungswort.

A Staffelspiele im Sportunterricht finde ich gut, denn die stärken die Klassengemeinschaft.
L Die Sitzordnung ist mir egal. Hauptsache, ich sitze neben meiner Freundin!
K Musik in den Pausen, das wäre echt cool!
M Einzeltische im Klassenraum sind ideal, weil ich mich so am besten konzentrieren kann.
I Ich bin dafür, Unterricht im Freien durchzuführen, weil frische Luft gesund ist.
R Eine längere Mittagspause ist wichtig, denn so geht man ausgeruhter in den Nachmittagsunterricht.
P Ich bin für längere Pausen, denn nur in den Pausen haben wir Zeit, miteinander zu spielen.

3 Schreibe die folgenden Sätze in dein Heft und setze passende Verknüpfungswörter ein.

A Die Schülerinnen und Schüler der Klasse 5 möchten einen Haustiertag einführen, ? sie auf diese Weise viel über Tiere lernen können.
B Ich bin für eine Klassenbücherei, ? ich so neue Bücher entdecken kann.
C Wir sollten ein Aquarium kaufen, ? es verschönert den Klassenraum.
D Ich melde mich für die Fußball-AG, ? ich gern in der Schulmannschaft mitspielen möchte.
E Ich bin gegen den Ausflug in den Zoo, ? ich finde es nicht gut, dass Tiere eingesperrt sind.

4 Besprich deine Lösungen mit einer Lernpartnerin oder einem Lernpartner.

2.2 Einen Vorschlag schriftlich begründen

Drinnen oder draußen? – Die Pausenregelung diskutieren

1 Wie lautet die Pausenregelung an eurer Schule?
Besprecht, wo ihr euch aufhalten sollt und welche Spielmöglichkeiten ihr habt.

2 Was haltet ihr von Annikas Vorschlag, dass die Schülerinnen und Schüler der 5. und 6. Klassen die großen Pausen auch im Schulgebäude verbringen dürfen?

a Sammelt in einer Tabelle Stichworte zu den Vorteilen und den Nachteilen dieses Vorschlags.

Große Pause im Schulgebäude!

Vorteile	Nachteile
– ...	– *Schüler kriegen keine frische Luft*

b Stimmt ab: Wer ist für und wer ist gegen Annikas Vorschlag?

3 Warum seid ihr für oder gegen den Vorschlag von Annika? Begründet eure Meinung mit einem Argument. Nutzt dafür die folgenden Formulierungshilfen:

Meinung
Ich finde, ...
Meiner Meinung nach ...
Ich bin der Meinung, dass ...
Ich bin der Ansicht, dass ...
Ich bin dafür/dagegen, dass ...

Begründung (Argument)
, da/weil ...
, denn ...
Dafür spricht, dass ...
Ein Argument dafür ist, dass ...
Das kann man so begründen: ...

Bastian, 5. Klasse: „Ich finde es gar nicht schlimm, die Pause draußen zu verbringen. Nach zwei Stunden im miefigen Klassenzimmer tut es doch gut, mal an die frische Luft zu kommen."

Schulhausmeister: „Die Schüler sind ganz schön verweichlicht. Die werden morgens mit Bussen oder Autos bis vor den Klassenraum gefahren und schlafen dabei noch halb. In den Pausen sollten sie sich dann endlich mal ein bisschen bewegen."

Sandra, 7. Klasse: „Wenn alle draußen sind, gibt es immer Chaos. Ständig hat man Angst, dass man umgerannt wird oder einen Ball an den Kopf bekommt. Man kann sich überhaupt nicht ausruhen und in Ruhe quatschen."

Herr Walter, Lehrer: „Bewegung tut gut, das ist doch klar. Sie ist wichtig für die Gesundheit der Schülerinnen und Schüler. Außerdem wird durch Bewegung überschüssige Energie abgebaut. Nach dem Rennen auf dem Hof fällt es den Schülern leichter, im Unterricht still zu sitzen und sich zu konzentrieren."

Taner, 6. Klasse: „Ich finde, die Pausen sollten zur Entspannung dienen. Entspannen kann ich mich nur drinnen. Da ist es gemütlich, man kann sich eine ruhige Ecke suchen und ein Buch lesen oder sich mit Freunden unterhalten."

Sarah, 5. Klasse: „In meiner Grundschule durften wir in den Pausen im Klassenzimmer bleiben. Das fand ich gut, denn da konnten wir in Ruhe essen oder auch mal zusammen spielen."

4 a Lest die Aussagen zur Pausenregelung und sortiert sie: Wer ist für die Pause im Schulgebäude? Wer ist dagegen?
b Welche Gründe nennen die Personen für ihre Meinung? Ergänzt die genannten Vorteile und Nachteile stichwortartig in eurer Tabelle von Aufgabe 2 a (▸ Seite 35).

5 Mit welchen weiteren Argumenten könnt ihr eure Meinung von Aufgabe 3 (▸ Seite 35) unterstützen? Geht so vor:
- Sucht zwei oder drei Mitschüler, die die gleiche Meinung haben wie ihr.
- Einigt euch auf drei sinnvolle Begründungen für diese Meinung.
- Formuliert eure Meinung und ergänzt die drei Begründungen. Nutzt dazu die folgenden Formulierungen, um die Begründungen gut zu verknüpfen:

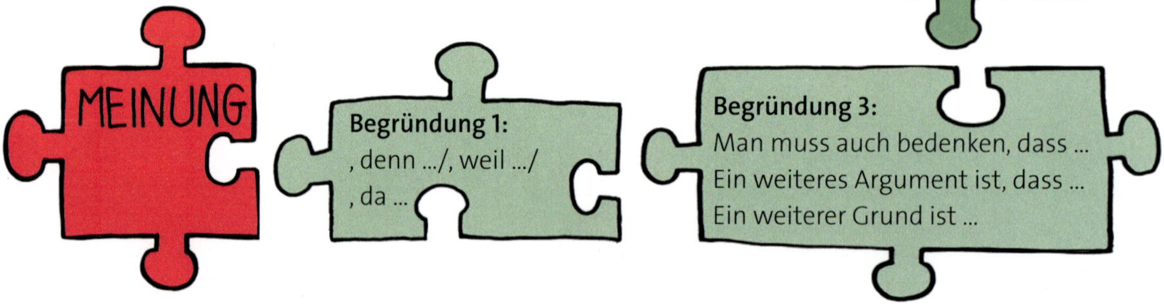

Pausenmusik – In einer E-Mail die eigene Meinung begründen

An: Verteiler Klasse 5 a
Betreff: Diskussion der Pausenregelung

Liebe Mitschülerinnen und Mitschüler,
ihr erinnert euch bestimmt, dass Herr Semmler uns nach unseren Vorschlägen für die Pausengestaltung gefragt hat.
Wir sind der Meinung, dass es toll wäre, wenn wir in den kleinen Pausen im Klassenraum Musik hören könnten. Mit Musik wären die Pausen bestimmt gemütlicher! Wir denken, dass wir uns mit Musik im Hintergrund besser entspannen könnten. Außerdem wäre es dann vielleicht nicht so laut in den Pausen, es würden nicht so viele von uns rumschreien. Sarah hat schon ihre Eltern gefragt, die würden ihren alten CD-Spieler für unsere Klasse spenden. Und vielleicht könnten wir abwechselnd CDs mitbringen? Was meint ihr zu dieser Idee?
Bitte schreibt uns eure Meinung und sagt, ob wir diesen Vorschlag in der nächsten Klassenlehrerstunde vortragen sollen. Wir warten auf eure Antworten!
Viele Grüße
Annika und Sarah

1 Lest die E-Mail von Annika und Sarah an ihre Mitschülerinnen und Mitschüler. Ordnet die Bausteine im Kasten den Textabschnitten zu.

Anrede • Einleitung • Meinung • Begründungen • Schluss • Grußformel und Name

2 a Welchen Vorschlag machen Annika und Sarah? Gebt ihn mit euren eigenen Worten wieder.
b Nennt die Argumente, mit denen die beiden Schülerinnen ihren Vorschlag begründen.
c Überzeugen euch diese Argumente? Tauscht euch darüber aus.

3 a Welche Argumente sprechen für, welche gegen Musik in den Pausen? Übertragt die Tabelle unten in euer Heft und ordnet die folgenden Argumente ein:

- *Man kann neue Musikrichtungen und Gruppen kennen lernen.*
- *Man kann sich über die Musik gut unterhalten.*
- *Es kann zu Streit darüber kommen, welche Musik angemacht werden soll.*
- *Man muss Musik aushalten, die man überhaupt nicht mag.*
- *Die mitgebrachten CDs gehen kaputt oder verloren.*
- *Es wird ruhiger in den Pausen.*
- *Bei Musik muss man noch lauter sprechen.*

b Fallen euch noch weitere Argumente für oder gegen Musik in den Pausen ein? Ergänzt sie.

Musik in den kleinen Pausen	
Argumente dafür	**Argumente dagegen**
– …	– …

Fordern und fördern – Eine Begründung formulieren

1 Plant eine Antwort-Mail an Annika und Sarah (► S. 37). Macht Notizen, was ihr in eurer Mail antworten möchtet. Übertragt dazu den folgenden Schreibplan ins Heft und ergänzt ihn:

Einleitung:	*– Dank für Vorschlag*
Meine Meinung:	*Ich bin für Musik in den Pausen. / Ich bin gegen Musik in den Pausen.*
Meine Argumente:	*1. ...* *2. ...* *3. ...*
Schluss:	*– ...*

2 ●●● Schreibt die Antwort-Mail. Formuliert darin eure Meinung und nennt drei Gründe dafür. Äußert euch auch dazu, ob das Thema in der Klassenlehrerstunde besprochen werden sollte. Nutzt eure Notizen von Aufgabe 1 und die folgenden Formulierungshilfen:

Meine Meinung	Meine Argumente
Ich finde ...	*, denn ... / , weil ... / , da ...*
Meiner Meinung nach ...	*Man muss bedenken, dass ...*
Ich bin der Meinung, dass ...	*Ein weiteres Argument ist, dass ...*
Ich bin der Ansicht, dass ...	*Ein weiterer Grund ist, dass ...*
Ich bin für/gegen ...	*Weiterhin ist zu bedenken, dass ...*

▷ Hilfe zu Aufgabe 2 auf Seite 39

3 Überarbeitet eure Antwort-Mail. Geht so vor:

a Prüft den Aufbau und den Inhalt eurer E-Mail:
- Enthält eure E-Mail eine Anrede und eine Grußformel mit eurem Namen?
- Habt ihr eure Meinung deutlich formuliert?
- Habt ihr drei Argumente für eure Meinung genannt?
- Habt ihr einen Einleitungssatz und einen Schlusssatz formuliert?

●●○ b Prüft den Ausdruck, die Grammatik und die Rechtschreibung in eurer E-Mail. Schlagt Wörter nach, bei deren Schreibung ihr unsicher wart.

▷ Hilfe zu Aufgabe 3 b auf Seite 39

4 a Wer fertig ist, hängt seine Antwort-Mail im Klassenraum auf.

b Lest jeweils drei E-Mails eurer Mitschülerinnen und Mitschüler und notiert zu jeder Mail die folgenden drei Dinge auf einen Zettel:
1. Das gefällt mir: ...
2. Dazu habe ich noch Fragen: ...
3. Das kannst du besser machen: ...
Übergebt den Zettel mit euren Verbesserungsvorschlägen der Verfasserin oder dem Verfasser der E-Mail.

●○○ Aufgabe 2 mit Hilfen

Schreibt die Antwort-Mail. Formuliert darin eure Meinung und nennt drei Gründe dafür. Äußert euch auch dazu, ob das Thema in der Klassenlehrerstunde besprochen werden sollte. Nutzt eure Notizen von Aufgabe 1 und die folgenden Formulierungshilfen:

Anrede	*Liebe Annika, liebe Sarah, / Hi Annika und Sarah,*
Einleitung	*… vielen Dank für eure Mail.* *… ich habe über euren Vorschlag nachgedacht.* *… toll, dass ihr schon eine Idee für die Pausengestaltung habt.*
Meinung	*Meiner Meinung nach …* *Ich bin der Ansicht, dass …* *Ich bin für/gegen …*
1. Argument	*, denn … / , weil … / , da …*
2. Argument	*Außerdem denke ich, dass … / Weiterhin …*
3. Argument	*Ein weiteres Argument ist …* *Man muss auch bedenken, dass …* *Ein weiterer Grund ist, dass …*
Schluss	– *Ich würde es gut finden, wenn ihr das Thema in unserer nächsten Klassenlehrerstunde ansprecht.* – *Bitte stellt euren Vorschlag in der nächsten Klassenlehrerstunde vor.* – *Ich hoffe, ihr versteht, warum ich gegen euren Vorschlag bin.* – *Ich finde, wir brauchen darüber nicht in der Klassenlehrerstunde zu reden.* – *Ich habe einen anderen Vorschlag, den ich in der Klassenlehrerstunde vorstellen möchte.*
Gruß und Name	*Viele Grüße / Gruß / Bis morgen* *…*

●○○ Aufgabe 3 b mit Hilfen

Prüft in den folgenden Sätzen Ausdruck und Grammatik. Überarbeitet die Sätze im Heft.

VORSICHT FEHLER!

A Ich finde Musik in der Pause eine bescheuerte Idee, denn dann kann ich nicht in Ruhe mit meinen Freunden quatschen.

B Meiner Ansicht nach ist Pausenmusik ein guter Vorschlag, weil ich kann hören, welche Musik die anderen so mögen.

C Pausenmusik ist Mist! Ich denke, dass es gibt ewig Streit darüber, was wir hören wollen.

D Ich bin gegen Pausenmusik, da ich will meine eigenen CDs nicht in die Schule mitbringen.

2.3 Fit in ...! – Meinungen schriftlich begründen

Stellt euch vor, ihr bekommt in der nächsten Klassenarbeit die folgende Aufgabe gestellt:

Der Förderverein eurer Schule stellt allen 5. Klassen 100 € für eine sinnvolle Anschaffung zur Verfügung. Euer Klassensprecher fragt in einer E-Mail alle Schülerinnen und Schüler nach einer Idee, was die Klasse gebrauchen könnte.
Lies die folgende Mail des Klassensprechers und schreibe eine Antwort-Mail, in der du einen Anschaffungsvorschlag für euren Klassenraum machst. Der Vorschlag muss den Vorgaben des Fördervereins entsprechen. Begründe deinen Vorschlag mit mindestens drei überzeugenden Argumenten.

An: Verteiler Klasse 5a
Betreff: Spende des Fördervereins

Liebe Mitschülerinnen und Mitschüler,
wie ich euch in der letzten Klassenlehrerstunde berichtet habe, stehen uns 100 € vom Förderverein für eine Anschaffung für unseren Klassenraum zur Verfügung. Allerdings macht der Förderverein folgende Vorgaben:
1. Die geplante Anschaffung darf nicht mehr als 100 € kosten.
2. Die Anschaffung sollte für alle Schülerinnen und Schüler sinnvoll sein.
3. Tiere sind als Anschaffung nicht erlaubt.
Bitte mailt mir eure Ideen bis Mittwoch. Dann können wir in der Klassenlehrerstunde darüber abstimmen.
Viele Grüße
Luis

Die Aufgabe richtig verstehen

1 a Lest euch die Aufgabe oben genau durch.
b Habt ihr verstanden, was ihr machen sollt? Wählt die richtigen Aussagen aus und schreibt die entsprechenden Buchstaben ins Heft. Die richtigen Buchstaben ergeben ein Lösungswort.
E Ich soll eine E-Mail an den Förderverein der Schule schreiben.
M Ich soll einen Vorschlag für eine Anschaffung machen.
K Die Anschaffung soll vor allem schwächere Schülerinnen oder Schüler unterstützen.
D Ich soll verschiedene Anschaffungen vorschlagen und mich dann für die billigste entscheiden.
A Ich muss bei meinem Vorschlag beachten, wie teuer die Anschaffung ist.
I Der Empfänger meiner E-Mail ist der Klassensprecher.
P Ich soll meinen Vorschlag mit zwei überzeugenden Argumenten begründen.
L Ich muss beim Schreiben den Aufbau einer E-Mail beachten.

Planen

2 Auf den folgenden Zetteln findet ihr fünf Anschaffungsvorschläge für den Klassenraum. Schreibt die Vorschläge ins Heft und notiert neben jeden Vorschlag, ob er zu den Vorgaben des Fördervereins passt oder nicht.

eine Klassenbibliothek mit Nachschlagewerken (Preis etwa 80 Euro)

ein kleines Aquarium mit Zierfischen (Preis etwa 90 Euro)

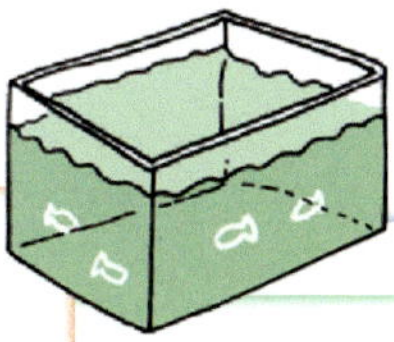

ein Regal zur Aufbewahrung von Arbeitsmaterial (Preis etwa 100 Euro)

Pflanzen, Blumenständer und eine Gießkanne (Preis etwa 75 Euro)

ein CD-Player (Preis etwa 130 Euro)

3 **a** Entscheidet euch für einen passenden Vorschlag und sammelt Begründungen dafür. Übertragt dazu den folgenden Ideenstern (▶ Seite 237) ins Heft und ergänzt ihn:

Mein Anschaffungsvorschlag: ...

- *Preis: ...*
- *Für alle sinnvoll, weil ...*
- ...
- ...
- ...
- ...

b Für euren Anschaffungsvorschlag sollt ihr mindestens drei Argumente nennen. Prüft noch einmal die Begründungen in eurem Ideenstern und markiert, welche am meisten überzeugen.

c In welcher Reihenfolge wollt ihr eure Argumente in der E-Mail anführen? Nummeriert sie.

Schreiben

4 **a** Schreibt man nach der Anrede groß oder klein? Ordnet den folgenden drei Anreden einen passenden Einleitungssatz zu.

Lieber Luis,	toll, dass der Förderverein uns dieses Geld zur Verfügung stellt.
Hallo Luis!	danke für die Information.
Hi Luis,	Ich überlege schon die ganze Zeit, welche Anschaffung für unsere Klasse am besten wäre.

b Wählt einen der drei Anfänge für eure E-Mail aus und schreibt ihn ins Heft.

5 a Verknüpft den folgenden Vorschlag mit den drei Argumenten. Verwendet dazu die Formulierungen im mittleren Kasten.

Vorschlag	Verknüpfungen	Argumente
Ich schlage die Anschaffung eines Regals vor ...	, denn ... • Außerdem ... • Ein weiterer Grund für diesen Vorschlag ist, dass ...	– Darin könnten wir unsere Arbeitsmaterialien gut aufbewahren. – Die Rückwand unseres Raumes würde nicht mehr so leer aussehen. – Dann hätten wir endlich einen ordentlichen Platz für unsere Wörterbücher.

b Formuliert euren eigenen Vorschlag für die Antwort-Mail und ergänzt Argumente dafür. Achtet darauf, euren Vorschlag und die einzelnen Begründungen gut zu verknüpfen.

6 a Schreibt einen Schluss. Wählt dazu einen der folgenden Satzanfänge aus und setzt ihn fort.

> Ich würde meine Idee gern in der Klassenlehrerstunde vorstellen und hoffe, dass ... • Ich bin gespannt, ob/was ... • Ich denke, dass das ein sinnvoller Vorschlag ist. Hoffentlich ...

b Ergänzt eine passende Grußformel und euren Namen.

Überarbeiten

7 Überarbeitet eure E-Mails in Partnerarbeit. Nutzt dafür die folgende Checkliste.

Checkliste

Eine Begründungsmail schreiben
- Prüft, ob eure E-Mail folgende Bausteine enthält: **Anrede, Einleitung** (Darstellung der Situation), **Hauptteil** (Meinung und Begründung), **Schluss** (Wunsch/Vorschlag), **Grußformel und Name**
- Habt ihr eure **Meinung** deutlich formuliert?
- Werden überzeugende **Begründungen (Argumente)** für die Meinung genannt?
- Habt ihr eure Meinung und die einzelnen Begründungen gut **verknüpft?**
- Sind die **Grammatik,** die **Rechtschreibung** und die **Zeichensetzung** korrekt?

Schreibwörter ► S. 228

das Gespräch	der Vorschlag	die Tabelle	diskutieren	weil
die Aussage	die Meinung	die E-Mail	begründen	denn
das Thema	das Argument	zuhören	überzeugen	außerdem

3 War das gruselig! – Spannend erzählen

1 Betrachtet das Bild genau und beschreibt, was ihr seht.

2 Was ist da passiert? Erzählt zu dem Bild eine kurze, spannende Geschichte.

3 **a** Besprecht, was euch an euren Geschichten besonders gut gefallen hat.
b Wie kann man eine Geschichte spannend erzählen? Sammelt Tipps.

In diesem Kapitel ...

- erzählt, schreibt und lest ihr spannende Geschichten,
- erfahrt ihr, mit welchen Tricks man eine Geschichte gruselig und spannend gestaltet,
- lernt ihr, wie ihr eure Geschichten in einer Schreibkonferenz überarbeiten könnt.

3.1 Abenteuer im Alltag – Erlebnisse erzählen

Geschichten mündlich erzählen

1 Betrachtet das Bild. Welche Geschichte fällt euch dazu ein?

a Sammelt eure Ideen für eine Geschichte in einem Ideenstern (▶ Seite 237).
Übertragt dazu den folgenden Ideenstern auf ein Blatt Papier und ergänzt ihn.

Eine geheimnisvolle Kiste
- *Deckel springt auf*
- *etwas raschelt in der Kiste*
- …
- …
- …
- …

b Stellt eure Ideen einer Partnerin oder einem Partner vor.
Vielleicht ist in der Kiste … / Ich stelle mir vor, dass …

c Welche Ideen gefallen euch am besten?
Einigt euch zu zweit und markiert oder ergänzt die besten Einfälle in eurem Ideenstern.
Streicht die Einfälle, die ihr weniger gut findet.

2 Überlegt euch eine vollständige Geschichte zu dem Bild. Geht so vor:

a Beantwortet zu zweit die folgenden W-Fragen zur Geschichte und notiert eure Antworten stichwortartig auf Karteikarten, z. B.:

Wer?
- …

Wann?
- *in der Nacht*

Wo?
- *auf dem Dachboden*

Was?
- *leise Geräusche*
- *Deckel springt auf*

b Was geschieht im spannendsten Moment der Geschichte, am Höhepunkt? Notiert Stichworte dazu auf eine weitere Karte.
c Was ist vor dem Höhepunkt passiert? Was geschieht danach? Schreibt die einzelnen Handlungsschritte auf weitere Karten.
d Wie soll eure Geschichte enden? Notiert eure Idee für den Schluss.

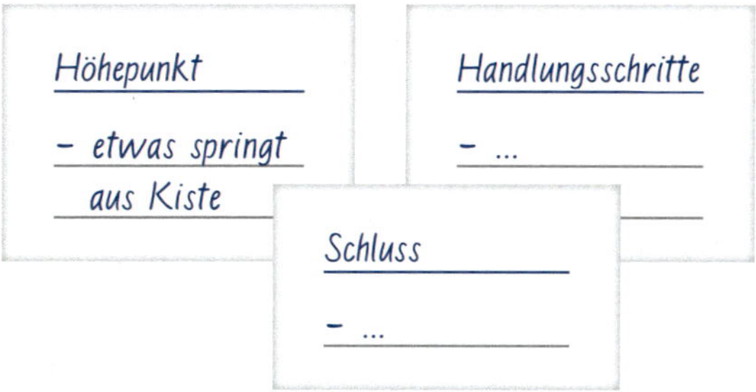

3 Sortiert eure Stichwortkarten von Aufgabe 2 nach Einleitung – Hauptteil – Schluss und nummeriert sie in einer sinnvollen Reihenfolge.

4 a Wie könnt ihr eure Geschichte möglichst interessant und spannend erzählen? Lest die Tipps aus der Erzähltrickkiste.

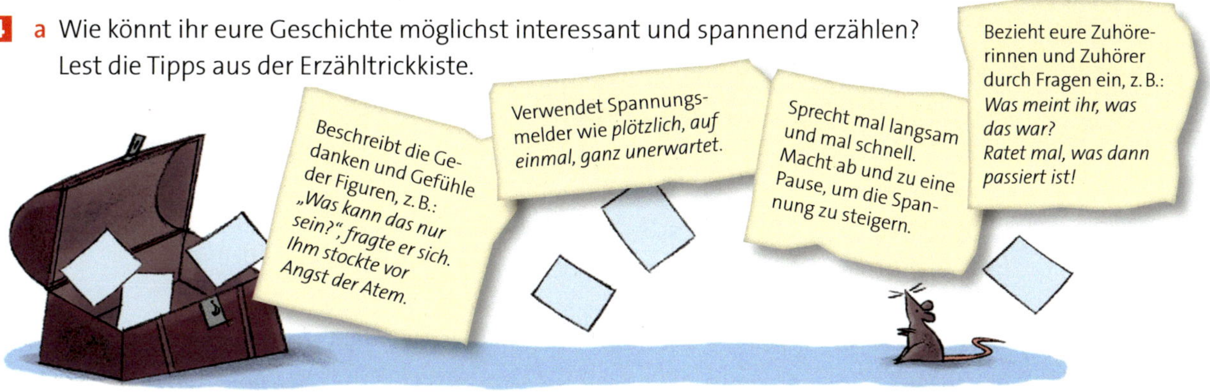

b Besprecht zu zweit, an welcher Stelle in eurer Geschichte ihr welchen Erzähltrick einsetzen könnt. Macht euch dazu Notizen auf euren Stichwortkarten.
c Übt den Vortrag eurer Geschichte mit Hilfe der Stichwortkarten.

5 a Bildet mit einem anderen Paar eine Gruppe und tragt euch eure Geschichten gegenseitig vor. Nutzt dabei eure Stichwortkarten. Das Paar, das zuhört, achtet darauf, ob die Geschichte des anderen Paares einen Höhepunkt hat und spannend erzählt wurde.
b Wertet eure Vorträge aus. Sagt, was euch an der Geschichte und am Vortrag des anderen Paares gut gefallen hat.

6 Führt in eurer Gruppe ein Erzählspiel durch:
Einer nimmt einen Stift in die Hand und beginnt, eine Geschichte zu erzählen. Nach einigen Sätzen hört er auf und gibt den Stift dem Nächsten. Dieser setzt die Geschichte fort und gibt dann den Stift weiter an die nächste Person, die die Geschichte weitererzählen soll.

Methode **Geschichten mündlich erzählen**

- Überlegt euch für eure Geschichte eine **Einleitung,** einen **Hauptteil,** der zum spannenden Höhepunkt führt, und einen interessanten oder überraschenden **Schluss.**
- Wendet beim Vortrag **Erzähltricks** an:
  Beschreibt **Gedanken und Gefühle** der Figuren, verwendet **Spannungsmelder,** verändert euer **Sprechtempo** und bezieht eure Zuhörerinnen und Zuhörer durch **Fragen** ein.

Geschichten nach Bildern schreiben

Die Geschichte planen

1 a Betrachtet die vier Bilder genau und besprecht, worum es in der Geschichte geht.
b Welches Bild stellt den Höhepunkt der Geschichte dar? Begründet eure Entscheidung.

2 a Wann und wo spielt die Geschichte? Und wer sind die beteiligten Figuren?
Schreibt die Antworten zu diesen drei W-Fragen stichwortartig in euer Heft, z. B.:
Wann? am späten Abend Wo? im Park Wer? Lia und Noah
b Was passiert in der Geschichte? Notiert die einzelnen Handlungsschritte untereinander. Bedenkt dabei, dass auch vor und nach den Situationen auf den Bildern Dinge passieren, die man erzählen kann.
- *Eine Geburtstagsfeier ist zu Ende.*
- *Lia und Noah verabschieden sich vor dem Haus. ...*

c Prüft, ob die Spannung wie in der Lesefieberkurve unten steigt. Markiert im Heft den Handlungsschritt, der den Höhepunkt darstellt.

Information **Die Lesefieberkurve**

Die Lesefieberkurve zeigt, wie sich die Spannung in einer Geschichte entwickelt.

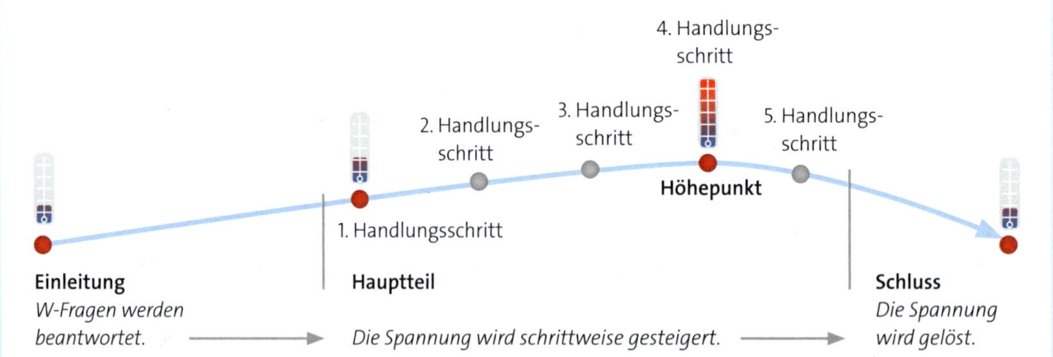

Eine Einleitung verfassen

A *An einem Samstag feierte Nick seinen elften Geburtstag. Die Hälfte der Klasse war zur großen Party bei ihm zu Hause eingeladen. Einigen sollte sie in besonderer Erinnerung bleiben.*

B *Nicks Geburtstagsfeier fand am 27. Oktober bei ihm zu Hause statt. Es nahmen 13 Schüler unserer Klasse teil.*

C *Lia und Noah verabschiedeten sich und machten sich auf den Heimweg.*

3 a Lest die drei Einleitungen. Welche gefällt euch am besten? Begründet eure Wahl.
b Prüft, ob in allen drei Einleitungen die W-Fragen Wann?, Wo? und Wer? beantwortet werden.
c Verfasst selbst eine Einleitung im Präteritum, die neugierig macht.

Methode **Eine Einleitung verfassen**

Die Einleitung führt in die Geschichte ein und gibt Antworten auf die folgenden W-Fragen: **Wann** ereignete sich die Handlung? **Wo** spielte sie? **Wer** waren die beteiligten Figuren?

Im Hauptteil spannend und anschaulich erzählen

Auf einmal hörten sie Schritte hinter sich. Noah drehte sich vorsichtig um und sah, wie eine dunkle Gestalt ihnen folgte. Erschrocken ergriff er Lia am Arm und flüsterte: „...“ Blitzschnell drehte auch sie sich um und zischte: „...“ Sie liefen schneller, denn langsam überkam sie eine große Angst. Noah spürte, wie sein Herz immer heftiger klopfte. Er überlegte: „...“ Und Lia schoss es durch den Kopf: „...“ Plötzlich fühlte Lia, wie jemand sie an der Schulter packte. Sie schrie: „...!“

4 a Lest den Textausschnitt. Was sagen Lia und Noah zueinander? Und welche Gedanken gehen ihnen durch den Kopf? Schreibt den Text ab und ergänzt die Lücken mit eigenen Ideen.
b Unterstreicht alle Ausdrücke im Text, die die Gefühle der Kinder deutlich machen.
c Markiert Wörter und Wendungen, mit denen Spannung aufgebaut wird (Spannungsmelder).
d Welche Ausdrücke werden für das Wort *sagen* verwendet, welche für *denken*? Kreist sie ein.

5 Formuliert euren Hauptteil im Präteritum. Nutzt dabei die Tipps im Methodenkasten unten.

6 Sammelt weitere Ausdrücke für das Wort *sagen* und für das Wort *denken* und stellt sie vor.

Methode **Im Hauptteil spannend und anschaulich erzählen**

Der **Hauptteil** besteht aus mehreren **Handlungsschritten,** mit denen die Spannung schrittweise bis zum **Höhepunkt** gesteigert wird.
Besonders spannend und anschaulich wird eure Erzählung, wenn ihr ...

- **Spannungsmelder** einbaut, z. B.: *Plötzlich ... Ganz unerwartet ... In letzter Sekunde ...*
- **wörtliche Rede** benutzt (▸ Seite 253), z. B.: *„Vorsicht!“, schrie er.*
- **Gedanken, Gefühle, Wahrnehmungen** der Figuren mitteilt, z. B.: *Ihr Herz schlug laut.*
- **treffende Verben** (z. B. *stammeln, brüllen*) und **anschauliche Adjektive** verwendet.

Den Schluss gestalten

A *Am nächsten Morgen in der Schule erzählte Nick den anderen, wie sein Vater Lia und Noah wegen der Mütze nachrennen musste und wie Lia bei seinem Anblick laut geschrien hatte. Alle lachten und waren sich einig, dass diese Geburtstagsfeier ein wirklich spannendes Ereignis war.*

B *Lia und Noah bedankten und verabschiedeten sich bei Herrn Paulsen. Auf dem restlichen Heimweg lachten sie erleichtert über das Missverständnis. Beide waren sehr froh, als sie ohne weitere gefährliche Situationen gut zu Hause ankamen.*

C *Nachdem Nicks Vater gegangen war, liefen Lia und Noah schnell weiter. Keiner sagte etwas. Beide waren aufgewühlt von dem Erlebnis und hingen ihren Gedanken nach.*

7 a Lest die drei Vorschläge für einen Schluss. Welcher gefällt euch am besten? Begründet.
b Ordnet jedem Schluss eine der folgenden Aussagen zu:

1 In diesem Schluss wird der Ausgang erzählt und das Erlebnis abgeschlossen.

2 Bei diesem Schluss bleibt etwas offen. Man weiß nicht, ob die Figuren gut nach Hause kommen und ob sie am Ende über das Missverständnis lachen können oder ob sie immer noch Angst haben.

3 Dieser Schluss bezieht sich noch einmal auf die Einleitung, denn dort stand, dass die halbe Schulklasse zur Party eingeladen war.

8 Gestaltet einen eigenen Schluss für eure Geschichte. Wählt dabei eine der drei Möglichkeiten, die in den Sprechblasen genannt werden.

Eine treffende Überschrift formulieren

Geburtstagsparty mit Folgen

Der Schreck nach der Party

Wie eine vergessene Mütze einen großen Schrecken verursachte

9 Wenn die Geschichte fertig geschrieben ist, fehlt noch etwas: die Überschrift.
a Beurteilt die drei Überschriften zur Bildergeschichte. Welche findet ihr am besten?
b Überlegt: Warum ist es sinnvoll, die Überschrift erst nach dem Schreiben der Geschichte zu formulieren?
c Formuliert eine eigene Überschrift für eure Geschichte.

Methode **Den Schluss gestalten und eine Überschrift formulieren**

Der **Schluss** einer Geschichte löst die Spannung auf. Er kann unterschiedlich gestaltet sein. Man kann ...
- den Ausgang der Geschichte erzählen und das Erlebnis abschließen,
- am Schluss der Geschichte Fragen offenlassen,
- auf die Einleitung zurückgreifen, sodass Einleitung und Schluss einen Rahmen bilden.

Die **Überschrift** soll auf die Geschichte neugierig machen, aber noch nicht zu viel verraten.

Geschichten nach Reizwörtern schreiben

1 a Welche Ideen fallen euch zu den drei Wörtern ein? Erzählt sie euch gegenseitig.

> Wo spielt die Geschichte? • Wann spielt die Geschichte? • Wer kommt in der Geschichte vor? • Was passiert in der Geschichte? • Was geschieht am Höhepunkt? • Wie endet die Geschichte?

b Überlegt euch Ideen für eine Geschichte, in der die Wörter *Bus, Lehrerin* und *Maus* vorkommen. Beantwortet dazu die sechs Fragen oben stichwortartig im Heft.

2 Lest die zwei Einleitungen für eine Geschichte zu den drei Wörtern *Bus, Lehrerin, Maus.* Welche findet ihr besser gelungen? Begründet.

> *Wie immer kam ich auch an diesem Montagmorgen als einer der Letzten zur Bushaltestelle. Die meisten Kinder waren schon eingestiegen, und so ließ ich mich müde ganz vorn auf einen der wenigen freien Plätze fallen. Normalerweise döse ich im Bus immer noch ein bisschen, doch an diesem Morgen kam ich nicht dazu, die Augen zu schließen, denn die Busfahrt wurde noch aufregend.* Erkut

> *Die anderen Jungs und ich saßen an diesem Morgen auf der hinteren Bank im Bus, deshalb wussten wir auch nicht gleich, dass die Kinder vorn im Bus bloß wegen einer süßen kleinen Maus so laut und hysterisch kreischten.* Pascal

3 a Wie kann man seine Leser in der Einleitung neugierig machen? Lest die folgenden Tipps:

Methode **Spannung erzeugen – Schlingen auslegen**

Eine Geschichte wird besonders spannend, wenn man **Schlingen** auslegt, um die Leser zu fesseln und sie auf die weitere Geschichte neugierig zu machen:

A Verratet nicht gleich, wie die Geschichte ausgeht. Macht nur **Andeutungen,** z. B.: *Als wir ankamen, ahnten wir nicht, dass der Tag eine überraschende Wende nehmen würde.*

B **Wendet** eine **harmlose Situation** so um, dass sie auf einmal **gefährlich** erscheint, z. B.: *Auf dem See glitzerte die Sonne. Plötzlich sah man einen riesigen Schatten.*

C Legt **falsche Fährten** aus. Lasst den Leser ein Problem vermuten, das es dann gar nicht gibt, z. B.: *Dichte Wolken schoben sich über den See. Aber es waren nicht die Wolken, die ...*

b Prüft zu zweit, welche Schlinge Erkut in seiner Einleitung gelegt hat: A, B oder C?

4 Verfasst selbst eine spannende Reizwortgeschichte zu den Wörtern *Bus, Lehrerin* und *Maus.* Baut sie entsprechend der Lesefieberkurve (▶ Seite 46) auf und legt in eurer Einleitung eine Schlinge.

Geschichten in der Schreibkonferenz überarbeiten

1 Wer einen Text geschrieben hat, merkt oft gar nicht, ob der Text für andere verständlich ist. In einer Schreibkonferenz könnt ihr euch gegenseitig Verbesserungen vorschlagen. Geht so vor:

– Setzt euch zu viert zusammen.
– Entscheidet: Wer liest zuerst seinen Text vor? Und bei den drei Zuhörern: Wer ist Experte für den Inhalt, wer Experte für den Aufbau und wer Experte für die Sprache?
– Lest den Text einmal vor. Die Experten hören gut zu und achten auf ihren Schwerpunkt.
– Sagt dem Vorleser, was euch an dem Text gut gefallen hat.
– Besprecht nun den Text Satz für Satz. Die Experten beraten und machen Verbesserungsvorschläge, der Vorleser macht sich dazu Notizen.
– Tauscht anschließend die Rollen und besprecht den nächsten Text.

2 a Überarbeitet euren Text mit Hilfe eurer Notizen. Prüft zum Schluss noch einmal die Rechtschreibung.
b Schreibt euren überarbeiteten Text sauber ab.

Inhalt
- Verstehe ich, worum es geht?
- Welche Textstellen sind unverständlich?
- Wird deutlich, was die Figuren fühlen, denken und sagen?
- Passt die Überschrift gut zum Text?

Aufbau
- Verfügt der Text über eine Einleitung, einen Hauptteil und einen Schluss?
- Werden in der Einleitung die Fragen Wer?, Wo?, Wann? beantwortet?
- Wird in der Einleitung eine Schlinge ausgelegt?
- Wird die Spannung im Hauptteil bis zum Höhepunkt gesteigert?

Sprache
- Wird wörtliche Rede verwendet?
- Werden treffende Verben und Adjektive benutzt?
- Wo können Wiederholungen ersetzt werden, z. B. durch Spannungsmelder?
- Wird die Zeitform richtig eingehalten?

Methode **Eine Schreibkonferenz durchführen**

- Besprecht eure Texte in Gruppen. Dabei achtet jedes Gruppenmitglied als Experte auf einen **Schwerpunkt** (Inhalt, Aufbau oder Sprache).
- Formuliert eure Vorschläge in der **Ich-Form:** *„Ich würde die Überschrift ...“*
- Achtet darauf, dass eure Verbesserungsvorschläge **unterstützend und hilfreich** sind.
- Der Verfasser des Textes notiert sich die Vorschläge und entscheidet selbst, welche er bei der Überarbeitung beachtet.

Teste dich!

Tandembogen: Rund ums Erzählen

Partner A	Partner B
1 Ergänze die Lücken mit passenden Begriffen: Der Aufbau einer Erzählung gliedert sich in Einleitung, ? und Schluss. In der Einleitung beantwortet man ? . Um den Leser neugierig zu machen, kann man ? auslegen. Die spannendste Stelle in der Erzählung nennt man ? .	**Lösung zu Aufgabe 1** Der Aufbau einer Erzählung gliedert sich in Einleitung, **Hauptteil** und Schluss. In der Einleitung beantwortet man **die W-Fragen Wer?, Wann? und Wo?.** Um den Leser neugierig zu machen, kann man **Schlingen** auslegen. Die spannendste Stelle in der Erzählung nennt man **Höhepunkt.**
Lösung zu Aufgabe 2 z. B.: *flüstern, zischen, schreien*	**2** Welche anderen Wörter kannst du statt *sagen* verwenden? Nenne drei Beispiele.
3 Mit welchen zwei sprachlichen Mitteln wird in diesem Beispiel Spannung erzeugt? *Auf einmal schrie Leo los: „Pass auf!“*	**Lösung zu Aufgabe 3** – Spannungsmelder *(Auf einmal)* – wörtliche Rede (*„Pass auf!“*)
Lösung zu Aufgabe 4 – Gedanken, Gefühle der Figuren mitteilen – treffende Verben verwenden und anschauliche Adjektive einsetzen	**4** Nenne weitere Möglichkeiten, wie man eine Geschichte anschaulich und spannend erzählen kann.
5 Wie sollte eine Überschrift aussehen? A Die Überschrift soll möglichst viel von der Geschichte verraten. B Die Überschrift soll neugierig machen, aber möglichst wenig von der Geschichte verraten.	**Lösung zu Aufgabe 5** Antwort B: Die Überschrift soll neugierig machen, aber möglichst wenig von der Geschichte verraten.
Lösung zu Aufgabe 6 – den Ausgang der Geschichte erzählen und das Erlebnis abschließen – Fragen offenlassen – auf die Einleitung zurückgreifen	**6** Welche drei Möglichkeiten gibt es, einen Schluss zu gestalten?

1 Testet euch gegenseitig in Partnerarbeit.
Geht so vor:
- Partner A deckt mit einem Blatt Papier die rechte Hälfte des Tandembogens ab. Partner B deckt die linke Seitenhälfte ab.
- Partner A liest die Aufgabe 1 vor und löst sie, Partner B prüft die Lösung.
- Danach liest Partner B die Aufgabe 2 vor und löst sie. Partner A prüft die Lösung.

Tipp: Übt so lange, bis ihr alle Aufgaben schnell und richtig lösen könnt.

3.2 Um Mitternacht ... – Gespenstergeschichten lesen und schreiben

Dirk Ahner

Hui Buh. Das Schlossgespenst

Eines Morgens im Herbst 1899 schob der Kastellan[1] einen Servierwagen mit frisch gewaschenen Bettlaken durch das Labyrinth der Korridore. Das Geräusch der quietschenden Räder war bis in die Eingangshalle zu hören. Doch das störte niemanden, denn der alte Kastellan lebte ja allein auf Schloss Burgeck. Sauber und ordentlich ordnete er die Laken in einen Schrank. Er bemerkte den kalten Windhauch nicht, der plötzlich durch den Korridor fegte und eines der Tücher mit sich riss. Er bemerkte auch nicht, dass dieses Tuch zum Leben erwachte, dass es sich vom Boden erhob und mit bedrohlich ausgestreckten Armen auf ihn zuging. Das Gespenst kam näher und näher und wollte dem Kastellan mit seinem grausigen Geheul gerade einen gewaltigen Schrecken einjagen, als es mit einem Fuß an seinem eigenen Laken hängen blieb. Ungeschickt stolperte es gegen die Wand und riss den großen Kerzenleuchter von der Decke. Er landete genau auf dem Kopf des Gespenstes und klemmte es ein. „Verflixt und zugespukt!“ Fluchend und schimpfend taumelte das Gespenst durch den Korridor, riss eine Rüstung um und brachte mehrere Vasen zu Fall, ehe sein stolpernder Spukversuch am Wandschrank zu einem abrupten Ende kam. Mehrere Regalbretter lösten sich und krachten herunter. Sämtliche Gläser, Pokale kullerten der Reihe nach in die Tiefe und polterten auf den Kopf des armen Gespenstes. „Au! Au! Auhuu!“, zeterte es. Jeder andere Mensch hätte bei dem gewaltigen Lärm längst nicht mehr arbeiten können. Doch erstens war der Kastellan schon ein wenig taub und zweitens verband ihn mit dem Gespenst eine lange Freundschaft. „Verehrter Hui Buh“, seufzte er. „Wenn ich dir einen Rat geben dürfte: Du solltest das Spuken endlich aufgeben. Du hast andere Talente!“ Er zog das Laken weg und zum Vorschein kam der Geist von Ritter Balduin. Seit jener verhängnisvollen Nacht im Jahre 1399 war er dazu verflucht, als das Gespenst Hui Buh durch Schloss Burgeck zu spuken. „Andere Talente?“, rief er empört und zog etwas aus seinem Gespensterwams hervor. Es war eine alte Schriftrolle, auf der in krakeligen Buchstaben und mit vielen Rechtschreibfehlern zu lesen stand:

„Siehst du das? Das ist meine Spuklizenz. Ich bin das einzige behördlich zugelassene Gespenst auf Schloss Burgeck!“ „Ich weiß, ich weiß, verehrter Hui Buh“, gab der alte Kastellan begütigend[2] zurück. „Das bist du ja auch schon seit fünfhundert Jahren.“ „Exakt!“, rief

1 der Kastellan: Burgwart, Burgaufseher

2 begütigend: beruhigend, milde

das Gespenst und sprang wütend auf. Dummerweise übersah es dabei die offene Schublade über sich. Mit einem lauten Poltern durchschlug sein Geisterschädel das Holz und fügte den vielen Beulen eine neue hinzu. „Auu! Kastellan, lenk mich doch nicht immer ab! So etwas passiert nur, wenn ich meine Konzentration verliere!“ In einer Geste der Freundschaft legte der Kastellan dem Gespenst seine Hand auf die Schulter. „Nimm es nicht zu schwer, alter Schlossgeist. Aber bitte glaube mir: Für die Einrichtung hier und deine Gesundheit wäre es besser, wenn du das Spuken lassen würdest!“ Hui Buh sank enttäuscht in sich zusammen. „War ich denn nicht wenigstens ein kleines bisschen gruselig?“ Der Kastellan hätte drauf antworten müssen. Diplomatisch[3] wie ein echter schottischer Gentleman zog er es vor, auf ein anderes Thema auszuweichen. „Die Blaubeersuppe! Ich hatte ganz vergessen, dass ich köstliche Blaubeersuppe auf dem Herd stehen habe! Was hältst du davon, verehrter Hui Buh?“ Sofort fingen Hui Buhs Augen an zu leuchten. Er dachte daran, wie er einstmals mit König Julius dem 109. Freundschaft geschlossen hatte. Damals wollte er als „Mumm der Kopfschmeißer“ den neuen Herrscher von Burgeck mit einem Spuk gebührend begrüßen. Er hatte seinen Kopf abgeschraubt, um ihn mit schrecklichem Geheul auf den König zu werfen. Doch der Kopf landete genau in der königlichen Suppe. Blaubeersuppe, wohlgemerkt. Da Julius der 109. ein humorvoller Mensch gewesen war, hatte er Hui Buh den Streich verziehen und ihn zum Essen eingeladen. Seit jenem Tag gehörte Blaubeersuppe zu dessen absoluter Lieblings-Leib-und-Magen-Speise. Mit einem begeisterten „Huiiii Buh!“ flitzte er durch die Wand und flog zur Küche. Wie üblich riss er dabei alles mit, was nicht niet- und nagelfest war, und mehrere Zierschwerter polterten zu Boden. Seufzend sammelte der Kastellan sie auf und brachte das Durcheinander in Ordnung.

3 diplomatisch: geschickt

1 Findet ihr die Geschichte lustig oder gruselig? Begründet eure Meinung mit zwei Textstellen.

2 Verhält sich Hui Buh wie ein typisches Gespenst? Beschreibt sein Verhalten.

3 Spuklizenzen müssen immer wieder erneuert werden – spätestens nach 500 Jahren. Die Geisterbehörde will die Spukfähigkeit von Hui Buh überprüfen. Dazu gibt es unten einen Test.
a Beantwortet die Fragen auf dem Testbogen.
b Entwickelt zu zweit weitere Fragen und gestaltet einen Prüfungsbogen für Hui Buh.

TEST FÜR EINEN SPUK-PROFI

1. Was ist die Hauptaufgabe eines Gespenstes?
- Spinnennetze flicken ○
- Keller aufräumen ○
- Sterbliche erschrecken ○

2. Welche Verkleidungen sind für ein Gespenst passend?
- die blonde hübsche Magd ○
- der schielende Kutscher ○
- der gnadenlose Kerkerwächter ○

3. Welche Geräusche gehören zu einem talentierten Gespenst?

Zu Gespenstergeschichten schreiben

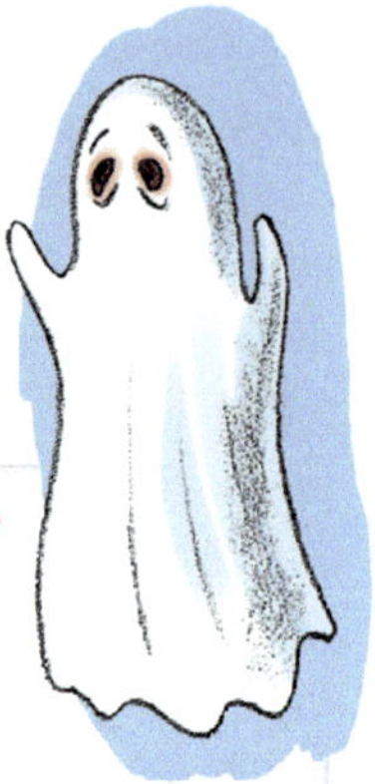

1 Für gute Gespenstergeschichten braucht man gruselige „Zutaten".

a Legt euch eine Grusel-Kartei an. Beschriftet fünf Karteikarten wie unten und ordnet die gruseligen Ausdrücke aus dem Kasten zu.

ein kalter Keller • finster • durch Schlüssellöcher schweben • knarrende Türen • klirren • wehende Vorhänge • ächzen • flackernde Kerzen • verwittert • ein kalter Windhauch • ein staubiger Dachboden • ein entsetzliches Stöhnen • durch Wände gehen • spuken • ein verwunschenes Schloss • Kettenrasseln • das Aussehen verändern • schauerlich • schrill

gespenstische Geräusche:
- ...

schauerliche Orte:
- ein kalter Keller
- ...

gruselige Erscheinungen:
- ...

Gespensterfähigkeiten:
- durch Schlüssellöcher schweben
- ...

gruselige Wörter und Wendungen:
- finster
- ...

b Sammelt weitere gruselige Ausdrücke und ergänzt eure Grusel-Kartei.

2 Stellt euch vor, Hui Buh hätte den Spukprofi-Test bestanden und wäre nun ein wirklich talentiertes Gespenst. Verfasst nächtliche Spukszenen von Hui Buh auf Schloss Burgeck, die die Schlossbewohner und den Leser richtig gruseln lassen. Nutzt dafür eure Grusel-Kartei von Aufgabe 1 und Wörter und Wendungen aus dem Spinnennetz.

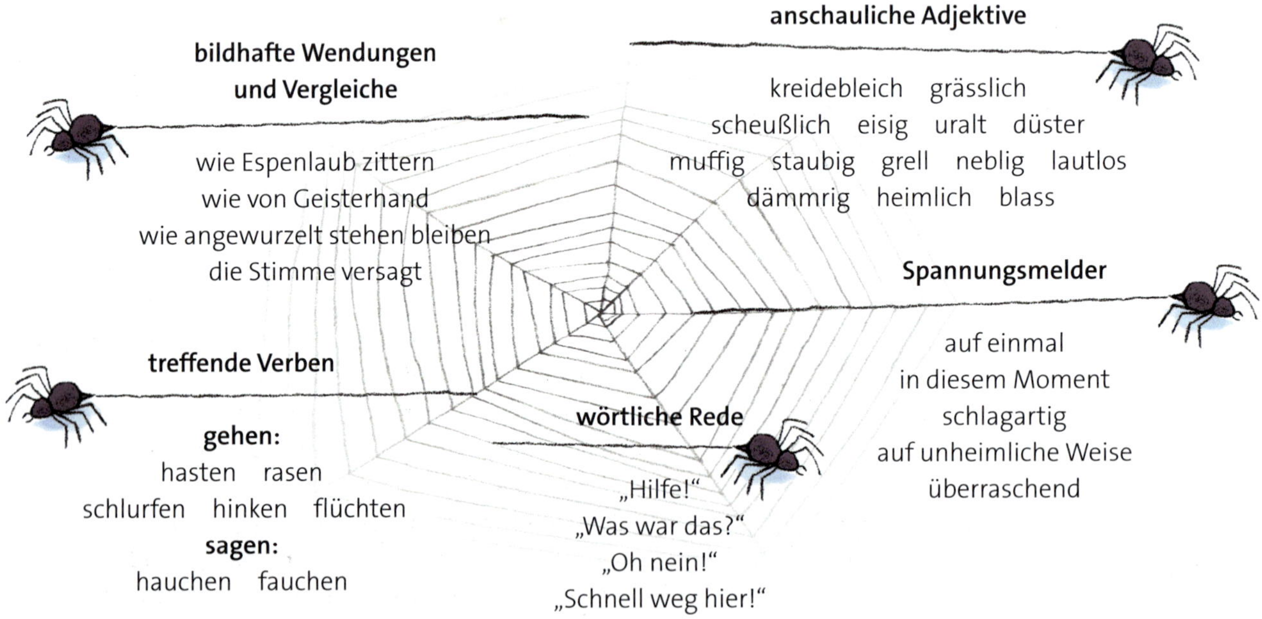

Cornelia Funke

Ein grässlicher Tag

Der Tag, an dem die ganze Sache begann, war einer dieser blöden Tage, an denen einfach alles schiefgeht. Als Tom morgens in seine Hose steigen wollte, hatte seine liebe Schwester Knoten in die Beine gemacht. Nachdem er verschlafen ins Badezimmer getorkelt war, schmierte er sich Mamas Gesichtscreme auf die Zahnbürste. Und in der Küche knallte er mit dem Kopf gegen die offene Schranktür. Eigentlich reichte das schon wieder für den ganzen Tag. Und dabei hatte Tom noch nicht mal gefrühstückt. Aber er hatte oft solche Tage. Solche Stolper-Stoß-nichts-klappt-Tage. Wenigstens die anderen hatten dann immer was zu lachen.

„Guten Morgen", sagte Mama. „Was soll an dem Morgen gut sein?", brummte Tom zurück. Lola lehnte sich grinsend zurück und beobachtete ihn. Lola war Toms große Schwester – fast sechs Jahre älter als er und ihm hoffnungslos überlegen. „Passt auf", sagte sie. „Gleich passiert ihm irgendein Unglück. Heute ist wieder einer seiner Tage!" Tom warf ihr einen finsteren Blick zu – und goss sich den Kakao über den Pullover. Schallendes Schwesterngelächter. „Oh Tom!", seufzte Mama. „Komm, zieh dich um." „Tompatsch!", rief seine Schwester ihm hinterher. Ja, so ein Tag war das.

In der Schule ging es weiter. Tom sorgte dafür, dass alle einen zum Schreien komischen Schultag hatten. Alle, außer ihm. Auf dem Heimweg trat er in einen Hundehaufen, lief gedankenversunken in einen Zeitungsständer – und beschloss, sich zu Hause auf der Stelle ins Bett zu legen. An solchen Tagen war das der einzig sichere Ort auf der Welt.

Aber gerade als er stumm und leise in seinem Zimmer verschwinden wollte, passierte es. „Tom", sagte Mama, „hol mal schnell zwei Flaschen Orangensaft aus dem Keller!"

Aus dem Keller. Mama wusste genau, dass er entsetzliche Angst da unten hatte. Allein der Gedanke an die Spinnen jagte ihm schon eine Gänsehaut über den Rücken – ganz zu schweigen von dem, was da in der Dunkelheit sonst noch auf ihn lauerte.

„Muss das sein?", fragte er.

„Komm mir bloß nicht wieder mit deinen Gespenstergeschichten!", sagte Mama ärgerlich. „Los, ab mit dir!"

Gnadenlos. Dabei war er noch keine zehn Jahre alt. Seufzend öffnete Tom die Wohnungstür. In dem großen Haus, in dem Tom wohnte, hatte jede Wohnung einen eigenen Keller. Aber Tom war der festen Überzeugung, dass ihr Keller der dunkelste, unheimlichste, spinnenverseuchteste war. Und er wusste auch, warum.

Der Hausmeister, Egon Riesenpampel, war ein Kinderhasser. Und weil Tom und Lola die einzigen Kinder im Haus waren, hatte ihre Familie auch den allerschrecklichsten Keller bekommen. Ganz klar!

Als Tom vor der staubigen Tür stand, kniff er die Lippen zusammen und rückte entschlossen seine Brille zurecht. Der enge, kalte Flur, von dem die Kellertüren abgingen, war nur spärlich beleuchtet, und Tom hatte wie immer Schwierigkeiten, den verdammten Schlüssel ins Schloss zu kriegen. Die Tür quietschte scheußlich, als Tom sie aufstieß.

Modrig riechende Schwärze gähnte ihm entgegen.

Tapfer machte er einen Schritt vorwärts und tastete nach dem Lichtschalter. Wo, zum Teufel, war das verflixte Ding? Es war so ein altmodischer Drehschalter, an dem man sich die Finger verbog. Na, endlich. Da war er. Tom drehte ihn herum. Eine jämmerliche kleine Glühbirne flammte auf und – paff! – zerplatzte in tausend Splitter.

Erschrocken stolperte Tom zurück – und stieß mit dem Ellbogen gegen die Kellertür. Rums!, fiel sie ins Schloss. Tom stand mutterseelenallein im pechschwarzen Keller.

„Ganz ruhig!“, dachte er. „Ruhig bleiben, alter Junge. Es ist nur die blöde Glühbirne zerplatzt.“ Aber seit wann zerplatzen Glühbirnen einfach?

Tom spürte, wie sein Mund trocken wie Schmirgelpapier wurde. Er wollte einen Schritt zurück machen. Aber seine Schuhe klebten an irgendwas fest. Er hörte seinen eigenen Atem. Und dann ein leises Rascheln. So als striche etwas über die alten Zeitungen, die Mama irgendwo in der Dunkelheit gestapelt hatte.

„Hilfe!“, flüsterte Tom. „Oh Mann, Hilfe!“

„Aaaaaahoooo!“, stöhnte es ihm aus der Finsternis entgegen.

1 a Wie gefällt euch dieser Anfang einer Geschichte? Begründet eure Aussage.
b Kennt ihr auch solche „Stolper-Stoß-nichts-klappt-Tage“? Erzählt davon.

2 a Wo? Wann? Wer? Formuliert W-Fragen zu dem Anfang der Geschichte und beantwortet sie.
b Was erfahrt ihr in dem Textauszug über Tom? Legt einen Ideenstern (► Seite 237) an und sammelt darin alle Informationen über die Hauptfigur.
c Beschreibt die Beziehung zwischen Tom und seiner Schwester.

3 Untersucht den Textauszug genauer. Mit welchen Tricks schafft es die Autorin, die Geschichte lebendig und spannend zu gestalten?
a Beweist die folgenden Aussagen mit passenden Textstellen.

A Es wird genau beschrieben, was die Hauptfigur sieht, hört, riecht und fühlt.

B Die Autorin baut wörtliche Rede und kurze Ausrufe in die Erzählung ein.

C Die Autorin verwendet unterschiedliche Verben für das Wort *sagen*.

D Die Autorin beschreibt die Gedanken der Hauptfigur.

b Mit welchen Adjektiven gelingt es der Autorin, die gruselige Atmosphäre im Keller zu beschreiben? Notiert Beispiele aus dem Text, z. B.:
„dunkelste, unheimlichste, spinnenverseuchteste“ (Zeile 57–58) ...

Fordern und fördern – Eine Gruselgeschichte fortsetzen

1 Plant eine Fortsetzung zu der Geschichte „Ein grässlicher Tag".

●●○ **a** Lest noch einmal den Anfang auf Seite 55 und beantwortet die folgenden zwei Fragen im Heft:
- In welcher Erzählform wird die Geschichte erzählt?
- In welcher Zeitform ist der Anfang der Geschichte geschrieben?

▷ Eine Hilfe zu Aufgabe 1a findet ihr auf Seite 58.

●●○ **b** Macht euch ein Bild von der Hauptfigur.
Notiert typische Eigenschaften von Tom, z. B.: *ängstlich*. ▷ Hilfe zu Aufgabe 1b auf Seite 58

2 **a** Überlegt, was bisher in der Geschichte passiert ist.
●●● Notiert die Handlungsschritte stichwortartig ins Heft: ▷ Hilfe zu Aufgabe 2a auf Seite 58

Handlungsschritte der Geschichte:
- *Tom zieht sich an*
- *putzt Zähne*
- *verschüttet Kakao*
- *geht zur Schule*

...

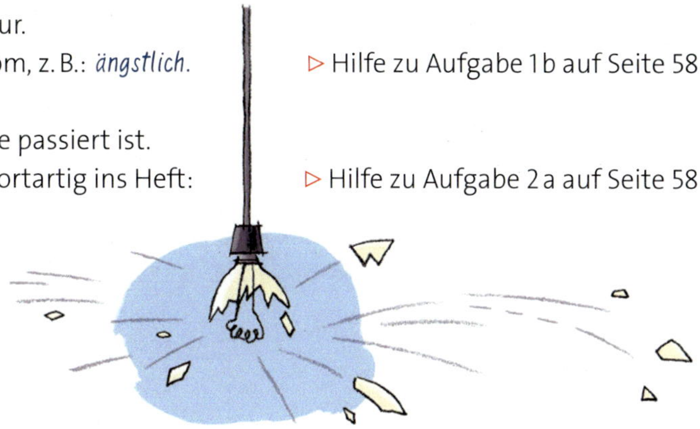

●●● **b** Wie soll die Geschichte weitergehen und enden?
Überlegt euch weitere Handlungsschritte und ergänzt sie. ▷ Hilfe zu Aufgabe 2b auf Seite 58

3 Als Tom die Geräusche im Keller hört, bekommt er große Angst.
●●○ Mit welchen Ausdrücken kann man diese Angst gut beschreiben?
Notiert eure Ideen, z. B.: *Sein Herz blieb vor Schreck fast stehen.* ▷ Hilfe zu Aufgabe 3 auf Seite 58

4 Schreibt mit Hilfe eurer Notizen zu den Aufgaben 1 bis 3 eine Fortsetzung der Geschichte.
●●● Erzählt möglichst anschaulich und spannend. ▷ Hilfe zu Aufgabe 4 auf Seite 58

5 Überarbeitet eure Fortsetzung. Unterstreicht dabei alle Verben und überprüft, ob ihr die richtige Zeitform (Präteritum) verwendet habt.

6 Lest eure Texte in der Klasse vor und stimmt ab, wer die beste Fortsetzung geschrieben hat.

7 Welche Redewendungen zum Thema Angst kennt ihr?
Setzt die folgenden Sätze richtig zusammen und schreibt sie auf.

Die Haare ...	die Hände vors Gesicht.
Er schlägt sich ...	läuft ihm den Rücken runter.
Das Wort ...	ist wie zugeschnürt.
Seine Kehle ...	reißt er den Mund weit auf.
Das Herz ...	rutscht ihm in die Hose.
Kalter Schweiß ...	bleibt ihm im Halse stecken.
Vor Angst ...	stehen ihm zu Berge.

Aufgabe 1a mit Hilfe

Lest noch einmal den Anfang auf Seite 55 und ergänzt die folgenden zwei Sätze. Wählt dazu die richtigen Angaben in Klammern:

A Die Geschichte wird in der ? erzählt. (Ich-Form/Er-Form)

B Die Geschichte ist im ? geschrieben. (Präsens/Präteritum)

Aufgabe 1b mit Hilfe

Macht euch ein Bild von der Hauptfigur.
Wählt aus folgendem Kasten passende Wörter für die Eigenschaften von Tom und notiert sie.

ängstlich • selbstbewusst • unsicher • mutig • tapfer • schlau • traurig • schüchtern

Aufgabe 2a mit Hilfe

Überlegt, was bisher in der Geschichte passiert ist. Schreibt die folgenden Handlungsschritte in der richtigen Reihenfolge untereinander ins Heft.

- *Tom zieht sich an*
- *kommt zurück nach Hause*
- *verschüttet Kakao*
- *geht zur Schule*
- *putzt Zähne*
- *schaltet Kellerlicht ein*
- *geht in Keller*
- *wird aufgefordert, aus Keller Saft zu holen*
- *schließt Kellertür auf*
- *hört Geräusche im Keller*
- *Kellertür fällt ins Schloss*
- *bleibt mit Schuhen kleben*
- *Glühbirne zerplatzt*
- *tritt in Hundehaufen*

Aufgabe 2b mit Hilfe

Wie soll die Geschichte weitergehen und enden? Ergänzt die nebenstehenden Handlungsschritte und notiert sie ins Heft.

- *etwas nähert sich ...*
- *Tom erschrickt ...*
- *eine kalte Hand packt ihn ...*
- *Toms Schwester ...*
- *Tom ist erleichtert und ...*

Aufgabe 3 mit Hilfe

Als Tom die Geräusche im Keller hört, bekommt er große Angst. Mit welchen Ausdrücken kann man diese Angst gut beschreiben? Notiert geeignete Wörter und Wendungen aus dem Kasten.

Seine Hände zitterten. • Sein Herz pochte laut. • Ihm fiel ein Stein vom Herzen. • Er wurde kreidebleich. • Er wurde ganz rot im Gesicht. • Er bekam weiche Knie. • Er fühlte Schmetterlinge im Bauch. • Er krümmte sich. • Er wollte die ganze Welt umarmen. • Er zuckte zusammen. • zitternd • fröhlich • schreiend • lautlos • starr • bewegungslos • zaghaft

Aufgabe 4 mit Hilfe

Schreibt die Fortsetzung der Geschichte. Nutzt den Lückentext und ergänzt ihn mit euren Ideen.

„Was war das?", schoss es Tom durch den Kopf. Er versuchte ? . Doch als ? , näherte sich plötzlich ? . Er wich einen Schritt zurück. Da packte ihn ? . Er erschrak und dachte: „ ? ." Blitzschnell ? . Dann hörte er aus heiterem Himmel eine bekannte Stimme sagen: „ ? ." Als ? , atmete er erleichtert auf und schimpfte: „ ? !"

3.3 Fit in ...! – Spannend erzählen

Stellt euch vor, ihr bekommt in der nächsten Klassenarbeit die folgende Aufgabe gestellt:

Aufgabe
Schreibe zu der folgenden Bildergeschichte eine spannende Geschichte.

Die Aufgabe richtig verstehen

1 a Lest euch die Aufgabe oben genau durch.
b Wie solltet ihr bei dieser Aufgabe vorgehen? Schreibt die Buchstaben der richtigen Antworten auf. Sie ergeben ein Lösungswort.
W Ich betrachte die Bilder sorgfältig und überlege mir, was genau passiert.
E Ich notiere die Handlungen vor, auf und nach den Bildern in Stichworten.
U Ich beschreibe möglichst genau, was man alles auf den Bildern sehen kann.
L Beim Schreiben der Einleitung denke ich daran, die W-Fragen zu beantworten und Schlingen auszulegen.
A Ich denke mir zu jedem Bild ein Reizwort aus, das ich in meine Geschichte einbaue.
P Mit Hilfe der Tricks zum anschaulichen Erzählen steigere ich die Spannung.
E Zuletzt formuliere ich einen Schluss und suche eine treffende Überschrift.

Planen

2 a Seht euch jedes Bild genau an. Notiert in einem Satz, worum es in der Geschichte geht.
b Überlegt, welches Bild den Höhepunkt der Geschichte darstellt.

3 Beantwortet die folgenden Fragen zu den drei Teilen der Geschichte stichwortartig im Heft:

Einleitung: Wer? Wo? Wann? Welche Schlinge lege ich aus?
Hauptteil: Was passiert? Worin besteht der Höhepunkt? Was folgt danach?
Schluss: Wie endet die Geschichte?

Schreiben

4 a Was denken, fühlen, sehen, hören und riechen die Kinder auf dem zweiten und dritten Bild? Schreibt den folgenden Text in euer Heft und ergänzt die Lücken mit eigenen Ideen:

Wie erstarrt blieben die Kinder vor dem Gebüsch stehen. ? (Gefühle). Irgendetwas befand sich darin, denn ? (Geruch oder Geräusch). Als Tina sich den Büschen vorsichtig näherte und die Zweige zur Seite schob, dachte Manuel: ? (Gedanken). Plötzlich hörten sie Tina rufen: „ ? !" Als die anderen durch das Gesträuch spähten, sahen sie ? .

b Notiert, was die Kinder auf den Bildern 4 und 5 denken und sagen. Nutzt Verben aus den Kästen:

denken: sich fragen • überlegen	**sagen:** stammeln • erwidern • bitten • auffordern

5 Verfasst eure Geschichte mit Einleitung, Hauptteil und Schluss und ergänzt eine Überschrift.

Überarbeiten

6 Setzt euch zu einer Schreibkonferenz (▶ Seite 259) zusammen. Lest euch eure Geschichten gegenseitig vor und gebt euch mit Hilfe der Checkliste Überarbeitungstipps.

Checkliste

Spannend erzählen

Inhalt
Wird erzählt, was vor, auf und nach den einzelnen Bildern passiert?
Wird deutlich, was die Figuren sehen, hören, fühlen oder riechen?
Erfährt man, was sie sagen und denken?

Aufbau
Hat die Geschichte eine passende Überschrift, die nicht zu viel verrät?
Ist sie in Einleitung, Hauptteil und Schluss gegliedert?
Werden in der Einleitung W-Fragen beantwortet und Schlingen ausgelegt?
Steigern sich die Handlungsschritte wie in der Lesefieberkurve bis zum Höhepunkt?

Sprache
Wurde wörtliche Rede eingebaut?
Werden treffende Verben und anschauliche Adjektive verwendet?
Wurde in der richtigen Zeitform (Präteritum) geschrieben?
Stimmen Rechtschreibung, Grammatik und Zeichensetzung?

Schreibwörter ▶ S. 228

die Geschichte	die Truhe	das Schloss	erzählen	plötzlich
die Spannung	das Gespenst	die Burg	spuken	auf einmal
der Schluss	das Spinnennetz	die Rettung	passieren	überraschend

4 Rund um Tiere – Beschreiben

1 Das Foto zeigt ein Mädchen mit seinem Haustier.
Berichtet von euren Haustieren oder Lieblingstieren.

2 Spielt ein Ratespiel:
Beschreibt euer Lieblingstier mit wenigen Sätzen, ohne die Tierart zu verraten, z. B.:
Mein Lieblingstier hat Schnurrhaare. …

3 Stellt euch vor, das Kaninchen auf dem Foto ist entlaufen. Das verzweifelte Mädchen möchte Suchanzeigen in der Wohngegend aushängen.
Notiert zu zweit, welche Informationen in der Suchanzeige für das Kaninchen stehen müssen.

In diesem Kapitel …

- erstellt ihr einen informativen Steckbrief zu einem Tier,
- beschreibt ihr Tiere für Suchanzeigen so anschaulich, dass sich andere diese Tiere ganz genau vorstellen können,
- verfasst ihr gut verständliche Vorgangsbeschreibungen.

4.1 „Wie sieht es aus?“ – Tiere beschreiben

Einen Steckbrief zu einem Tier schreiben

Liebesvögel

Vogelliebhaber bezeichnen Zwergpapageien auch als *Unzertrennliche* oder *Liebesvögel.* Der Grund dafür ist, dass die dauerhafte Bindung an einen Partner bei den meisten Zwergpapageienarten stärker entwickelt ist als bei vielen anderen Vögeln. Zwergpapageien ziehen zu zweit oder in kleinen Gruppen von mehreren Paaren durch die offenen Landschaften Afrikas. Als Haustier ist eine Zwergpapageienart besonders beliebt: das Rosenköpfchen. Die Haltung der Rosenköpfchen ist relativ einfach. Allerdings muss unbedingt darauf geachtet werden, dass sie als Pärchen gehalten werden. Die Einfuhr von Zwergpapageien aus Afrika ist strengstens verboten. Daher stammen die Haustiere alle aus Züchtungen.

Einige Informationen über Rosenköpfchen:
- größte Zwergpapageienart, Gesamtlänge bis zu 17 cm
- kompakt gebaut
- kurzer, gerundeter Schwanz
- grünes Hauptgefieder
- rot gefärbter Vorderkopf, blasser werdend bis zur Brust
- hellgrauer Schnabel
- sehr neugierig und aktiv
- nur schwer zähmbar
- baden gern
- stoßen laute, schrille Schreie aus
- Grundnahrung: Gräsersamen, Sonnenblumenkerne, Hirse, Mais
- fressen auch Kräuter, Beeren, Obst
- werden bei guter Pflege bis zu 20 Jahre alt

1 Würdet ihr gern Rosenköpfchen als Haustiere halten? Begründet eure Meinung.

2 Schreibt für eine Informationsmappe über Haustiere einen Steckbrief zum Rosenköpfchen.

a Legt Stichwortkarten an und notiert darauf die wichtigen Informationen aus dem Text auf Seite 62.

Name/Tierart:
Rosenköpfchen (Zwergpapagei)

Nahrung:
– …

Aussehen:
– grünes Hauptgefieder
– …

Größe/Körperbau:
– Gesamtlänge bis zu 17 cm
– …

Verhalten:
– sehr neugierig und aktiv
– …

Besondere Merkmale:
– enge Bindung an Partner (Pärchenhaltung)
– …

b Vergleicht eure Stichwortkarten in Partnerarbeit. Streicht Überflüssiges und ergänzt Informationen, die euch noch fehlen.

c Legt fest, in welcher Reihenfolge die Informationen im Steckbrief aufgeführt werden sollen. Nummeriert eure Stichwortkarten.

d Erstellt einen Steckbrief zum Rosenköpfchen. Orientiert euch dabei an dem Beispiel im Merkkasten unten.

3 Erstellt einen Steckbrief zu einem Tier eurer Wahl, z. B. zu eurem Lieblingshaustier.

Methode **Einen Steckbrief zu einem Tier schreiben**

Ein Steckbrief enthält wichtige Informationen zu einem Menschen oder zu einem Tier.

- In einen **Tier-Steckbrief** gehören folgende **Angaben:**
  - Name und Tierart, z. B.: *Rosenköpfchen (Zwergpapagei)*
  - Größe und Körperbau, z. B.: *Gesamtlänge bis zu 17 cm*
  - Aussehen, z. B.: *grünes Hauptgefieder*
  - Verhalten, z. B.: *sehr neugierig und aktiv*
  - Nahrung, z. B.: *Gräsersamen*
  - besondere Merkmale, z. B.: *enge Bindung an Partner*
- Die Angaben sollen in einer sinnvollen **Reihenfolge** erscheinen.

__Steckbrief__

Name: Rosenköpfchen
Tierart: Zwergpapagei
Größe: – Gesamtlänge bis zu 17 cm
Körperbau: – kompakt gebaut
– kurzer, gerundeter Schwanz
Aussehen: – …

„Kater gesucht!" – Aufbau und Sprache einer Suchanzeige untersuchen

Max ist weg!
Jch suche verzweifelt meinen heiß geliebten Max. Er hat ein schwarzes Fell und einen weißen Fleck auf der Brust. Er ist sehr schüchtern, aber total süß. Er ist drei Jahre alt. Die Pfoten sind weiß.
Bitte meldet euch schnell!

Wer hat meinen Kater gesehen?
Seit Freitag, den 3.5.2013 vermisse ich meinen Kater. Er hört auf den Namen Paius, ist sechs Jahre alt und von kleiner Gestalt. Er hat ein graubraun getigertes Fell mit einem weißen Fleck auf der Brust. Beide Vorderpfoten sind weiß. Er ist relativ schlank und hat einen schmalen, spitzen Kopf. Fremden gegenüber verhält er sich anfangs sehr schüchtern, später verspielt und frech.
Besonders auffällig ist sein gelbes Schnäuzchen.
Er trägt ein blaues Zeckenhalsband.
Bitte melden bei:
S. Schumann, Am Südbahnhof 2, Köln
Tel.: 0221/7654321
Jch bin dankbar für jeden Hinweis!

1 Welche Suchanzeige beschreibt welchen Kater? Ordnet die Fotos den zwei Texten zu.

2 Untersucht beide Suchanzeigen genauer. Welche haltet ihr für besser gelungen? Begründet.
Tipp: Achtet auf die Genauigkeit der Informationen und auf die Formulierungen.

3 Welche Merkmale sollte der Verfasser der unvollständigen Suchanzeige noch ergänzen, damit man sein Tier eindeutig erkennt? Nennt mindestens zwei weitere Merkmale.

4 Untersucht, in welcher Reihenfolge Paius in der unteren Suchanzeige beschrieben wird. Notiert dazu die folgenden Begriffe in der richtigen Reihenfolge in euer Heft:

die Körperform • die Größe • die Kopfform • die Tierart • besondere Kennzeichen • das Alter • der Name • die Fellfarbe • das Verhalten

5 Um ein Tier zu beschreiben, benötigt ihr Bezeichnungen für alle Körperteile. Zeichnet einen Kater in euer Heft und beschriftet die einzelnen Körperteile mit den folgenden Begriffen:

das Ohr • das Auge • die Tast- oder Schnurrhaare • das Maul • die Stirn • die Wange • der Nacken • die Brust • der Bauch • der Oberschenkel • der Unterschenkel • die Tatze • der Rücken • der Schwanz

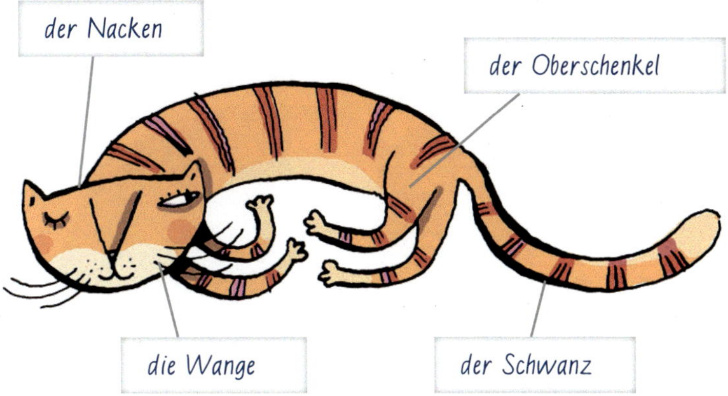

6 Bestimmt die Zeitform, in der die Suchanzeige für Paius (▸ Seite 64) verfasst ist.

7 Mit Adjektiven kann man Tiere genauer beschreiben.
a Übertragt die folgende Tabelle in euer Heft. Ergänzt alle Adjektive aus der Suchanzeige für Paius.
b Ergänzt weitere Adjektive, die man für die genaue Beschreibung eines Katers verwenden könnte.

Größe	Farbe/Muster	Kopf- und Körperform	Verhalten
klein	…	…	*schüchtern*

8 a Überarbeitet die Suchanzeige für Max (▸ Seite 64) in eurem Heft. Achtet dabei besonders auf die genaue Beschreibung des Tieres.
b Prüft eure Überarbeitung in Partnerarbeit mit Hilfe des Methodenkastens unten.

9 Gestaltet die Suchanzeige zu Max auf einem Blatt Papier. Verwendet unterschiedliche Schriftgrößen, Schriftfarben und eine Zeichnung des Katers.

Methode **Ein Tier anschaulich und genau beschreiben** (Beispiel: Suchanzeige)

Damit man sich ein Tier (z. B. in einer Suchanzeige) genau vorstellen kann, sollte es so anschaulich und genau wie möglich beschrieben werden. Baut eure **Beschreibung** so auf:
- Beginnt mit der **Tierart** und dem **Namen.**
- Nennt das **Alter,** die ungefähre **Größe** sowie das **Gewicht** und beschreibt **Farbe, Kopf- und Körperform.**
- Geht auf einzelne **Merkmale** ein. Beschreibt die Farben und Formen der **Körperteile** vom Kopf zu den Beinen.
- Nennt besondere **Kennzeichen** und auffällige **Verhaltensweisen.**
- Verwendet **passende Adjektive** (z. B. *mittelgroß, graubraun*) und **abwechslungsreiche Verben** (z. B. *sich befinden, tragen, sich verhalten*).
- Schreibt im **Präsens** (Gegenwartsform) (▸ Seite 177).

Eine Suchanzeige schreiben

A

B

Schritt 1: Planen – Merkmale auflisten und Stichworte notieren

1

a Entscheidet euch, für welches der oben abgebildeten Haustiere ihr eine Suchanzeige schreiben wollt. Überlegt euch einen Namen für das Tier und notiert ihn.

b Überlegt, welche Merkmale ihr in einer Suchanzeige für dieses Tier beschreiben solltet. Schreibt diese Merkmale in einer sinnvollen Reihenfolge untereinander in euer Heft.

c Notiert neben jedes Merkmal Adjektive, die zu dem vermissten Tier passen. Nutzt dazu Angaben aus dem Wortkasten:

> klein • mittelgroß • groß • muskulös • kräftig • schmal • drahtig • leicht • schwer • korpulent • mollig • dick • schmächtig • zierlich • kurz • lang • struppig • borstig • rau • weich • verspielt • scheu • zutraulich • ängstlich • zahm • frech

d Ergänzt weitere Angaben zu dem Tier, die in einer Suchanzeige erforderlich sind.

Schritt 2: Formulieren – Anschaulich und genau beschreiben

2 Die Suchanzeige sollte einen klaren Aufbau haben und genau formuliert sein, damit die Leserinnen und Leser die Anzeige gut verstehen und das Tier wiedererkennen.

a Notiert die folgenden Bestandteile einer Suchanzeige in einer sinnvollen Reihenfolge in euer Heft:

> Beschreibung vom Kopf bis zu den Beinen • Adresse und Telefonnummer • Überschrift • Einleitungssatz • Dank • Besonderheiten

b Lest die folgenden Formulierungen. Welche sind eurer Meinung nach für eine Suchanzeige geeignet? Wählt aus.

> **A** Mein Hund ist weg • entlaufen • verschwunden • abgehauen!
> **B** Seit gestern vermisse ich ... • Seit Dienstag, den 11.10. ..., vermisse ich ...
> **C** Es gibt Finderlohn! • Der Finder erhält ... € Finderlohn.
> **D** Bitte melden bei: ... • Bitte sofort bei mir melden!
> **E** Tausend Dank!!! • Ich bin für jeden Tipp dankbar! • Danke für Ihre Hilfe!

3 Eine Suchanzeige wirkt eintönig, wenn nur die Wörter *ist/sind* und *hat/haben* verwendet werden. Ersetzt diese Wörter in den folgenden Sätzen durch die Verben in Klammern.

A Mein Hund ist 6 kg schwer. (wiegen)
B Er ist ein acht Monate alter Welpe. (sich handeln um)
C Sein Name ist Schnuffi. (hören auf)
D Auf seinem Bauch ist ein ovaler weißer Fleck. (sich befinden)
E Er hat ein blaues Halsband. (tragen)

4 Verfasst eine vollständige Suchanzeige zu dem von euch gewählten Tier.

Schritt 3: Überarbeiten – Aufbau, Inhalt und Sprache prüfen

5 Setzt euch in Gruppen zusammen und besprecht eure Suchanzeigen in einer Schreibkonferenz (▶ S. 50). Dabei ist jedes Gruppenmitglied Experte für einen der folgenden vier Schwerpunkte:

1 Aufbau
- Enthält die Suchanzeige die sechs notwendigen Bestandteile?
- Wurden alle Merkmale des Tieres in einer sinnvollen Reihenfolge beschrieben?

2 Inhalt
- Kann man sich das Tier anhand der Beschreibung gut vorstellen?
- Sind die Adjektive passend und genau gewählt?

3 Sprache
- Ist die Beschreibung sachlich formuliert?
- Wurden abwechslungsreiche Verben verwendet?
- Wurde die Zeitform Präsens eingehalten?

4 Rechtschreibung und Zeichensetzung
- Wurden alle Wörter richtig geschrieben?
- Wurden die Satzzeichen richtig gesetzt?

Teste dich!

Tiere beschreiben

1 a Wähle eine der beiden Katzen aus und beschreibe sie in deinem Heft.
Gehe dabei auf die folgenden Merkmale in einer sinnvollen Reihenfolge ein:

Körperform • Alter • besondere Kennzeichen • Augenfarbe • Fellfarbe • Gewicht • Beine • Rücken • Schwanz • Pfoten • Brust

b Unterstreiche in deiner Beschreibung fünf Adjektive.
Ergänze weitere Adjektive, wenn du weniger als fünf verwendet hast.

2 a Lies deine Beschreibung einer Partnerin oder einem Partner vor.
Lass sie oder ihn erraten, welche der beiden Katzen du beschrieben hast.
b Korrigiere die Beschreibung deiner Partnerin oder deines Partners.
Notiere mit Bleistift, was gelungen ist und was noch verbessert werden kann.

3 Welche Bestandteile hat eine Suchanzeige für ein Tier? Notiere die zutreffenden Buchstaben.
Tipp: Die Buchstaben ergeben ein Lösungswort, wenn du die Bestandteile richtig anordnest.

L	Adresse und Telefonnummer	G	Beschreibung vom Kopf bis zu den Beinen
V	Überschrift	P	Name des Muttertieres
A	Lieblingsfutter des Tieres	O	Einleitungssatz
E	Dank im Voraus	K	Treffpunkt
U	Bericht über Verschwinden des Tieres	I	Datum der letzten Impfung

4.2 „Wie geht das?“ – Vorgänge beschreiben

Wie reinigt man einen Vogelkäfig?

Internetforum: schlau-fragen-im-internet.de

Hallo, wer kann helfen? Ich habe zu meinem Geburtstag zwei Wellensittiche und einen neuen Vogelkäfig geschenkt bekommen und weiß nicht, wie ich den Käfig reinigen muss.
Vielen Dank schon mal.
Annalena

Hallo Annalena,
ich liste dir schnell auf, was du brauchst und was du machen musst. Ich hoffe, du kommst damit klar.

Das brauchst du:
Vogelstreu oder Sand, Lappen, frisches Futter und Wasser, Bürste, Spezial-Reinigungsmittel aus dem Fachhandel, heißes Wasser, fusselfreies Tuch

Das musst du machen:

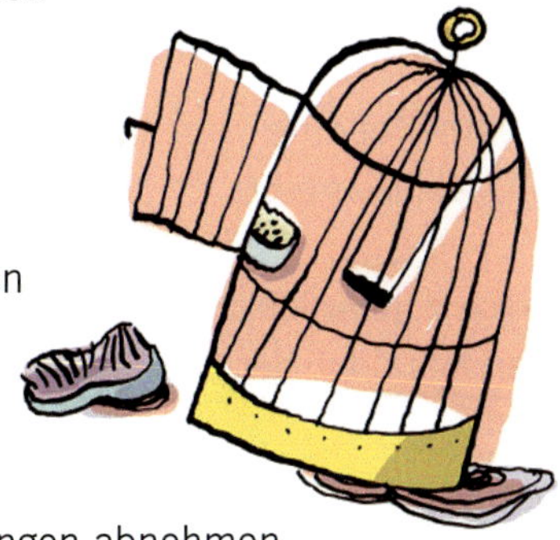

Tägliche Reinigung
- Streu oder Sand auf dem Boden auswechseln
- Käfigstäbe, Sitzstangen, Spielzeuge und alle Oberflächen des Käfigs mit einem feuchten Lappen abwischen
- frisches Futter und Wasser in die Näpfe füllen

Wöchentliche Reinigung
- unteren Teil des Käfigs, Näpfe, Spielsachen und Sitzstangen abnehmen
- alle Teile mit heißem Wasser, dem Reinigungsmittel und einer Bürste (in der Badewanne) reinigen
- Holzteile im Backofen bei 70 Grad trocknen
- Gitterstäbe mit feuchtem Lappen abwischen
- alle feuchten Teile mit fusselfreiem Tuch trocken reiben

Viel Spaß mit den beiden Süßen!
Mert

1 Habt ihr schon einmal im Internet nach Tipps oder Anleitungen gesucht? Berichtet von euren Erfahrungen.

2 Lest euch den Beitrag von Mert genau durch. Erklärt anschließend einer Partnerin oder einem Partner mit eigenen Worten, wie ein Vogelkäfig gereinigt wird.

3 Oft sind Anleitungen nicht in Stichworten, sondern in ganzen Sätzen verfasst. So können die Leserinnen und Leser sie besser verstehen und nachvollziehen.

a Schreibt mit Hilfe der Antwort von Mert (▶ Seite 69) eine Anleitung in vollständigen Sätzen. Beginnt mit den Materialien, die man zur Reinigung eines Vogelkäfigs braucht:

> *1) Materialien*
> *Für die Reinigung eines Vogelkäfigs braucht man Vogelstreu oder Sand, ...*

b Formuliert anschließend die Arbeitsschritte in ganzen Sätzen. Nutzt dazu die Stichworte von Mert:

> *2) Arbeitsschritte*
> *Man wechselt täglich die Vogelstreu oder den Sand auf dem Boden aus.*
> *Man wischt ...*

4 Mit unterschiedlichen Satzanfängen könnt ihr die Reihenfolge der einzelnen Arbeitsschritte deutlich machen. Außerdem klingt eure Anleitung mit Hilfe solcher Satzanfänge nicht so eintönig.

a Übertragt die folgende Tabelle in euer Heft und ergänzt Wörter, die eine Reihenfolge angeben.

Anfang	Mitte	Schluss
Zuerst ...	*Anschließend ...*	*Zuletzt ...*

b Überarbeitet eure Sätze von Aufgabe 3 b. Ergänzt in jedem Satz ein passendes Wort, das die Reihenfolge angibt.

5 Lest euch eure Anleitungen gegenseitig vor und überprüft, ob ihr alle Materialien und Schritte vollständig und in der richtigen Reihenfolge erwähnt habt.

6 Formuliert die Sätze von Aufgabe 3 b noch einmal in der Passivform:
Die Vogelstreu oder der Sand auf dem Boden wird täglich ausgewechselt.

Methode **Einen Vorgang beschreiben**

In einer **Vorgangsbeschreibung** beschreibt ihr einen Vorgang so genau, dass ihn eine andere Person gut verstehen und selbst nachmachen kann.
Vorgangsbeschreibungen sind z. B. Reinigungsanleitungen, Gebrauchsanweisungen, Kochrezepte, Spielanleitungen oder Bastelanleitungen.

- Nennt am Anfang einer Vorgangsbeschreibung die **Materialien,** die für den Vorgang benötigt werden.
- Beschreibt anschließend in der richtigen **Reihenfolge** und Schritt für Schritt den genauen **Ablauf** des Vorgangs.
- Wählt **Satzanfänge,** die die Reihenfolge der einzelnen Arbeitsschritte deutlich machen, z. B.: *Zuerst ..., Dann ..., Danach ..., Anschließend ..., Zuletzt ..., Zum Schluss ...*
- Schreibt die Vorgangsbeschreibung im **Präsens** (Gegenwartsform).

Fordern und fördern – Eine Bastelanleitung schreiben

Vogel-Imbiss im Blumentopf – Wie baut man eine Futterglocke?

Materialien:

Arbeitsschritte:

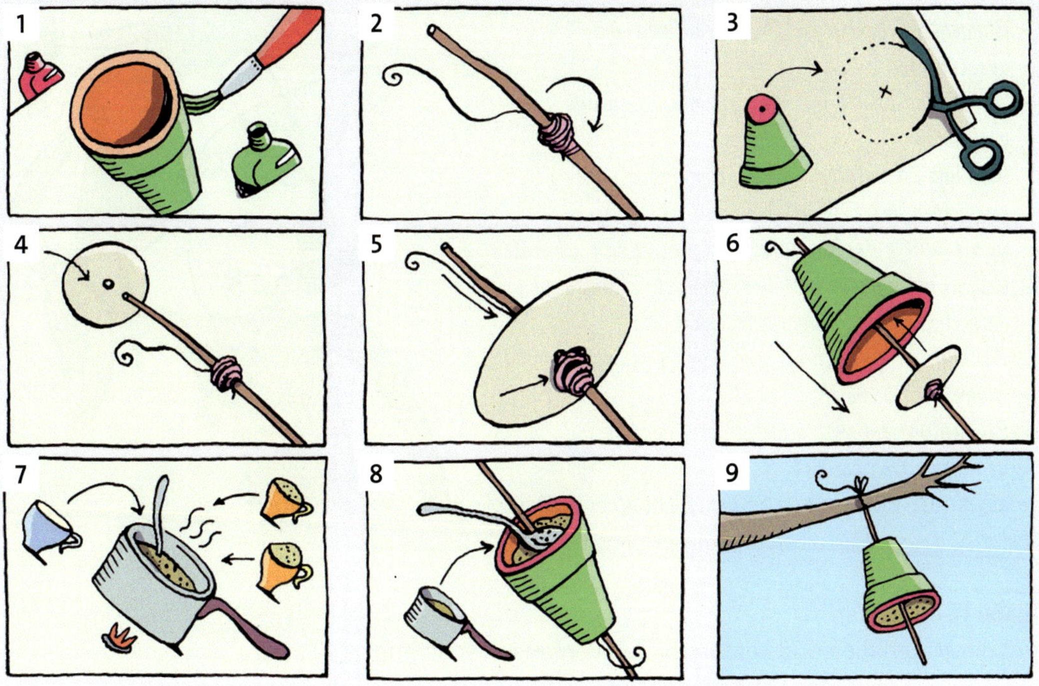

1 ●●● Beschreibt mit Hilfe der Bilder oben, wie man eine Futterglocke baut.

a Listet die notwendigen Materialien auf.

b Betrachtet die Bilder genau und notiert in Stichworten die neun Arbeitsschritte. Dabei könnt ihr die folgenden Verben verwenden:

> bemalen • umwickeln • verknoten • zeichnen • ausschneiden • schieben • geben • erwärmen • füllen • umdrehen • befestigen

c Nennt die Materialien und beschreibt den Vorgang in vollständigen Sätzen. Verwendet dabei Wörter, die die Reihenfolge deutlich machen, z. B. *zuerst, danach, schließlich.*

▷ Hilfen zu Aufgabe 1 findet ihr auf der Seite 72.

2 ●●● Überarbeitet eure Vorgangsbeschreibung in Partnerarbeit.

▷ Hilfe zu Aufgabe 2 auf Seite 72

●○○ Aufgabe 1a mit Hilfen

Listet die notwendigen Materialien auf. Notiert dafür die Materialien im Kasten in der Reihenfolge, in der diese Dinge verwendet werden.

ein Topf • ein Löffel • ein Blumentopf • Farben • ein Pinsel • eine Tasse Kokosfett • zwei Tassen Streufutter für Vögel • Kordel (1 m) • ein Ast • eine Schere • ein Bogen Pappe

●○○ Aufgabe 1b mit Hilfen

Betrachtet die Bilder auf Seite 71 genau. Schreibt die folgenden neun Arbeitsschritte in der richtigen Reihenfolge in euer Heft:

- *Blumentopf-Boden auf Pappe zeichnen und Kreis ausschneiden*
- *Ast in der Mitte mit Kordel umwickeln und verknoten*
- *Fett und Streufutter in den Topf geben und erwärmen, bis Fett geschmolzen ist*
- *in die Mitte des Pappkreises kleines Loch schneiden*
- *wenn Futtermasse kalt und hart ist, Blumentopf umdrehen und an Baum befestigen*
- *Ast durch das Loch bis zur Kordel schieben*
- *Blumentopf bemalen*
- *Blumentopf auf Ast schieben, bis Pappkreis den Topfboden berührt*
- *abgekühlte Körnermasse in den Blumentopf füllen*

●○○ Aufgabe 1c mit Hilfen

Nennt die Materialien und beschreibt den Vorgang in vollständigen Sätzen.
Verwendet die folgenden Satzanfänge, um die Reihenfolge deutlich zu machen:

Für den Bau einer Futterglocke benötigt man ... •
Zuerst bemalt man ... • Dann umwickelt man den Ast ... •
Danach ... • Jetzt ... • Anschließend ... • Nun ... • Schließlich ... • Nachdem ... • Zum Schluss ...

●○○ Aufgabe 2 mit Hilfen

Prüft noch einmal die folgenden vier Punkte:
- Wurden alle notwendigen Materialien genannt?
- Wurden die Schritte genau und anschaulich beschrieben?
- Wurde die Reihenfolge der Arbeitsschritte deutlich gemacht durch Wörter wie *dann, danach* oder *zuletzt?*
- Sind die Arbeitsschritte im Präsens formuliert?

Übung macht den Meister

1 Wählt einen der folgenden Vorgänge aus und schreibt dazu eine Vorgangsbeschreibung. Die Wörter neben den Bildern helfen euch dabei.

A Einen Hund baden

die Gummimatte • die Badewanne • das handwarme Wasser • das Babyshampoo • die Massage • das Handtuch • einreiben • schäumen • abduschen • abtrocknen

B Hundekekse backen

200 g Haferflocken • 750 g Mehl, z. B. Vollkorn- oder Dinkelmehl • 100 g Hefeflocken • 1 Esslöffel Knoblauchpulver • 1 Esslöffel getrocknete Petersilie • 50 ml Sonnenblumenöl • 180 Grad, 10 bis 15 Minuten • geben • mischen • verkneten • formen • auf ein Backblech setzen • backen

C Ein Pferd putzen

die Kardätsche (weiche Bürste) • die Wurzelbürste (harte Bürste) • der Striegel • der Hufkratzer • der Schwamm • das Tuch • der Lappen • der Mähnenkamm • reiben • striegeln • kämmen • auskratzen • bürsten • wischen

2 Überprüft eure Vorgangsbeschreibungen in Partnerarbeit. Nutzt dazu die folgende Checkliste:

Checkliste

Einen Vorgang beschreiben

- Habt ihr zu Beginn eurer Beschreibung alle **Materialien** genannt, die benötigt werden?
- Wurde der **Vorgang** genau und vollständig beschrieben?
- Stimmt die **Reihenfolge** der Arbeitsschritte?
- Habt ihr in den **Satzanfängen** die Reihenfolge der Schritte deutlich gemacht?
- Sind die Arbeitsschritte im **Präsens** (Gegenwartsform) formuliert?
- Habt ihr die **Rechtschreibung** und die **Zeichensetzung** überprüft?

4.3 Fit in ...! – Tiere beschreiben

Stellt euch vor, ihr bekommt in der nächsten Klassenarbeit die folgende Aufgabe gestellt:

Aufgabe

Dir und deiner Familie ist ein Hund entlaufen. Es handelt sich um den oben abgebildeten Sibirischen Husky. Ihr beschließt, Suchanzeigen in eurer Wohngegend auszuhängen. Verfasse anhand des Bildes eine Suchanzeige für euren Husky.

Die Aufgabe richtig verstehen

1 a Lest euch die Klassenarbeitsaufgabe genau durch.

b Habt ihr verstanden, was ihr machen sollt?
Wählt die richtigen Aussagen aus und schreibt sie in euer Heft.

A Ich soll zu dem entlaufenen Hund einen Steckbrief schreiben.

B Ich soll den Husky so anschaulich und genau beschreiben, dass andere ihn erkennen können.

C Ich soll spannend erzählen, wann und wo der Hund weggelaufen ist.

D Ich soll eine Suchanzeige für den entlaufenen Husky schreiben.

Planen

2 a Zeichnet oder paust den Husky oben ab. Lasst um die Zeichnung herum genügend Platz, damit ihr die einzelnen Körperteile beschriften könnt.

b Beschriftet die einzelnen Körperteile des Hundes. Die folgenden Begriffe könnt ihr als Hilfe nutzen:

der Kopf • die Ohren • die Stirn • die Augen • die Schnauze • der Nacken • der Rücken • die Brust • der Bauch • der Schwanz/die Rute • die Vorderbeine • die Hinterbeine • die Pfoten • das Fell

c Notiert zu jedem Körperteil ein Merkmal.

3 Mit welchen Farbadjektiven könnt ihr das Fell des Sibirischen Huskys genau und anschaulich beschreiben? Wählt aus dem Kasten passende Adjektive aus. Ergänzt sie in eurer Zeichnung.

weiß: schneeweiß • cremeweiß • grauweiß
grau: graubraun • silbergrau • hellgrau • mittelgrau • dunkelgrau
schwarz: grauschwarz • pechschwarz • tiefschwarz

4 Legt für alle notwendigen Angaben zu dem Husky eine Reihenfolge fest. Geht so vor:

a Schreibt eine Liste, welche Angaben für die Beschreibung des Hundes wichtig sind.

b Nummeriert die Angaben in einer sinnvollen Reihenfolge.

c Ergänzt in der Liste Adjektive zu den Merkmalen Größe, Gewicht und Körperform.

d Denkt euch für den Husky einen Namen, das Alter und Informationen zum Verhalten aus.

1. Tierart/Name: Sibirischer Husky ...
2. Alter: ...
3. Größe: ...
4. Farbe: ...
...

Schreiben

5 Verfasst die Suchanzeige für den Husky. Beschreibt darin den Hund genau. Beachtet die folgende Übersicht und die Formulierungshilfen:

Überschrift	*Hund entlaufen! / Hund vermisst! / Wir suchen ...!*
Einleitungssatz	*Seit ... vermissen wir ...* *Am ... ist unser Hund entlaufen.*
Beschreibung *Tierart, Name, Alter, Größe, Farbe, Körper, einzelne Merkmale*	*Es handelt sich um ...* *Er hört auf den Namen ...* *Der Hund ist etwa ...*
Besonderheiten *besondere Kennzeichen, Verhalten*	*Besonders auffällig ist/sind ...* *Zu erkennen ist er an ...* *... ist ein besonders ... Hund.*
Kontaktadresse	*Bitte melden Sie sich bei ... Unsere Telefonnummer: ...*
Dank	*Wir sind für jeden Hinweis ... Vielen Dank für Ihre ...*

Überarbeiten

6 Überarbeitet eure Suchanzeigen in Partnerarbeit. Nutzt dafür die folgende Checkliste:

Checkliste

Eine Suchanzeige für ein Tier schreiben

- Habt ihr eine **Überschrift** formuliert, z. B. *Hund entlaufen?*
- Gibt es einen **Einleitungssatz,** in dem steht, wann welches Tier entlaufen ist?
- Habt ihr das Tier in einer sinnvollen **Reihenfolge** beschrieben (Tierart, Name, Alter, Farbe, Größe/Gewicht, Kopf- und Körperform)?
- Beinhaltet eure Beschreibung besondere **Kennzeichen und Auffälligkeiten?**
- Steht am Ende eine **Kontaktadresse** mit Telefonnummer?
- Habt ihr am Schluss einen **Dank** formuliert?
- Enthält eure Beschreibung passende **Adjektive** für Farben und Körperformen?
- Habt ihr eure Beschreibung im **Präsens** (Gegenwartsform) verfasst?
- Habt ihr darauf geachtet, nicht immer nur die Wörter *ist/sind* und *hat/haben* zu verwenden?
- Habt ihr **Rechtschreibung** und **Zeichensetzung** geprüft?

Schreibwörter ▸ S. 228

das Gefieder	das Fell	die Schnurrhaare	informieren	anschließend
der Schnabel	die Pfoten	fressen	formulieren	schließlich
das Material	die Tatzen	vermissen	zuerst	zuletzt

5 Leseratten und Bücherwürmer – Jugendbücher lesen und vorstellen

1 a Betrachtet den lesenden Jungen. Beschreibt, wie er auf euch wirkt.
b Stellt Vermutungen darüber an, was er gerade liest.

2 Führt ein Partnerinterview zum Thema Lesen durch.
a Stellt euch gegenseitig die folgenden Fragen:

- Liest du gern?
- Welches Buch hast du zuletzt gelesen?
- Welches Buch ist dein Lieblingsbuch? Warum?
- Was liest du eher ungern?
- Wann und wo liest du am liebsten?
- Was weißt du über Bibliotheken?

b Notiert die Antworten eurer Partnerin oder eures Partners in Stichwörtern.
c Berichtet vor der Klasse, was ihr über eure Partnerin oder euren Partner erfahren habt.

In diesem Kapitel ...

– lest ihr Auszüge aus einem Jugendbuch,
– lernt ihr, euch in Bibliotheken zurechtzufinden,
– stellt ihr spannende und interessante Bücher vor.

5.1 Jetzt wird's spannend! – Ein Jugendbuch lesen und verstehen

Den Einband eines Buches untersuchen

1 Betrachtet das Bild auf dem Buchcover.
Wer könnten die zwei abgebildeten Figuren sein? Äußert eure Vermutungen.

2 Welche Informationen könnt ihr dem Bucheinband entnehmen?

a Ordnet die Begriffe im Kasten den Nummern 1 bis 9 zu.

> der Titel • der Buchrücken • der Verlag • der Klappentext • das Buchcover • der Autor • der Preis • der Illustrator • der hintere Buchdeckel

b Fasst zusammen, was ihr auf dem Bucheinband über das Buch erfahrt.

c Würdet ihr das Buch gern lesen? Begründet eure Meinung.

3 Der Titel des Buches lautet „Rico, Oskar und die Tieferschatten". Die Hauptfigur Rico erfindet gern Wörter, so zum Beispiel auch das Wort „Tieferschatten". Sammelt Ideen, was dieses Wort bedeuten könnte.

Information **Der Bucheinband**

Der **Bucheinband** besteht aus den **zwei Buchdeckeln** und dem **Buchrücken.** Den vorderen Buchdeckel nennt man auch **Cover.** Auf dem Cover findet ihr Angaben zu Autor(in), Titel und Verlag des Buches. Auf dem hinteren Buchdeckel gibt es meistens einen **Klappentext.**
Das Coverbild und der Klappentext sollen die Leserinnen und Leser auf das Buch neugierig machen.

Die Figuren eines Jugendbuches kennen lernen

Andreas Steinhöfel

Rico, Oskar und die Tieferschatten: Die Fundnudel

Die Nudel lag auf dem Gehsteig. Sie war dick und geriffelt, mit einem Loch drin von vorn bis hinten. Etwas getrocknete Käsesoße und Dreck klebten dran. Ich hob sie auf, wischte den Dreck ab und guckte an der alten Fensterfront der Dieffe 93[1] rauf in den Sommerhimmel. Keine Wolken und vor allem keine von diesen weißen Düsenstreifen. Außerdem, überlegte ich, kann man Flugzeugfenster nicht aufmachen, um Essen rauszuwerfen.

Ich ließ mich ins Haus ein, zischte durch das gelbgetünchte Treppenhaus rauf in den Dritten und klingelte bei Frau Dahling. Sie trug große bunte Lockenwickler im Haar, wie jeden Samstag.

„Könnte 'ne Rigatoni sein. Die Soße ist auf jeden Fall Gorgonzola", stellte sie fest. „Lieb von dir, mir die Nudel zu bringen, Schätzchen, aber ich hab sie nicht aus dem Fenster geworfen. Frag mal Fitzke."

Sie grinste mich an, tippte sich mit dem Finger an den Kopf, verdrehte die Augen und guckte nach oben. Fitzke wohnt im Vierten. Ich kann ihn nicht leiden und eigentlich glaubte ich auch nicht, dass die Nudel ihm gehörte. [...]

„Bleibt es bei heute Abend?", rief Frau Dahling mir nach, als ich rauf in den Vierten rannte, immer zwei Stufen auf einmal.

„Klar!"

Ihre Tür schlug zu und ich klopfte bei Fitzke. Man muss immer bei Fitzke klopfen, seine Klingel ist nämlich kaputt, vermutlich schon seit 1910, als das Haus gebaut wurde.

Warten, warten, warten.

Schlurf, schlurf, schlurf hinter der dicken Altbautür.

Dann endlich Fitzke in Person, wie üblich in seinem dunkelblauen Schlafanzug mit den grauen Längsstreifen. Sein Knittergesicht war

voller Bartstoppeln und in alle Richtungen standen ihm die strähnigen grauen Haare vom Kopf ab.

Echt, so was Ungepflegtes!

Ein dumpfer, muffiger Geruch schlug mir entgegen. Wer weiß, was der Fitzke da drin lagert. In seiner Wohnung, meine ich jetzt, nicht in seinem Kopf. Ich versuchte, unauffällig an ihm vorbeizugucken, aber er versperrte die Sicht. Mit Absicht! Ich war schon in jeder Wohnung im Haus, nur in Fitzkes nicht. Er lässt mich nicht rein, weil er mich nicht leiden kann.

„Ah, der kleine Schwachkopf", knurrte er.

Ich sollte an dieser Stelle wohl erklären, dass ich Rico heiße und ein tiefbegabtes Kind bin.

1 Dieffe 93: Haus Nummer 93 in der Dieffenbachstraße

Das bedeutet, ich kann zwar sehr viel denken, aber das dauert meistens etwas länger als bei anderen Leuten. An meinem Gehirn liegt es nicht, das ist ganz normal groß. Aber manchmal fallen ein paar Sachen raus, und leider weiß ich vorher nie, an welcher Stelle. Außerdem kann ich mich nicht immer gut konzentrieren, wenn ich etwas erzähle. Meistens verliere ich dann den roten Faden, jedenfalls glaube ich, dass er rot ist, er könnte aber auch grün oder blau sein, und genau das ist das Problem. [...]

Fitzke stierte mich nur an, also hielt ich ihm die Nudel unter die Nase. „Ist das Ihre?"

„Woher hast du die?"

„Gehsteig. Frau Dahling meint, es könnte eine Rigatoni sein. Die Soße ist jedenfalls Gorgonzola."

„Lag die da nur so", fragte er misstrauisch, „oder lag sie in irgendwas drin?"

„Wer?"

„Kauf dir mal ein Gehirn! Die Nudel, du Schwachkopf!"

„Wie war noch mal die Frage?"

Fitzke verdrehte die Augen. Gleich würde er platzen. „Ob sie da nur so lag auf dem Gehsteig, deine beknackte Nudel, oder in irgendwas drin! Hundekacke, weißt schon."

„Nur so", sagte ich.

„Dann zeig mal genauer."

Er nahm mir die Nudel ab und drehte sie zwischen den Fingern. Dann steckte er sie sich – meine Fundnudel! – in den Mund und schluckte sie runter. Ohne zu kauen.

Tür zu, WUMMS!

Der hat sie doch nicht alle! Die nächste Fundnudel, das ist mal klar, werde ich extra in Kacke wälzen und Fitzke bringen, und wenn er dann fragt, lag die irgendwo drin, sage ich, nein, das ist Hackfleischsoße.

Mann, Mann, Mann!

1 Lest den Anfang des Jugendbuches „Rico, Oskar und die Tieferschatten".
Gibt es Textstellen, die euch besonders gut gefallen? Lest sie vor und begründet eure Wahl.

2 a Welche Figuren treten im Text auf? Nennt die Hauptfigur und die Nebenfiguren.
b Tragt zusammen, was ihr in diesem Auszug über die Hauptfigur Rico erfahrt.
c Was erscheint euch an der Figur Rico besonders oder ungewöhnlich? Tauscht euch aus.

3 Erklärt, was Rico meint, wenn er sich selbst als „tiefbegabt" bezeichnet.
Tipp: Lest dazu noch einmal nach in den Zeilen 53 bis 66.

4 Spielt die Anfangsszene aus dem Jugendbuch in Gruppen nach. Geht dabei so vor:
- Verteilt in der Gruppe die folgenden Rollen: Rico, Frau Dahling und Herr Fitzke.
- Bestimmt in der Gruppe eine Regisseurin oder einen Regisseur, der Spielanweisungen gibt.
- Bereitet euch auf eure Rolle vor und übt anschließend, die Szene zu spielen.

5 Was denkt Herr Fitzke nach der Begegnung über Rico? Formuliert ein Selbstgespräch.
So könnt ihr beginnen: *„Der hat sie doch nicht alle! ..."*

Information **Die Figuren einer Erzählung**

Personen, die in einer Erzählung auftreten, nennt man **Figuren.** Häufig gibt es eine **Hauptfigur,** die im Mittelpunkt steht, und mehrere **Nebenfiguren.** Man lernt eine Figur kennen, wenn man darauf achtet, worüber sie redet, was sie denkt, fühlt und wie sie handelt.

Die Beziehungen zwischen den Figuren untersuchen

Andreas Steinhöfel

Rico, Oskar und die Tieferschatten: Oskar

Rico lernt auf dem Weg vom Supermarkt nach Hause Oskar kennen. Oskar ist ein kleiner, hochbegabter Junge, der stets einen großen Helm trägt. Zwei Tage später besucht Oskar Rico zu Hause. Darüber schreibt Rico in seinem Ferientagebuch.

Mama war ziemlich platt, d[illegible]nd mich besuchen kam. Sie beschwert sich immer darüber, dass ich keine Freunde habe. Jetzt hatte ich einen. Er war zwar sehr klein und bestimmt auch sehr jung, aber das spielte für Mama offenbar keine so große Rolle. Sie fand Oskars blauen Motorradhelm viel interessanter.
„Seit wann trägt man solche Dinger beim Radfahren?", sagte sie. […]
„Ich hab kein Fahrrad", sagte Oskar. Seine Stimme klang gedämpft, weil das Visier[1] des Helms immer noch runtergeklappt war.
„Na, ein Motorrad aber sicher auch nicht."
Oskar guckte sie an, als wäre sie nicht ganz richtig im Oberstübchen. Immerhin klappte er jetzt endlich das Visier hoch. Seinen Mund konnte man trotzdem nicht richtig sehen, nur die obere Reihe seiner großen weißen Zähne.
„Es ist gefährlich ohne Helm", erklärte er, als wäre Mama das Kind und er der Erwachsene. „Es passieren ständig irgendwelche Unfälle."
„Aber nicht in meiner Küche, junger Mann!" Mama klang fast ein wenig beleidigt. „Rico wird dir das sicher bestätigen."
Ich runzelte die Stirn. „Ich hab mir vor einer Woche den Kopf am Kühlschrank gestoßen."
„Das war kein Unfall", winkte Mama ab. „Du bist bloß zu schnell aus dem Flur gekommen und gegen die geöffnete Tür gerannt."
Oskar fühlte sich unwohl in Mamas Gegenwart, das konnte ich sehen. Er lugte unter dem

1 das Visier: beweglicher Teil des Helms, durch den man durchsieht

oberen Rand des Helms hervor wie eine erschreckte Schildkröte. Er trug ein anderes Hemd als am Samstag, aber der knallrote Flieger mit der abgebrochenen Flügelspitze war wieder daran festgemacht, auf Brusthöhe über dem Herzen. Seine kleinen Finger tippten nervös auf dem Tisch herum, *rapp-tippi-tapp*. Wahrscheinlich befürchtete Oskar, Mama fände ihn unhöflich und würde ihn gleich auffordern, den Helm endlich abzunehmen.

Ganz falsch lag er damit nicht, aber auch nicht ganz richtig. Mama kennt sich aus mit komischen Leuten. Ihre erste Regel ist, nie jemanden zu drängeln, der nicht freiwillig mit etwas rausrückt. Jedenfalls nicht mit Worten. Aber sie guckt. Sie guckt die Leute so lange an, bis sie es nicht mehr aushalten und endlich loslegen.

Jetzt guckte sie Oskar an, mit dem neugierigen Blick eines Naturforschers, der soeben eine völlig neue Pflanzenart entdeckt hat. [...]

Oskars Finger wurden immer langsamer, dann hörten sie mit dem Getippe auf. Er hob den Kopf, sah Mama direkt in die Augen und sagte: „Sie können mich ruhig weiter anstarren, so lange sie wollen. Das macht mir nichts aus. Aber dann starre ich zurück."

Und das tat er. Zum ersten Mal fiel mir auf, wie grün seine Augen waren. Sie funkelten richtig. Nicht böse oder streitlustig. Sie funkelten einfach deshalb, weil Oskar solchen Spaß am Zurückstarren hatte. In diesem Moment beneidete ich ihn brennend um seine Hochbegabung. Wenn Mama mich anstarrt, schaue ich lieber sofort zu Boden und tue ganz interessiert, als würden da plötzlich bunte Ameisen rumlaufen oder als würde der Teppich ein bisschen brennen. Auf die Idee, ihrem Blick einfach standzuhalten, war ich noch nie gekommen.

Ich war gespannt, wer von den beiden gewinnen würde. Mama war meine Mama, also sollte ich eigentlich zu ihr halten. Sie machte ihre Sache gut und zuckte mit keiner Wimper. Aber Oskar war viel kleiner als sie, und auch wenn er ebenfalls nicht mit der Wimper zuckte, fand

ich den ganzen Anstarrkampf ein bisschen unfair. Entweder Mama dachte das auch, oder sie hatte keine Lust mehr. Jedenfalls sagte sie auf einmal:

„Ich brauch neue Fußnägel."

Oskar und ich guckten gleichzeitig auf ihre Fußnägel. Auf jedem war ein winziger Delfin drauf, nur auf die beiden kleinen Nägel hatten keine gepasst.

„Was wollen Sie denn statt der Delfine draufkleben?", sagte Oskar, und es klang wie ein Friedensangebot.

Mama zuckte die Achseln. „Mal sehen. Vielleicht irgendwelche anderen Fische."

Sie stellte ihre Kaffeetasse auf der Spüle ab, raffte den japanischen Morgenmantel zusammen und ging aus der Küche. Oskar wartete, bis sie außer Hörweite war, dann sagte er leise in meine Richtung: „Delfine sind keine Fische."

„Sie mag dich", sagte ich.

Er schüttelte den Kopf. „Sie weiß noch nicht, ob sie mich mag. Sie findet mich komisch, wegen des Helms."

1 Lest den Text still. Was haltet ihr von Ricos Freund Oskar?
Tauscht euch zu zweit über euren ersten Eindruck von der Figur aus.

2 a Was genau erfahrt ihr in dem Jugendbuchauszug über Oskar?
Lest den Text noch einmal und notiert wichtige Informationen zu der Figur in Stichworten in euer Heft.

Figur: Oskar
– sehr klein und jung (Z. 4–5)
– ...

b Wärt ihr gern mit Oskar befreundet?
Begründet eure Meinung.
„Ich wäre (nicht) gern mit Oskar befreundet, weil ..."

3 Welche Adjektive im Kasten passen zu welcher Figur?

a Legt im Heft eine Tabelle an und ordnet den drei Figuren passende Adjektive zu.
Tipp: Manche Adjektive passen zu mehreren Figuren.

> altklug • nervös • neugierig • unsicher • selbstbewusst • freundlich • höflich • geduldig • stur • klug • stolz • neidisch • vorsichtig • tolerant

Rico	Oskar	Ricos Mutter
...	*altklug*	...

b Vergleicht eure Tabelle mit einer Partnerin oder einem Partner. Begründet eure Zuordnung, wenn ihr unterschiedliche Ergebnisse habt.

4 Stellt in einem Standbild die Beziehungen zwischen den drei Figuren Rico, Oskar und Ricos Mutter dar. Geht dabei so vor:
- Wählt eine bestimmte Textstelle aus, die ihr darstellen wollt.
- Legt fest, wer welche Figur darstellt und wer die Regie übernimmt.
- Überlegt euch, welche Gefühle die drei Figuren in diesem Moment füreinander haben.
- Baut die Standbilder nach Anweisung eures Regisseurs. Achtet auf die Anordnung, die Gestik (Körperhaltung) und die Mimik (Gesichtsausdruck) der drei Figuren.
- Präsentiert die Standbilder in der Klasse und vergleicht sie.

5 Was schreibt Oskar über den Besuch bei Rico in sein Ferientagebuch? Überlegt, was er über Rico und seine Mutter nach dem Besuch denkt, und verfasst einen Tagebucheintrag.

Information **Beziehungen der Figuren**

Achtet in Erzählungen darauf, welche **Beziehungen** die Figuren zueinander haben. Untersucht, wie sie sich **verhalten** und **miteinander sprechen.** Davon könnt ihr ableiten, was sie **übereinander denken.**

Handlungsverlauf und Handlungsort untersuchen

Andreas Steinhöfel

Rico, Oskar und die Tieferschatten: Im Hinterhaus

Rico ist beunruhigt, nachdem Oskar nicht zu einer Verabredung erschienen ist und er Oskars Flugzeuganstecker im Müll gefunden hat. In den Fernsehnachrichten wird über Mister 2000 berichtet, einen Kindesentführer, der ganz Berlin in Atem hält. Rico erfährt nicht nur, dass ein früheres Entführungsopfer von Mister 2000 denselben roten Flugzeuganstecker trug wie Oskar, sondern auch, dass sein Freund Oskar entführt wurde. Rico sucht ihn nun auf eigene Faust. Er hält den neuen Mieter Simon Westbühl – Rico nennt ihn „den Bühl" – für den Entführer. Die Hinweise verdichten sich, dass der Entführer seine Opfer im Hinterhaus in einem grünen Zimmer gefangen hält. Das Hinterhaus ist unbewohnt und verschlossen, weil sich dort Fräulein Bonhöfer durch eine Gasexplosion umgebracht hat. Rico sieht dort abends unheimliche „Tieferschatten". Nachts schleicht er sich über den Dachgarten ins Hinterhaus.

„Oskar?"
Immer noch keine Antwort.
Ich wurde immer nervöser. Langsam gingen mir die Zimmer aus. Aber nicht die Schlüssel. Auch mit der nächsten Tür wurde ich spielend fertig. Dass sie abgeschlossen gewesen war, ließ mich hoffen. Ich drückte sie behutsam auf. Rabenschwarze Schwarzschwärze. [...] Ich stapfte blindlings drauflos, fünf, sechs Schritte. Dann passierten zwei Dinge gleichzeitig: Der Veilchenduft von Fräulein Bonhöfer verwandelte sich in den Geruch von einem Cheeseburger Royal. Und ich knallte mit einem Knie und der Stirn dermaßen heftig gegen eine Wand, dass ich gedämpft aufschrie und fluchte.
„Du hast meinen Flieger gefunden, stimmt's?", sagte eine Stimme.
Knie und Stirn waren sofort vergessen. Vor Erleichterung musste ich so breit grinsen, dass ich dachte, meine Mundwinkel würden sich über meinem Kopf treffen.
„Aber nur durch Zufall", antwortete ich. „Er war schon im Müllcontainer gelandet." [...]
„Ich bin froh, dass du da bist", sagte seine Stimme. „Woher hast du die Schlüssel?"
„Dem Marrak geklaut."
„Ganz schön clever. Okay, schließ jetzt erst mal die Tür wieder ab."
„Warum?"
„Weil ein Schaltkontakt eingebaut ist, damit kein Licht von hier drinnen nach draußen fallen kann. Das Licht geht nur dann an, wenn die Tür abgeschlossen ist."
„Ach, so was gibt's?"
„Ist ähnlich wie bei einem Kühlschrank, nur umgekehrt."
Sich etwas umgekehrt vorzustellen ist immer sehr schwierig, vor allem dann, wenn man richtig herum schon Schwierigkeiten damit

hat. „Willst du damit etwa sagen", überlegte ich laut, „dass in einem Kühlschrank kein Licht brennt, wenn er zu ist?"
Oskar stöhnte leise auf.
„Bist du verletzt?", fragte ich besorgt.
„Schließ einfach die Tür zu", kam es zurück.
Es dauerte eine Weile, bis ich unter mordsmäßig viel Geklimper den Schlüssel wiedergefunden hatte, mit dem ich hereingekommen war.
Oskar wartete ab, ohne ein weiteres Wort zu sagen.
Als es hell wurde und ich ihn durch zusammengekniffene Augen endlich sah, konnte ich zuerst kaum glauben, dass er ein Entführungsopfer war. Er hockte auf einer ausgeleierten alten Matratze, um die herum unzählige Tüten und Verpackungen von McDonald's verstreut lagen und Dutzende von leeren Colaflaschen. Was für ein Schweinestall! An die Wände hatte der Bühl dicke Polster angebracht. Sie sahen aus wie mit Watte gefüllt, ebenso die Zimmerdecke, von der eine armselige nackte Energiesparlampe baumelte. So was hatte ich schon mal in einem Krimi gesehen. Schallschutz – wenn man hier drin herumbrüllte, hörte das draußen keiner.
Die Polsterung war hellgrün. *Das grüne Zimmer,* dachte ich, und zum ersten Mal, seit ich aufgebrochen war, lief mir ein echter eiskalter Schauer über den Rücken.
Oskar selber sah tadellos aus. Gut, er war schließlich auch erst seit gestern hier eingesperrt. Aber irgendwie hatte ich ihn mir in zerrissenen Klamotten vorgestellt, mit dreckigem Gesicht und so weiter. Ohne seinen blauen Helm wirkte er merkwürdig schutzlos und die Segelohren waren wirklich wahnsinnig groß, aber das war's auch schon. Das einzig Ungewöhnliche an ihm war die kurze Kette, mit der sein rechter Arm an eine dicke stählerne Öse befestigt war. Die ragte über ihm aus der Wand – so hoch über ihm, dass Oskar sich unmöglich hinlegen konnte. Er hatte im Sitzen schlafen müssen.
Das war der zweite eiskalte Schauer.
Verstohlen blickte ich mich nach einem Klo um. Irgendwo musste eins sein, sonst hätte der Raum nicht nach Cheeseburgern, sondern nach Pipi gerochen.
„Es ist da vorne im Flur, hinter der Wohnungstür", sagte Oskar, als hätte er meine Gedanken gelesen. „Genauso abgedichtet wie dieser Raum."
Das war es also, genau, wie ich es mir gedacht hatte. Wann immer der Bühl ein Kind zum Klo begleitet hatte, waren die Tieferschatten durch die Wohnung von Fräulein Bonhöfer gehuscht!
[...]
„Was ist das für eine Kette?"
„Qualitätsstahl, denke ich", sagte Oskar. „Wahrscheinlich unlegiert, also mit einem Gehalt von weniger als 0,8 Prozent Mangan und 0,5 Prozent Silizium. Wäre jeweils mehr davon enthalten, dann –"
„Reicht schon! Wie soll ich dich davon loskriegen?"
Er hob den rechten Arm. Der Bühl hatte das andere Ende der kurzen Kette an einer Handschelle befestigt. „Der Schlüssel dazu ist unter den anderen", sagte Oskar.
„Unter welchen anderen?"
„*Bei* den anderen, du meine Güte! In deiner Hand."
„Sag's doch gleich!"
„Lern du doch Deutsch!"
Normalerweise wäre ich sauer gewesen, aber ich riss mich zusammen. [...] Der gesuchte Schlüssel war schnell gefunden, es war der kleinste von allen. Ich schloss die Handschelle auf. Oskar streifte sie ab und rieb sich das Handgelenk. Als er von der Matratze aufstand, knackten seine Knie und ihm entfuhr ein winziger Schmerzenslaut.
„Hast du die ganze Zeit einfach nur rumgesessen?", fragte ich.
„Was heißt hier einfach?" Er musterte sein wundgescheuertes Handgelenk und auf seiner Stirn erschien eine senkrechte, verärgerte Falte. „Sitzen ist eine extrem komplizierte Angelegenheit!"

Fordern und fördern – Handlungsverlauf und Handlungsort untersuchen

1 ●●○ Was passiert im Hinterhaus? Lest den Textauszug auf den Seiten 84 bis 85 und ergänzt das folgende Flussdiagramm um sechs weitere Handlungsschritte.
Tipp: Zu jedem Handlungsschritt gehört ein Verb im Kasten.

▷ Eine Hilfe zu Aufgabe 1 findet ihr auf Seite 87.

1) Rico öffnet ein verschlossenes Zimmer.

↓

2) Rico …

aufstehen • stoßen • begrüßen • befreien • betrachten • ~~öffnen~~ • abschließen

2 ●●○ An was für einem Ort wird Oskar gefangen gehalten? Sucht im Text nach Informationen zu dem Ort und notiert sie in Stichworten.

▷ Eine Hilfe zu Aufgabe 2 findet ihr auf Seite 87.

Handlungsort: Zimmer im leeren Hinterhaus
- *verschlossen (Zeile 6)*
- *dunkel (Zeile 8)*
- …

3 Zeichnet das Zimmer, in dem Oskar sich befindet, nach der Beschreibung im Text.

4 ●●● Wie könnte die Erzählung weitergehen? Schreibt eine Fortsetzung.

a Übertragt den Ideenstern in euer Heft und ergänzt weitere Ideen für die Fortsetzung.

▷ Hilfe zu Aufgabe 4 a auf Seite 87

Rico und Oskar im Hinterhaus – Wie geht es weiter?
- *Oskar und Rico fliehen und rufen die Polizei.*
- *Rico lässt sich absichtlich gefangen nehmen.*
- …

●●● b Entscheidet euch für eine Idee und notiert weitere Handlungsschritte.

▷ Hilfe zu Aufgabe 4 b auf Seite 87

c Verfasst eine eigene Fortsetzung der Erzählung.

Aufgabe 1 mit Hilfe

Was passiert im Hinterhaus? Lest den Textauszug auf den Seiten 84 bis 85 und ergänzt das Flussdiagramm auf der linken Seite um folgende sechs Handlungsschritte. Bringt die Schritte dazu in die richtige Reihenfolge.

Oskar steht auf. • Rico stößt gegen die Wand. • Rico befreit Oskar von den Handschellen. • Rico betrachtet das Zimmer. • Oskar begrüßt Rico. • Rico schließt die Tür von innen ab.

Aufgabe 2 mit Hilfe

An was für einem Ort wird Oskar gefangen gehalten?
Prüft die folgenden Angaben und notiert die zutreffenden Stichworte in euer Heft.
Ergänzt zu jedem Stichwort die passende Textstelle (Zeilenangabe).

Handlungsort: Zimmer im leeren Hinterhaus

- *verschlossen*
- *dunkel*
- *keine Lampe, nur Kerzen*
- *gruselige Poster an den Wänden*
- *Licht nur bei verschlossener Tür*
- *nur ein Bett und ein Stuhl vorhanden*
- *bis auf Matratze keine Möbel*
- *überall liegt Müll herum*
- *keine Toilette*
- *hellgrüne Wandpolster*

Aufgabe 4 a mit Hilfe

Wählt aus den folgenden Ideen für eine Fortsetzung eine Idee aus und schreibt sie in euer Heft.

Rico und Oskar im Hinterhaus – Wie geht es weiter?

1 *Oskar und Rico fliehen und rufen die Polizei.*

2 *Rico lässt sich vom Entführer im Hinterhaus absichtlich gefangen nehmen.*

3 *Als der Entführer kommt, um nach Oskar zu sehen, überlistet Rico ihn.*

4 *Oskar und Rico verteilen Nudeln auf der Treppe des Hinterhauses, auf denen der Entführer ausrutscht.*

5 *Fitzke ist Rico ins Hinterhaus gefolgt. Er war früher Spion und hilft den Kindern, den Entführer zu stellen.*

Aufgabe 4 b mit Hilfe

Was passiert in eurer Fortsetzung genau?
Notiert die einzelnen Schritte, z. B.:
- *Rico erklärt Oskar seine Idee.*
- *Oskar nickt einverstanden.*
- *Sie hören plötzlich eine Tür zuschlagen.*
- …

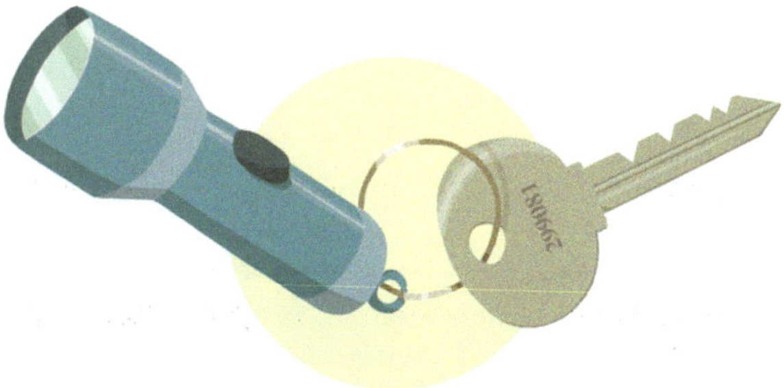

Ein Lesetagebuch führen

In ein Lesetagebuch tragt ihr während der Lektüre eines Jugendbuches eure Leseeindrücke ein. Das können Fragen, Gedanken und Gefühle zu der Erzählung sein. Ihr könnt auch Zeichnungen anfertigen, Figuren-Steckbriefe anlegen oder Briefe an die Figuren schreiben. Auf diese Weise haltet ihr fest, wie ihr das Buch versteht.

Mein Leseeindruck von Seite 9 bis 14

Die Nudel auf der Straße

... hätte ich niemals aufgehoben. Rico macht das aber. Damit geht er von einer Wohnungstür zur anderen, bis ein unfreundlicher Nachbar sie einfach isst. Das fand ich ekelig! Wer kommt denn auf die Idee, nach dem Besitzer einer Nudel zu forschen? Der Junge hat echt keine Hobbys! Vielleicht ist es das, was er mit „tiefbegabt" meint? Irgendwie ist er lustig, aber auch ein bisschen seltsam. Bin gespannt, wie es weitergeht.

1 Betrachtet die zwei Seiten aus einem Lesetagebuch zu dem Jugendbuch „Rico, Oskar und die Tieferschatten".

a Bewertet die beiden Seiten: Was gefällt euch? Was gefällt euch nicht?

b Warum steckt in dem Begriff *Lesetagebuch* das Wort *Tagebuch*? Erklärt.

2 Gestaltet eine Lesetagebuchseite zu dem Roman „Rico, Oskar und die Tieferschatten". Wählt dazu aus der folgenden Übersicht einen Vorschlag aus.

Mögliche Lesetagebuchseiten		
Vor dem Lesen des Buches	**Während des Lesens**	**Nach dem Lesen des Buches**
Erwartungs-Seite: Schreibt auf, was ihr mit dem Titel verbindet. **Cover-Seite:** Beschreibt das Cover. Lasst auf der Seite Platz, um nach dem Lesen ein eigenes Cover zu gestalten.	**Textstellen-Seite:** Schreibt Textstellen ab, die euch besonders lustig, traurig oder nachdenklich stimmen. **Figuren-Seite:** Sammelt Textaussagen, die eine Figur näher beschreiben. **E-Mail-Seite:** Formuliert eine E-Mail an eine Figur des Buches.	**Bewertungs-Seite:** Notiert, was euch besonders gut / weniger gut gefallen hat. **Autor-Seite:** Schreibt einen Brief an die Autorin oder den Autor. **Fortsetzungs-Seite:** Überlegt, wie die Geschichte weitergehen könnte. **Empfehlungs-Seite:** Verfasst für Freunde eine Buchempfehlung.

5.2 In der Bibliothek – Bücher suchen und präsentieren

1 Beschreibt das Bild: Was machen die einzelnen Menschen? Welche Möglichkeiten bietet diese Bibliothek?

2 Berichtet von euren Erfahrungen in Bibliotheken.

3 Findet heraus, wo sich die nächstgelegene Bibliothek befindet, und plant einen Besuch. Sammelt und notiert Informationen zu den Punkten im Kasten.
Tipp: Ihr könnt diese Informationen auch im Internet recherchieren.

> Öffnungszeiten • Anmeldung • Ausleihausweis • Benutzerkonto • Ausleihfrist • Rückgabe • Gebühren • Katalog • Signatur

4 Erkundigt euch, in welchen Sprachen die Bibliothek Bücher anbietet.

In einem Computerkatalog nach Büchern suchen

Um nicht alle Regale nach einem bestimmten Buch absuchen zu müssen, gibt es in jeder Bibliothek Computerkataloge (auch *OPAC* genannt). Ähnlich wie bei einer Suchmaschine im Internet könnt ihr damit gezielt ein bestimmtes Buch suchen oder verschiedene Medien (Bücher, CDs, DVDs, Spiele) zu einem bestimmten Thema finden.
Hier ist ein Beispiel für ein Suchergebnis zum Buch „Tintenherz" von Cornelia Funke:

1. Tintenherz Funke, Cornelia 2004 KK08 FUNK ab 11	3. Tintenherz 2009 DVD-VJ TINT	5. Tintenherz 2007 Spiel
2. Tintenherz Funke, Cornelia 2005 CD-JT FUNK 1–16 ab 11	4. Tintenherz 2009 Blu-ray-VJ TINT	6. Tintenherz – Das Original-Hörspiel zum Film 2008 CD-JT TINT 1-2 ab 10

1 Betrachtet das Suchergebnis und bearbeitet die folgenden Aufgaben:
a Notiert die Signatur zum Buch „Tintenherz" von Cornelia Funke.
b Listet auf, welche unterschiedlichen Medien es zu dem Titel „Tintenherz" gibt.
c Welches dieser Medien würdet ihr gern ausleihen? Begründet eure Entscheidung.
d Überlegt, warum viele Bibliotheken den Namen *Mediathek* tragen.

2 Sucht im Computerkatalog einer Bibliothek nach den folgenden Informationen.
Tipp: Dazu müsst ihr nicht extra in die Bibliothek fahren. Ihr findet den Katalog auch im Internet.

Sucht und notiert ...
A den Autor des Jugendbuches „Momo".
B drei Sachbuch-Titel zum Thema Süßwasserfische.
C die Signatur zu einem Berlin-Reiseführer.
D die Titel von drei Büchern der Autorin Astrid Lindgren.
E die Signatur des Hörbuches „Hexen hexen" von Roald Dahl.
F die Signatur des Filmes „Krabat".

Methode **Bibliothekskataloge nutzen**

- Alle Medien in einer Bibliothek sind gekennzeichnet, meist mit einer Kombination aus Zahlen und Buchstaben (z. B. *KK08 FUNK*). Diese Kennzeichnung nennt man **Signatur.** Jedes Buch hat seine eigene Signatur. Mit Hilfe der Signatur kann man das Buch in den Regalen finden.
- Ein anderes Wort für Suche lautet **Recherche.** Wenn man ein bestimmtes Medium (Buch, CD, DVD, Spiel) in einer Bibliothek recherchieren möchte, gibt man das Thema, den Titel, die Autorin oder den Autor in die Eingabemaske des Computerkatalogs (OPAC) ein.

Teste dich!

Rund um Bücher

1 Welches Lesezeichen gehört zu welchem Buch?
Notiert zu den Nummern 1 bis 16 den zugehörigen Buchstaben.
Tipp: Die Buchstaben ergeben in der richtigen Reihenfolge eine andere Bezeichnung für *Bücher.*

1 die Bücherei
2 „Überschrift" eines Buches
3 Kennzeichnung eines Buches
4 wichtigste Person in einem Buch
5 muss in der Bibliothek vorgelegt werden
6 vereinfacht die Suche nach Medien
7 darf nicht überschritten werden
8 der Verfasser eines Buches
9 arbeitet in der Bibliothek
10 die Suche
11 Bücher, Filme, DVDs, CDs
12 vorderer Buchdeckel
13 macht neugierig auf das Buch
14 persönliches Heft, das man beim Lesen eines Buches führt
15 veröffentlicht Bücher
16 das, was passiert

A der Computerkatalog
E der Titel
L die Bibliothek
T das Lesetagebuch
T die Ausleihfrist
T der Klappentext
S die Signatur
U das Cover
E der Bibliothekar / die Bibliothekarin
N die Recherche
E der Verlag
R die Handlung
R der Ausleihausweis
E die Hauptfigur
F die Medien
T der Autor / die Autorin

5.3 Projekt – Ein Buch vorstellen

1. Schritt: Informationen zum Buch notieren

1 Notiert die folgenden Angaben zu eurem Buch stichwortartig auf Karteikarten und nummeriert die Karten in einer sinnvollen Reihenfolge.

Autorin/Autor

Titel

Hauptfigur(en)

Handlungsort

Handlungszeit

Handlung – Darum geht es: ...

2. Schritt: Einen Textausschnitt für eine Leseprobe auswählen

2 a Wählt einen kurzen, interessanten Textausschnitt aus eurem Buch aus und übt das Vorlesen.

b Notiert auf einer weiteren Karteikarte in Stichworten, was vor dieser Textstelle im Buch passiert ist.

Das ist zuvor passiert: ...

3. Schritt: Die Buchempfehlung begründen

3 Schreibt auf eine weitere Karteikarte ein oder zwei Sätze dazu, warum ihr dieses Buch empfehlen möchtet.

Ich habe das Buch gern gelesen, weil ...
Wenn ihr etwas Lustiges/Spannendes/... lesen wollt, ...

4. Schritt: Den Vortrag üben

4 a Probt den Vortrag vor einem Spiegel, vor Freunden, Geschwistern oder euren Eltern.

b Überlegt, wie ihr euren Vortrag noch interessanter gestalten könnt. Hier findet ihr dazu einige Ideen:

Fertigt eine Lesekiste an. Legt in die Kiste Gegenstände, die zum Inhalt des Buches passen, und zeigt diese während des Vortrags.

Gestaltet ein Plakat mit Bildern und allen wichtigen Angaben zu eurem Buch.

Verkleidet euch für die Buchvorstellung als eine Figur aus dem Buch.

Lesetipps

Roald Dahl: Hexen hexen
Michael Ende: Momo
Cornelia Funke: Herr der Diebe
Hanna Jansen: Gretha auf der Treppe
Andreas Steinhöfel: Beschützer der Diebe
Astrid Lindgren: Die Brüder Löwenherz

Schreibwörter ► S. 228

die Bibliothek, der Klappentext, die Recherche, die Signatur, die Figur, die Handlung, der Autor, der Titel, informieren, ausleihen

6 Das ist ja zum Lachen! – Komische Geschichten lesen und verstehen

1 Welche der abgebildeten Figuren kennt ihr?
- a Tragt zusammen, was ihr über diese Figuren wisst.
- b Nennt weitere lustige Figuren, die ihr kennt. Erzählt von ihnen.

2
- a Kennt ihr Geschichten, die zum Lachen sind? Erzählt sie euch gegenseitig.
- b Besprecht, was das Lustige an diesen Geschichten ist.

In diesem Kapitel ...

- lernt ihr verschiedene Schelme und Narren kennen,
- lest ihr lustige Geschichten gut betont vor,
- untersucht ihr Geschichten und erzählt sie nach,
- denkt ihr darüber nach, wann man über eine Geschichte lacht.

6.1 So eine Frechheit? – Schelmengeschichten lesen, untersuchen und nacherzählen

Eine lustige Geschichte wirkungsvoll vorlesen

Kemal Kurt

Keloğlan kauft Salz

Keloğlan ist der berühmteste Taugenichts in der türkischen Literatur. Am liebsten möchte er nur spielen, den Vögeln nachjagen und die Erwachsenen ärgern. Keloğlan ist schon mit einer Glatze auf die Welt gekommen und kein schöner Junge. Seine Familie ist arm, und die Dorfbewohner glauben, dass Keloğlan nicht gerade ein heller Kopf ist. Aber er ist klug genug, um ihnen Streiche zu spielen.

Eines Tages, als Keloğlans Mutter kochen wollte, stellte sie fest, dass der Salztopf leer war. Ihr Sohn schlummerte wie üblich hinter dem warmen Ofen. „Keloğlan!", rief sie. „Steh sofort auf! Wie soll ich ohne Salz kochen? Geh zum Markt in der Stadt und kaufe *hiç*[1]. Aber beeile dich!" Keloğlan streckte die Arme aus und gähnte laut. „Mutter, musstest du mich ausgerechnet jetzt wecken, wo ich im Traum gerade die Tochter des Königs heiratete?", fragte er vorwurfsvoll. Aber die alte Frau, die in ihrem langen Leben oft genug die Erfahrung hatte machen müssen, dass man von Träumen nicht satt wird, ließ nicht mit sich reden. Sie gab dem Jungen Geld und schickte ihn fort. „Wehe, wenn du es vergisst und mit leeren Händen zurückkommst!", rief sie ihm nach.

Hiç heißt *nichts* auf Türkisch. Doch in jener Gegend und zu jener Zeit war *hiç* auch die Bezeichnung für Salz – wahrscheinlich, weil man von Salz nicht satt wird. Keloğlan aber hatte ein Gedächtnis wie ein Sieb. Er konnte nichts im Kopf behalten. Damit er nicht vergaß, was er besorgen sollte, murmelte er, während er auf seinem Esel in die Stadt ritt, unentwegt vor sich hin: *„Hiç, hiç, hiç, hiç ..."*

Am Stadtrand angekommen, pflockte er seinen Esel auf einer Wiese an und ging zu Fuß am Flussufer entlang weiter, wo mehrere Fischer an einem Netz zogen. Er blieb stehen, schaute zu und sagte dabei unablässig: *„Hiç! hiç! hiç!"* – also: nichts! nichts! nichts!

Als die Fischer das Netz aus dem Meer zogen, war es leer. Gefangen hatten sie – nichts. Da wandten sie sich wütend zu dem glatzköpfigen Jungen. „Du hast uns gewünscht, dass wir nichts fangen", riefen sie und gingen auf ihn los. Der arme Junge schrie um Hilfe. Weil er aber dabei kurz aufhören musste, *hiç* zu sagen, vergaß er, was er kaufen sollte. „Aber, aber – was soll ich jetzt sagen?", fragte er die Fischer in seiner Verzweiflung. „Der Erste ist schon da, bald kommt auch der Nächste", schärften ihm die Fischer ein. „So wünscht man uns einen guten Fang."

Das merkte sich Keloğlan nun. Während er die Straße hinunterlief, wiederholte er seinen neuen Spruch. Und was begegnete ihm? Ein Trauerzug hinter einem Leichenwagen. Der dumme Keloğlan stand am Wegesrand und leierte laut vor sich hin: „Der Erste ist schon da,

1 hiç: *gesprochen:* hitsch

bald kommt auch der Nächste. Der Erste ist schon da, ...“ Ein Verwandter des Verstorbenen blieb stehen. „Was??!!“, wutschnaubte er. „Du wünschst uns noch mehr Sterbefälle?“ Er wollte Keloğlan eine Ohrfeige geben, und dieser schrie laut: „Hilfe! Hilfe!“ Dabei vergaß er seinen Spruch. „Was sollte ich eigentlich sagen?“, fragte der arme Junge. „Möge Gott sich erbarmen! Die Hinterbliebenen sollen lange leben!“, erwiderte der Vorbeter.

Nun prägte sich Keloğlan das ein und setzte seinen Weg zum Markt fort. An der nächsten Ecke sah er eine tote Katze vor sich auf der Straße liegen. Er blieb neben ihr stehen und wiederholte immerzu: „Gott möge sich erbarmen! Die Hinterbliebenen sollen lange leben.“ Die Vorübergehenden schauten sich diesen dummen glatzköpfigen Jungen an und brachen in Gelächter aus. Immer mehr Leute sammelten sich um Keloğlan, der deswegen schließlich einen Augenblick innehielt. Da entfiel ihm der Spruch. „Du musst sagen: Pfui, wie das stinkt!“, bläuten ihm die Umherstehenden ein.

Aber auch mit diesem Spruch hatte Keloğlan Pech, denn nun kam er an einem *Hamam,* einem öffentlichen Badehaus, vorbei. Gerade in diesem Augenblick traten drei Damen heraus, die sich nach dem Bad mit duftenden Ölen parfümiert hatten. Ihr könnt euch denken, wie beleidigt sie waren, als der ahnungslose Keloğlan an ihnen vorbeiging und immerzu rief: „Pfui, wie das stinkt! Pfui, wie das stinkt!“ Bevor der Glatzkopf wusste, wie ihm geschah, war er von den drei Damen umringt, die mit ihren Sonnenschirmen auf ihn einhieben, ihn zwickten und kniffen – bis er wieder seinen Spruch vergaß. „Erbarmen, gnädige Damen!“, rief er. „Was hätte ich sagen sollen?“ Die Damen belehrten ihn: „Oh, wie schön! Wie das mein Herz erfreut! So sagt man immer zu uns.“

Mit dem neuen Spruch auf den Lippen zog Keloğlan weiter und kam diesmal an zwei Männern vorbei, die sich lauthals stritten. Als sie Keloğlan sagen hörten: „Ach, wie schön! Wie das mein Herz erfreut!“, stritten sie nicht mehr, sondern gingen gemeinsam auf den Jungen los. „Was soll ich denn sagen?“, fragte der arme Keloğlan, der bereits genug eingesteckt hatte, schluchzend. „Du sollst versuchen, uns mit den Worten ‚Hört auf damit, Brüder, vertragt euch!‘ zur Ruhe zu bringen“, antworteten die beiden Streithähne.

Aber auch damit kam Keloğlan nicht an. Als Nächstes sah der arme Junge zwei Straßenhunde, die sich balgten, und erntete Spott und Gelächter von den Passanten, als er mit dem Spruch „Hört auf, Brüder, vertragt euch!“ versuchte, zwischen den Hunden zu schlichten. „Haut ab, ihr Köter!, musst du sagen“, brachten sie ihm bei.

Nun erreichte Keloğlan endlich den Markt. Dort sah er zwei Schuster, die vor ihrem Laden saßen und aus Leder Pantoffeln nähten. Als Keloğlan mit seinem „Haut ab, ihr Köter!“ ankam, schauten sie verdattert auf. Wen wundert es, dass es wieder Ärger gab? „Zieht kräftig daran, damit sie weich und geschmeidig werden! So feuert man uns bei der Arbeit an“, belehrten sie Keloğlan.

Auch mit diesem Spruch hatte Keloğlan kein Glück. Als Nächstes traf er auf einen Mann, der sich über seinen Sohn geärgert hatte und ihm die Ohren lang zog. „Zieht kräftig daran, damit sie weich und geschmeidig werden!“, sagte Keloğlan beim Vorübergehen. Sofort ließ der Mann von seinem Sohn und nahm sich Keloğlan vor. „Gnade, mein Herr!“, rief Keloğlan. „Was hätte ich denn sagen sollen?“ „Nichts“, erwiderte der Mann außer sich vor Wut. „*Hiç!* Einfach *hiç!*“

Da ging Keloğlan ein Licht auf. „Danke! Vielen Dank! Genau das hat mir meine Mutter aufgetragen. *Hiç* sollte ich kaufen“, rief er, besorgte das Salz und lief schnell zu der Wiese am Stadtrand, auf der er seinen Esel hatte weiden lassen. Er trieb das Tier an und erreichte bald das Dorf. Wie freute sich seine alte Mutter, dass ihr Keloğlan, der sonst immer alles vergaß und durcheinanderbrachte, einmal etwas im Kopf behalten und seinen Auftrag richtig ausgeführt hatte.

1 a Lest die Geschichte „Keloğlan kauft Salz“ (▸ Seite 94–95) still.
b Welche Textstelle gefällt euch am besten? Tauscht euch darüber mit einer Partnerin oder einem Partner aus.

2 Besprecht den Inhalt der Geschichte:
a Welchen Auftrag erhält Keloğlan von seiner Mutter? Erklärt.
b Listet auf, welchen Figuren Keloğlan in der Geschichte begegnet.
c Was macht Keloğlan immer wieder falsch? Nennt sein Problem und überlegt, wie sein Verhalten auf seine Mitmenschen wirkt.
d Erklärt, wodurch es Keloğlan am Ende der Geschichte schafft, den Auftrag seiner Mutter richtig auszuführen.

3 Lest die Geschichte laut mit verteilten Rollen. Bereitet euch dazu gut auf eure Rolle vor:
a Sucht euch eine Figur aus, deren Rolle ihr vorlesen möchtet.
b Fühlt euch in eure Figur ein. Lest den zugehörigen Textabschnitt mehrmals still und macht euch Notizen zu den folgenden Fragen:
– In welcher Situation befindet sich die Figur? Was tut sie gerade?
– Wie fühlt sie sich in diesem Moment?
– Wie reagiert die Figur auf Keloğlan? Oder wenn ihr Keloğlan wählt: Wie reagiert er auf die Belehrungen der verschiedenen Figuren, die er trifft?

Keloğlans Mutter (Zeile 1–17)
- *will kochen, hat aber kein Salz*
- *ist ungeduldig*
- *ärgert sich über ihren faulen Sohn*
- …

Fischer (Zeile 27–45)
- *zieht Netz aus Fluss*
- *Netze sind leer*
- *ist wütend auf Keloğlan*
- …

c Vergleicht eure Notizen mit einer Mitschülerin oder einem Mitschüler, die/der dieselbe Rolle gewählt hat.

4 a Bildet Gruppen und übt den Lesevortrag mit verteilten Rollen. Achtet beim Lesen auf die Satzzeichen, auf Pausen und auf die Betonung wichtiger Wörter.
b Tragt die Geschichte wirkungsvoll in der Klasse vor. Bittet eure Mitschülerinnen und Mitschüler anschließend um eine Rückmeldung.

5 Wählt eine Textstelle aus, die euch besonders gut gefällt, und spielt sie szenisch nach. Setzt Mimik (Gesichtsausdruck) und Gestik (Körpersprache) ein, um die Gefühle der Figuren auszudrücken.

Methode **Wirkungsvoll vorlesen**

- **Lest** den Text **mehrmals still** und versucht, euch die Handlung genau vorzustellen.
- Beachtet beim Vorlesen die **Satzzeichen** *(., !, ?)*. Macht nach jedem Satz eine kurze **Pause.**
- **Betont Wörter,** indem ihr sie laut oder leise, schnell oder gedehnt sprecht. Um die **Spannung** zu steigern, könnt ihr die Stimme heben oder senken (↑ ↓).
- Lest die **wörtliche Rede** so, dass man merkt, **wer** spricht und **wie** er oder sie sich fühlt. Achtet dazu auf Hinweise im Redebegleitsatz, z. B.: *„Aber, aber – was soll ich jetzt sagen?“, fragte er die Fischer in seiner Verzweiflung.*

Eine Schelmengeschichte untersuchen

Till heilt Kranke

Till Eulenspiegel ist ein bekannter deutscher Schelm. Er wird häufig mit einer Narrenkappe dargestellt, dabei war er seinen Mitmenschen an Witz und Scharfsinn weit überlegen. Er spielte seine Schelmenstreiche an verschiedenen Orten. Immer, wenn er etwas angestellt hatte und deshalb gesucht wurde, war er bereits auf und davon.
In seinen Streichen stellt er sich häufig dumm, nimmt Aussagen wörtlich und hält den Menschen „einen Spiegel" vor.

Eines Tages kam Till Eulenspiegel nach Nürnberg. An einer Kirchentür hängte er ein großes Plakat auf, auf dem geschrieben stand: „Wunderdoktor in der Stadt".
Natürlich war auch das wieder eine List des Schelms. Immerhin musste er ja Geld verdienen. Nun kam es, dass es in Nürnberg ein Spital[1] gab, das voll belegt war. Der Direktor des Spitals rechnete sich aus, wie viel Geld er sparen könnte, wenn er den Wunderdoktor engagieren würde, um die vielen Kranken zu heilen.
Und so ließ er Till Eulenspiegel zu sich kommen. 200 Taler handelte man als Verdienst aus, sollte es ihm gelingen, alle Kranken zu heilen. Das war zu damaliger Zeit ein kleines Vermögen!
Till ließ alle Kranken in einem Saal zusammenkommen und bat alle anderen darum, den Raum zu verlassen. Er benötige Ruhe für seine Heilung, gab er zur Erklärung ab. Als alle Ärzte und Schwestern den Raum verlassen hatten, sprach er zu den Kranken:
„Meine Lieben. Es ist so, wer der Kränkste von allen ist, der muss sich für die anderen opfern. Aus ihm stelle ich ein Pulver her, das ich den anderen zur Genesung gebe. Den Kränksten erkenne ich daran, wer zuletzt diesen Raum verlässt, nachdem ich euch aufgefordert habe zu gehen."
Die Kranken atmeten einmal kräftig durch. Dann nahmen sie ihre Krücken und Gehhilfen zur Hand und rannten mir nichts, dir nichts aus dem Saal heraus. Selbst diejenigen, die schon zehn Jahre und länger das Bett nicht verlassen hatten, schienen plötzlich kerngesund zu sein.
Nach wenigen Minuten war das ganze Krankenhaus leer. Der Direktor freute sich und händigte sogleich Till Eulenspiegel die 200 Taler aus. „Gut gemacht", gab er ihm noch mit auf den Weg. Till aber verließ sofort die Stadt.
Und das war auch besser so. Denn drei Tage später war das Spital so voll wie zuvor. Das kam dem Direktor dann doch komisch vor. Er fragte seine Patienten, warum sie denn schon wieder da seien. Und als sie ihre Geschichte erzählt hatten, da wusste der Direktor, dass er auf Till Eulenspiegel reingefallen war.

1 das Spital: das Krankenhaus

1 Wie gefällt euch diese Schelmengeschichte? Tauscht euch über eure Leseeindrücke aus.

2 a Besprecht den Inhalt der Geschichte:
- Wer spielt hier wem einen Streich?
- Was ist lustig oder außergewöhnlich an der Geschichte?

b Formuliert abwechselnd mit Hilfe der nebenstehenden Fragewörter Fragen zum Text und beantwortet sie euch gegenseitig.

Wer? • Wo? • Wann? • Was? • Warum? • Wie? • Wie viel?

3 Untersucht den Aufbau der Geschichte:

a Schreibt die folgenden Handlungsschritte in der richtigen Reihenfolge in euer Heft.
Tipp: In der richtigen Reihenfolge ergeben die Buchstaben ein Lösungswort.

E Der Direktor ruft Till zu sich, weil er Geld im Krankenhausbetrieb sparen möchte.
E Till verlässt die Stadt umgehend.
R Till gibt sich in Nürnberg als Wunderdoktor aus.
E Die Kranken verlassen das Krankenhaus, so schnell sie nur laufen oder humpeln können.
N Nach drei Tagen ist das Krankenhaus wieder so voll wie vorher.
I Der Direktor verspricht Till 200 Taler, wenn er die Kranken heilt.
N Till schickt die Ärzte und Schwestern weg und spricht zu den Kranken.
G Der Direktor bezahlt Till die versprochenen 200 Taler.
L Till erklärt den Kranken, dass er den Kränksten als Arznei für die anderen nutzen wird.

b Welche Situation stellt den Höhepunkt der Geschichte dar? Markiert den Handlungsschritt im Heft rot und zeichnet ein Bild dazu.

4 In Schelmengeschichten gibt es meistens einen Stärkeren und einen Schwächeren. Wer nimmt hier welche Rolle ein? Prüft die vier Aussagen und übertragt die richtigen ins Heft.

A Der Direktor ist der Stärkere, da er ein angesehener Mann ist.

B Die Kranken sind stark, da sie plötzlich aus dem Spital humpeln können.

C Till ist nur ein Schelm und Narr, er ist damit äußerlich schwächer.

D Obwohl der Direktor gebildet ist, lässt er sich von Till hereinlegen. Somit ist Till am Ende der Stärkere.

5 Mit welcher Absicht spielt Till diesen Streich? Diskutiert die folgenden drei Aussagen:
A Er will die Kranken zum Lachen bringen.
B Er will den Geiz des Direktors bloßstellen.
C Er will auf möglichst einfache Weise Geld verdienen.

Information **Schelmengeschichten – Wann lacht man über wen?**

- Eine **Schelmengeschichte** ist eine **kurze, lustige Erzählung.** Sie handelt von einem **außergewöhnlichen und komischen Ereignis** oder einem **Streich.**
- Es gibt einen **lustigen Höhepunkt.** Dabei legt meistens ein äußerlich Schwächerer einen Stärkeren herein und erteilt ihm eine Lehre.
- Die **Hauptfigur** ist ein **Schelm** oder ein **Narr,** manchmal auch ein Betrüger. Sie spielt ihre Streiche, um Menschen zum **Lachen** zu bringen oder um **menschliche Schwächen** wie Dummheit, Eitelkeit oder Geiz bloßzustellen.

Schelmengeschichten nacherzählen

Paul Maar

Der Bogenschütze

Nasreddin Hodscha ist ein berühmter Schelm, der im 13. Jahrhundert in der heutigen Türkei gelebt haben soll. Er wird oft „der türkische Eulenspiegel" genannt. Das türkische Wort „Hoca" (sprich: Hodscha) bedeutet „Gelehrter". In seinen Geschichten wird er als gewitzter Mann dargestellt, der zu jeder Situation eine treffende Antwort oder Lebensweisheit hat.

Im Dorf, in dem Nasreddin lebte, gab es einen Mann, der als Bogenschütze berühmt war. Er gab Unterricht im Bogenschießen und nahm dafür Geld.
Als Nasreddin das mitbekam, verkündete er: „Wer bei mir Unterricht im Bogenschießen nimmt, zahlt nur die Hälfte. Und ich garantiere, dass sein Pfeil immer in der Mitte der Zielscheibe stecken wird!"
Das ärgerte den berühmten Bogenschützen. Er ging zu Nasreddin und sagte: „Dass der Pfeil immer die Mitte der Zielscheibe trifft, ist unmöglich. Selbst bei mir, dem berühmtesten aller Bogenschützen, gehen nicht alle Pfeile genau in die Mitte, sondern manchmal ein klein wenig daneben. Wie willst du einen Anfänger dazu bringen, so gut zu schießen? Zeig mir doch ein Beispiel deiner Schießkunst!"
„Nichts leichter als das", sagte Nasreddin, nahm den Bogen, legte einen Pfeil auf und schoss ihn in eine Holzwand.
„Aber da ist doch gar keine Zielscheibe!", rief der berühmte Bogenschütze. „Noch nicht!", antwortete Nasreddin, nahm einen Pinsel und Farbe und malte um den Pfeil herum eine Zielscheibe. Jetzt steckte der Pfeil genau in der Mitte.

1 a Wie gefällt euch der Schelm Nasreddin Hodscha? Begründet eure Meinung.
b Beschreibt Nasreddin. Nennt Adjektive, die zu dieser Figur passen.

2 a Was verspricht Nasreddin für seinen Unterricht? Wählt die passende Aussage und begründet eure Wahl.

A „Ich garantiere für das halbe Geld: Wer bei mir Unterricht nimmt, ist am Ende sehr gut im Bogenschießen."

B „Ich garantiere: Für das halbe Geld steckt der Pfeil immer in der Mitte."

b Erklärt den Trick, mit dem Nasreddin es schafft, sein Versprechen zu halten.

3 Erzählt die Geschichte mündlich nach. Geht dabei so vor:
a Nummeriert fünf Karteikarten und schreibt zu jedem Textabschnitt Stichworte auf eine Karte.
b Ergänzt auf den Karten mit eigenen Worten, was die Figuren in dem Moment sagen oder denken. Verwendet dazu Verben aus dem Kasten:

meinte • garantierte • fragte • antwortete • lachte • beschwerte sich • schimpfte • spottete

c Erzählt die Geschichte mit Hilfe eurer Karteikarten. Verwendet dabei die Zeitform Präteritum.

Fordern und fördern – Eine Geschichte untersuchen

1 Wie gefällt euch die Geschichte „Die versunkene Glocke“?
Formuliert euren Leseeindruck in einigen Sätzen:
Mir gefällt die Geschichte (nicht), denn ...
Ich finde es lustig/interessant/komisch/langweilig/seltsam/ungewöhnlich, dass ...
Es hat mich überrascht, dass ...
Ich verstehe (nicht), warum ...

2 Was bedeuten die folgenden Stellen im Text? Schreibt sie ins Heft und formuliert sie mit euren eigenen Worten um. ▷ Hilfe zu Aufgabe 2 auf Seite 107

A „sich in bedenklicher Weise [...] nähern“ (Zeile 3–4)
B „versteckten [...] geschwind, was ihnen teuer und wert war“ (Zeile 14–15)
C „der Krieg machte [...] einen großen Bogen um Schilda“ (Zeile 45–46)

3 Schreibt eine kurze Erklärung dazu, warum die Schildbürger die Kirchenglocke im See versenken. ▷ Hilfe zu Aufgabe 3 auf Seite 107

4 Stellt den Inhalt der Geschichte in einem Flussdiagramm dar. Geht so vor:
a Gliedert den Text in Erzählabschnitte.
b Formuliert zu jedem Erzählabschnitt einen Satz im Präsens. ▷ Hilfe zu Aufgabe 4 auf Seite 107

***Erzählabschnitt 1:** Zeile 1–13*
Die Schildbürger haben Angst, dass Soldaten ...

↓

***Erzählabschnitt 2:** Zeile 14–23*
...

5 Was ist lustig an der Geschichte? Notiert die zutreffenden Aussagen ins Heft. ▷ Hilfe zu Aufgabe 5 auf Seite 107

A Das Lustige an der Geschichte ist die Idee des Schmieds, die Lage der Glocke an einem beweglichen Gegenstand zu kennzeichnen.

B Es ist komisch, dass alle Schildbürger von der Idee des Schmieds begeistert sind und keiner den Unsinn erkennt.

C Die Figuren verstehen in der Geschichte eine Aussage falsch und nehmen sie wörtlich.

D Es ist lustig, sich vorzustellen, wie Schmied, Bäcker und Bürgermeister rudern und rudern und dabei jeder „Nein, hier!“ schreit.

E Die Schildbürger sind listige Schelme und spielen den Kriegsleuten einen lustigen Streich.

6 Schreibt den Schildbürgern einen Brief. Macht ihnen darin einen Vorschlag, wie sie beim nächsten Mal die neue Glocke besser verstecken können.

●○○ Aufgabe 2 mit Hilfe

Was bedeuten die folgenden Stellen im Text? Notiert im Heft die jeweils richtige Aussage.

A „sich in bedenklicher Weise [...] nähern" (Zeile 3–4)
- sich überlegen, wie man am schnellsten vorwärtskommt
- gefährlich nah an etwas herankommen
- sich leise und vorsichtig anschleichen

B „versteckten [...] geschwind, was ihnen teuer und wert war" (Zeile 14–15)
- Geld sehr gut verstecken
- kostbare Dinge vor dem Wind in Sicherheit bringen
- wertvolle Dinge schnell verstecken

C „der Krieg machte [...] einen großen Bogen um Schilda" (Zeile 45–46)
- Der Krieg fand vor der Stadtmauer von Schilda statt.
- Der Krieg kam nicht bis an Schilda heran.
- Im Krieg wurde nur mit Pfeil und Bogen gekämpft.

●○○ Aufgabe 3 mit Hilfe

Schreibt eine kurze Erklärung dazu, warum die Schildbürger die Kirchenglocke im See versenken. Lest dazu noch einmal im Text Seite 105, Zeile 15–28 nach und wählt die richtige Aussage aus:

A Sie konnten mit der alten Kirchenglocke nichts mehr anfangen, denn sie war zu groß.
B Sie wollten die Glocke für die Kriegsherren an einem sicheren Ort aufheben.
C Sie wollten die Glocke vor den plündernden Soldaten verstecken.

●○○ Aufgabe 4 mit Hilfe

Stellt den Inhalt der Geschichte in einem Flussdiagramm dar.
Formuliert dafür zu den vorgegebenen Erzählabschnitten jeweils einen Satz im Präsens.

Erzählabschnitt 1: *Zeile 1–13*
Die Schildbürger haben Angst, dass Soldaten ihnen ihre Sachen rauben.

↓

Erzählabschnitt 2: *Zeile 14–23*
Sie wissen nicht, wo ...

↓

Erzählabschnitt 3: *Zeile 24–44*
Sie versenken die Glocke im ... und der Schmied markiert ...

↓

Erzählabschnitt 4: *Zeile 45–64*
Sie suchen die Glocke und ...

●○○ Aufgabe 5 mit Hilfe

Was ist lustig an der Geschichte? Notiert die drei richtigen Aussagen von Seite 106. Wenn ihr unsicher seid, lest noch einmal folgende Textstellen nach: Zeile 34–44 und Zeile 49–56.

6.3 Fit in ...! – Eine Schelmengeschichte untersuchen

Stellt euch vor, ihr bekommt in der nächsten Klassenarbeit folgende Aufgabe gestellt:

Untersuche die Geschichte „Wie Eulenspiegel Eulen und Meerkatzen buk".
Gehe dabei in folgenden Schritten vor:

1. Gib den Inhalt der Geschichte kurz mit eigenen Worten wieder.
2. Begründe, warum es sich um eine Schelmengeschichte handelt.
3. Erkläre, worin der Witz der Geschichte besteht.
   Ergänze deine Erklärung mit passenden Textstellen.

Erich Kästner

Wie Eulenspiegel Eulen und Meerkatzen buk

Einmal kam Eulenspiegel auch nach Braunschweig und suchte die Herberge „Zur Heimat", weil er dort übernachten wollte. Er fragte einen Bäcker, der vor seinem Laden stand, nach dem Weg. Der Bäcker beschrieb ihm genau, wie er gehen müsse, und fragte noch: „Was bist du denn eigentlich?"
„Ich?", fragte Till. „Ich bin ein wandernder Bäckergeselle." Da freute sich der Bäcker, denn er brauchte gerade einen Gesellen. [...] Weil nun der Meister selber mitunter in der Backstube arbeitete, fiel es ihm am ersten und zweiten Tag überhaupt nicht auf, dass Till vom Backen nicht mehr verstand als ein Ochse vom Klavierspielen.
Doch am dritten Tag wollte sich der Meister früh am Abend schlafen legen. [...] Jedenfalls sagte er zu Till: „Heute Nacht musst du allein backen. Ich komme erst morgen früh wieder herunter."
„Ist recht", meinte Till. „Aber was soll ich denn backen?" „Da hört sich ja Verschiedenes auf!", rief der Meister. „Du bist ein Bäckergeselle und fragst mich, was du backen sollst! Meinetwegen Eulen und Meerkatzen[1]!" Er hätte ebenso gut sagen können: „Veilchen und junge Hunde." [...] Aber als er fort war, rührte Eulenspiegel den Teig an und buk von zehn Uhr abends bis drei Uhr früh tatsächlich lauter Eulen und Meerkatzen.
Als der Meister am Morgen hereintrat, dachte er, er käme in den Zoo. Überall lagen und standen knusprig gebackene Tiere. Und er sah sich vergeblich nach Broten, Brötchen und Semmeln um.
Da schlug er vor Wut mit der Faust auf den Tisch und rief: „Was hast du denn da gebacken?"
„Das sehen Sie doch", sagte Till. „Eulen und Meerkatzen. Wie Sie's verlangt haben. Sind die Biester nicht ähnlich genug? Ich hab mir furchtbar viel Mühe gegeben." Eulenspiegels Frechheit brachte den braven Mann vollends auf den Baum. Er packte ihn am Kragen, schüttelte ihn hin und her und

1 die Meerkatze: eine Affenart

brüllte: „Aus dem Haus! Aber sofort, du Haderlump!“ „Erst müssen Sie mich loslassen“, sagte Till. „Sonst kann ich nicht weg.“ Der Meister ließ ihn los, und Till wollte schleunigst auf und davon. Doch da hielt ihn der Bäcker noch einmal fest. „Erst zahlst du mir den Teig, den du verhunzt hast!“ „Nur, wenn ich die lieben Tierchen mitnehmen darf“, erwiderte Eulenspiegel. „Wenn ich den Teig, aus dem sie gebacken sind, bezahle, gehören sie mir.“

Der Bäcker war einverstanden und nahm das Geld. Till aber verfrachtete seine Eulen und Meerkatzen in einen Tragkorb und zog damit ab.

Am Nachmittag war auf dem Platz vor der Kirche großes Gedränge. Till Eulenspiegel stand mitten unter den Leuten und verkaufte seine Eulen und Meerkatzen Stück für Stück und verdiente großartig daran. [...] Er hatte seine Eulen und Meerkatzen restlos ausverkauft, und sogar den Korb, der dem Bäcker gehörte, hatte er für einen Taler verkauft. [...]

Die Aufgabe richtig verstehen

1 a Lest euch die Aufgabenstellung auf Seite 108 genau durch.

b Habt ihr verstanden, was ihr machen sollt? Wählt die richtigen Aussagen aus und notiert die Buchstaben ins Heft. Sie ergeben als Lösungswort das, was Till verdient.

Um die Aufgabe richtig zu lösen, ...

T muss ich die Eulenspiegel-Geschichte sorgfältig lesen.
U erzähle ich den Text möglichst ausführlich nach.
A bearbeite ich die drei Aufgaben hintereinander.
T schreibe ich auf, wie mir die Geschichte gefällt.
F schreibe ich einen Brief an die Hauptfigur.
L fasse ich die Geschichte mit meinen Worten zusammen.
I erfinde ich ein neues lustiges Ende für die Geschichte.
E bearbeite ich die Aufgaben mit Hilfe des Textes.
R begründe ich meine Aussagen mit Textstellen.

Planen

2 Bereitet die Antwort zu jeder Aufgabe gut vor. Übertragt dazu die drei Stichwortzettel in euer Heft und ergänzt sie.

Aufgabe 1:
Das geschieht in der Geschichte
- *Till sucht Unterkunft*
- *behauptet, Bäckergeselle zu sein*
- *beginnt Arbeit in Backstube*
- *...*

Aufgabe 2:
Schelmengeschichte?
1. *kurze, lustige Erzählung:* ...
2. *komisches Ereignis oder Streich:* ...
3. *Schelm legt einen Stärkeren herein:* ...
4. *Schelm spielt den Streich, um ...*

Aufgabe 3:
Das ist lustig an der Geschichte
Inhalt:
- *...*

Sprache:
- *lustige Ausdrücke des Bäckers: ...*

Schreiben

3 Formuliert die Antworten zu den drei Aufgaben in vollständigen Sätzen. Verwendet dazu die folgenden Satzanfänge:

Aufgabe 1
Das geschieht in der Geschichte
- *Zu Beginn der Geschichte erfährt man, dass ...*
- *Er trifft einen Bäcker und behauptet, ...*
- *Daraufhin ...*
- *Der Bäcker merkt nicht, ...*
- *Nach einigen Tagen ...*
- *Till nimmt die Aussage wörtlich und ...*
- *Am nächsten Morgen ...*
- *Der Bäcker fordert ...*
- *Till verlangt dafür ...*
- *Am Nachmittag ...*
- *Schließlich ...*
- *Am Ende ...*

Aufgabe 2:
Schelmengeschichte?
- *Der Text ist eine Schelmengeschichte, denn er ist ...*
- *Außerdem handelt er von einem Streich, bei dem der Schelm Till Eulenspiegel ...*
- *Dabei legt Till ... herein.*
- *Er spielt ihm diesen Streich, um ...*

Aufgabe 3:
Das ist lustig an der Geschichte
- *Die Geschichte ist lustig, weil ...*
- *Lustig ist die Stelle, an der ...*
- *Man kann über ... lachen, denn ...*
- *Es ist lustig, sich vorzustellen, ...*
- *Im Text werden lustige Ausdrücke verwendet wie zum Beispiel ...*

Überarbeiten

4 Überarbeitet eure Antworten mit Hilfe der Checkliste:

a Überprüft und berichtigt zunächst eure eigenen Antworten mit Hilfe der Checkliste.

b Tauscht eure Antworten mit einer Partnerin oder einem Partner und gebt euch gegenseitig Rückmeldung.

Checkliste

Eine komische Geschichte untersuchen

Aufgabe 1:
- Habt ihr den **Inhalt** der Geschichte kurz und mit eigenen Worten wiedergegeben?
- Habt ihr auf die richtige **Reihenfolge der Handlungsschritte** geachtet?

Aufgabe 2:
- Seid ihr auf alle **Merkmale von Schelmengeschichten** eingegangen?

Aufgabe 3:
- Habt ihr erklärt, was an der Geschichte **lustig** ist?
- Habt ihr eure Aussagen mit passenden **Textstellen** bewiesen?

Aufgabe 1, 2, 3:
- Habt ihr **Rechtschreibung und Zeichensetzung** geprüft?

Schreibwörter ▸ S. 228

der Narr	die Lehre	erzählen	komisch	frech
der Schelm	der Spaß	hereinlegen	lustig	listig
der Streich	der Geiz	spotten	witzig	schlau

7 Verzauberte Welt –
Märchen untersuchen und erfinden

1 a Welche Märchen sind in dem Bild versteckt? Zählt sie auf.
b Sucht euch eines der Märchen aus und erzählt es euren Mitschülerinnen und Mitschülern.

2 Welches Märchen gefällt euch besonders gut, welches weniger? Begründet eure Meinung.

3 Woran erkennt ihr ein Märchen? Nennt typische Merkmale.

In diesem Kapitel ...

- lest ihr deutsche Märchen und Märchen aus anderen Ländern,
- findet ihr heraus, an welchen Merkmalen man ein Märchen erkennt,
- erfindet ihr selbst Märchen oder schreibt sie weiter.

7.1 Von schönen Prinzessinnen und armen Müllerburschen – Märchen erschließen

Märchenmerkmale erkennen

Jakob und Wilhelm Grimm

Prinzessin Mäusehaut

Ein König hatte drei Töchter. Weil er wissen wollte, welche Tochter ihn am liebsten hätte, ließ er die drei Prinzessinnen rufen und fragte sie.
Die älteste sprach, sie habe ihn lieber als das ganze Königreich.
Die zweite meinte, sie habe ihn lieber als alle Edelsteine und Perlen auf der Welt.
Die dritte aber sagte, sie habe ihn lieber als das Salz.
Der König regte sich sehr darüber auf, dass die dritte Tochter ihre Liebe zu ihm mit einer so geringen Sache verglich. Er befahl einem Diener, sie in den Wald zu führen und zu töten.
Wie sie in den Wald gekommen waren, flehte die Prinzessin den Diener an, er solle sie am Leben lassen. Dieser war ihr treu und wollte sie nicht töten. Der Diener sagte auch, er wolle mit ihr gehen und ihr gehorchen.
Die Prinzessin verlangte aber nichts als ein Kleid von Mäusehaut. Als er ihr das geholt hatte, wickelte sie sich hinein und ging fort.
Sie ging an den Hof eines benachbarten Königs, gab sich für einen Mann aus und bat den König, ihm dienen zu dürfen. Der König sagte es zu.
Abends musste sie ihm die Stiefel ausziehen. Die Stiefel warf er ihr jedes Mal an den Kopf. Einmal fragte er, woher sie sei.
„Aus dem Lande, wo man den Leuten die Stiefel nicht an den Kopf wirft."
Danach beobachtete der König Mäusehaut besonders aufmerksam.
Endlich brachte ihm ein anderer Diener einen Ring: Mäusehaut habe ihn verloren. Der sei zu kostbar, den müsse er gestohlen haben.
Der König ließ Mäusehaut rufen und fragte, woher der Ring sei.
Da konnte sich Mäusehaut nicht länger verber-

gen. Sie wickelte sich aus der Mäusehaut. Ihre goldgelben Haare quollen hervor, und sie trat heraus, und zwar so schön, dass der König gleich die Krone von seinem Kopf abnahm und sie ihr aufsetzte und sie für seine Gemahlin erklärte.
Zu der Hochzeit wurde auch der Vater der Mäusehaut eingeladen. Der glaubte, seine Tochter sei schon längst tot. Deshalb erkannte er sie nicht wieder.
Auf der Tafel aber waren alle Speisen, die ihm vorgesetzt wurden, ungesalzen. Da wurde er ärgerlich und sagte: „Ich will lieber nicht leben, als solche Speise essen!“
Wie er das gesagt hatte, sprach die Königin zu ihm: „Jetzt wollt Ihr nicht leben ohne Salz, und doch habt Ihr mich einmal töten lassen wollen, weil ich sagte, ich hätte Euch lieber als Salz!“
Da erkannte er seine Tochter und küsste sie und bat sie um Verzeihung. Jetzt, nachdem er sie wiedergefunden hatte, wusste er, dass er sie lieber hatte als sein Königreich und alle Edelsteine der Welt.

1 a Lest das Märchen und entscheidet, welche Aussage zum Inhalt des Märchens passt:
A Der König liebt seine dritte Tochter eigentlich gar nicht. Er will sie nur loswerden.
B Die dritte Tochter kennt ihren Vater gut. Sie weiß, dass ihm das Essen nur schmeckt, wenn es ausreichend gesalzen ist.
C Die dritte Tochter isst sehr gern und mag salzige Gerichte.
b Überlegt, warum das Salz in dem Märchen so eine große Bedeutung hat.

2 a Welche Figuren treten in dem Märchen auf? Listet sie auf.
b Bewertet das Verhalten der folgenden Märchenfiguren:

Prinzessin Mäusehaut
- Warum akzeptiert sie die Strafe des Vaters?
- Warum wickelt sie sich in eine Mäusehaut und gibt sich als Mann aus?

die zwei Schwestern
- Wie lauten ihre Antworten?
- Warum haben sie sich für diese Antworten entschieden?

der Vater
- Was hat die dritte Tochter seiner Meinung nach falsch gemacht?
- Warum bestraft er sie so hart?

3 Die Figuren in Märchen haben oft gegensätzliche Eigenschaften.
a Welche der nebenstehenden Eigenschaften passen zu Prinzessin Mäusehaut, welche zu ihrem Vater und welche zu den beiden Schwestern? Wählt aus und begründet.

fleißig • arm • gehorsam • reich • mutig • schön • dumm • hässlich • klug • feige • faul • ungehorsam

b Bildet mit den Adjektiven im Kasten Gegensatzpaare, z. B. *arm – reich*.
c Nennt Figuren aus bekannten Märchen, denen ihr diese Gegensatzpaare zuordnen könnt.

4 Lest die folgenden Märchenmerkmale und prüft, welche auf den Text „Prinzessin Mäusehaut“ zutreffen. Beweist eure Aussagen mit passenden Textstellen.
A Märchen beginnen mit: „Es war einmal ...“
B Märchen spielen zu unbekannter Zeit an unbekannten Orten.
C In Märchen kommen typische Figuren vor, z. B. König, Königin, Prinz, Prinzessin, Hexe.
D Die Zahlen 3 und 7 spielen eine Rolle.
E In Märchen wird das Gute belohnt.
F Märchen enden immer gut, oft findet eine Hochzeit statt.

Jakob und Wilhelm Grimm

Der arme Müllerbursch und das Kätzchen

In einer Mühle lebte ein alter Müller, der hatte weder Frau noch Kinder, und drei Müllerburschen dienten bei ihm. Wie sie nun etliche Jahre bei ihm gewesen waren, sagte er eines Tages zu ihnen: „Ich bin alt und will mich hinter den Ofen setzen; zieht aus, und wer mir das beste Pferd nach Haus bringt, dem will ich die Mühle geben, und er soll mich dafür bis an meinen Tod verpflegen." Der dritte von den Burschen war aber der Kleinknecht, der wurde von den andern für albern gehalten, dem gönnten sie die Mühle nicht; und er wollte sie hernach nicht einmal. Da zogen alle drei miteinander aus, und wie sie vor das Dorf kamen, sagten die zwei zu dem albernen Hans: „Du kannst nur hierbleiben, du kriegst dein Lebtag keinen Gaul." Hans aber ging doch mit, und als es Nacht war, kamen sie an eine Höhle, dahinein legten sie sich schlafen. Die zwei Klugen warteten, bis Hans eingeschlafen war, dann stiegen sie auf, machten sich fort und ließen Hänschen liegen und meinten's recht fein gemacht zu haben; ja, es wird euch doch nicht gut gehen! Wie nun die Sonne kam und Hans aufwachte, lag er in einer tiefen Höhle; er guckte sich überall um und rief: „Ach Gott, wo bin ich!" Da erhob er sich und krabbelte die Höhle hinauf, ging in den Wald und dachte: „Ich bin hier ganz allein und verlassen, wie soll ich nun zu einem Pferd kommen!" Indem er so in Gedanken dahinging, begegnete ihm ein kleines buntes Kätzchen, das sprach ganz freundlich: „Hans, wo willst du hin?" „Ach, du kannst mir doch nicht helfen." „Was dein Begehren ist, weiß ich wohl", sprach das Kätzchen, „du willst einen hübschen Gaul haben. Komm mit mir und sei sieben Jahre lang mein treuer Knecht, so will ich dir einen geben, schöner, als du dein Lebtag einen gesehen hast." „Nun, das ist eine wunderliche Katze", dachte Hans, „aber sehen will ich doch, ob das wahr ist, was sie sagt." Da nahm sie ihn mit in ihr verwünschtes Schlösschen und hatte da lauter Kätzchen, die ihr dienten; die sprangen flink die Treppe auf und ab, waren lustig und guter Dinge. Abends, als sie sich zu Tisch setzten, mussten drei Musik machen, eins strich den Bass, das andere die Geige, das dritte setzte die Trompete an und blies die Backen auf, sosehr es nur konnte. Als sie gegessen hatten, wurde der Tisch weggetragen, und die Katze sagte: „Nun komm, Hans, und tanze mit mir." „Nein", antwortete er, „mit einer Miezekatze tanze ich nicht, das habe ich noch niemals getan." „So bringt ihn ins Bett", sagte sie zu den Kätzchen. Da leuchtete ihm eins in seine Schlafkammer, eins zog ihm die Schuhe aus, eins die Strümpfe, und zuletzt blies eins das Licht aus. Am andern Morgen kamen sie wieder und halfen ihm aus dem Bett: Eins zog ihm die Strümpfe an, eins band ihm die Strumpfbänder, eins holte die Schuhe, eins wusch ihn, und eins trocknete ihm das Gesicht ab. „Das tut recht sanft", sagte Hans. Er musste aber auch der Katze dienen und alle Tage Holz klein machen; dazu kriegte er eine Axt aus Silber und die Keile und Säge aus Silber, und der Schläger war aus Kupfer. Nun, da machte er's klein, blieb da im Haus, hatte sein gutes Essen und Trinken, sah aber niemand als die bunte Katze und ihr Gesinde. Einmal sagte sie zu ihm: „Geh hin und mähe meine Wiese und mache das Gras trocken", und gab ihm eine

Sense aus Silber und einen Wetzstein aus Gold, hieß ihn aber auch alles wieder richtig abliefern. Da ging Hans hin und tat, was ihm geheißen war; nach vollbrachter Arbeit trug er Sense, Wetzstein und Heu nach Haus und fragte, ob sie ihm noch nicht seinen Lohn geben wollte. „Nein“, sagte die Katze, „du sollst mir erst noch einerlei tun, da ist Bauholz aus Silber, Zimmeraxt, Winkeleisen und was nötig ist, alles aus Silber, daraus baue mir erst ein kleines Häuschen.“ Da baute Hans das Haus fertig und sagte, er hätte nun alles getan und hätte noch kein Pferd. Doch waren ihm die sieben Jahre herumgegangen wie ein halbes. Fragte die Katze, ob er ihre Pferde sehen wollte. „Ja“, sagte Hans. Da machte sie ihm das Häuschen auf, und wie sie die Türe so aufmacht, da stehen zwölf Pferde, ach, die waren gewesen ganz stolz, die hatten geblinkt und gespiegelt, dass sich sein Herz im Leibe darüber freute. Nun gab sie ihm zu essen und zu trinken und sprach: „Geh heim, dein Pferd geb ich dir nicht mit; in drei Tagen aber komm ich und bringe dir's nach.“ Also machte Hans sich auf, und sie zeigte ihm den Weg zur Mühle. Sie hatte ihm aber nicht einmal ein neues Kleid gegeben, sondern er musste sein altes, lumpiges Kittelchen behalten, das er mitgebracht hatte und das ihm in den sieben Jahren überall zu kurz geworden war. Wie er nun heimkam, so waren die beiden andern Müllerburschen auch wieder da; jeder hatte zwar sein Pferd mitgebracht, aber des einen seins war blind, des andern seins lahm. Sie fragten: „Hans, wo hast du dein Pferd?“ „In drei Tagen wird's nachkommen.“ Da lachten sie und sagten: „Ja du, Hans, wo willst du ein Pferd herkriegen, das wird was Rechtes sein!“ Hans ging in die Stube, der Müller sagte aber, er solle nicht an den Tisch kommen, er wäre so zerrissen und zerlumpt, man müsste sich schämen, wenn jemand hereinkäme. Da gaben sie ihm ein bisschen Essen hinaus, und wie sie abends schlafen gingen, wollten ihm die zwei andern kein Bett geben, und er musste endlich ins Gänseställchen kriechen und sich auf ein wenig hartes Stroh legen. Am Morgen, wie er aufwacht, sind schon die drei Tage herum, und es kommt eine Kutsche mit sechs Pferden, ei, die glänzten, dass es schön war, und ein Bedienter, der brachte noch ein siebentes, das war für den armen Müllerbursch. Aus der Kutsche aber stieg eine prächtige Königstochter und ging in die Mühle hinein, und die Königstochter war das kleine bunte Kätzchen, dem der arme Hans sieben Jahr gedient hatte. Sie fragte den Müller, wo der Mahlbursch, der Kleinknecht wäre. Da sagte der Müller: „Den können wir nicht in die Mühle nehmen, der ist so verrissen und liegt im Gänsestall.“ Da sagte die Königstochter, sie sollten ihn gleich holen. Also holten sie ihn heraus, und er musste sein Kittelchen zusammenpacken, um sich zu bedecken. Da schnallte der Bediente prächtige Kleider aus und musste ihn waschen und anziehen, und wie er fertig war, konnte kein König schöner aussehen. Danach verlangte die Jungfrau, die Pferde zu sehen, welche die andern Mahlburschen mitgebracht hatten, eins war blind, das andere lahm. Da ließ sie den Bedienten das siebente Pferd bringen; wie der Müller das sah, sprach er, so eins wär ihm noch nicht auf den Hof gekommen. „Und das ist für den dritten Mahlbursch“, sagte sie. „Da muss er die Mühle haben“, sagte der Müller. Die Königstochter aber sprach, da wäre das Pferd, er sollte seine Mühle auch behalten, und nimmt ihren treuen Hans und setzt ihn in die Kutsche und fährt mit ihm fort. Sie fahren zuerst zu dem kleinen Häuschen, das er mit dem silbernen Werkzeug gebaut hat, da ist es ein großes Schloss, und ist alles darin aus Silber und Gold; und da hat sie ihn geheiratet, und war er reich, so reich, dass er für sein Lebtag genug hatte.

Darum soll keiner sagen, dass, wer albern ist, deshalb nichts Rechtes werden könne.

1 Lest das Märchen „Der arme Müllerbursch und das Kätzchen“ und besprecht, wie es auf euch wirkt.

2 Das Märchen ist in einer älteren Sprache geschrieben.

a Was bedeuten die folgenden Ausdrücke? Formuliert sie so um, wie man heute sagen würde.

A „der wurde von den andern für albern gehalten“ (Zeile 10–11)
B „und meinten’s recht fein gemacht zu haben“ (Zeile 22–23)
C „Wie nun die Sonne kam“ (Zeile 24)
D „Indem er so in Gedanken dahinging“ (Zeile 30–31)
E „Was dein Begehren ist, weiß ich wohl“ (Zeile 34–35)

b Sucht im Text weitere ungewöhnliche Formulierungen.
Schreibt sie ins Heft und formuliert sie mit euren eigenen Worten um.

3 Märchen stehen meistens im Präteritum.

a Übertragt die folgende Tabelle ins Heft und notiert darin alle Verbformen im Präteritum aus den Zeilen 1–19. Ergänzt anschließend die Infinitivformen der Verben.

Zeile	Verb im Präteritum	Verb im Infinitiv
1	*lebte*	*leben*
1	*hatte*	…

schuf • riet • schied • lud • lieh • schwang • sang • hieb • bog • befahl • fuhr • stieß • blies • wusch • warf • überwand • buk

b Wie lauten die Infinitive der nebenstehenden typischen Verbformen aus Märchen? Ergänzt sie in der Tabelle.

c Wählt aus Aufgabe 3 a und b sieben Verben und bildet dazu Märchensätze im Präteritum, z. B.:
Der König riet seiner Tochter, die Wünsche des Frosches zu erfüllen.

4 Welche Informationen werden in dem Märchen „Der arme Müllerbursch und das Kätzchen“ zur Zeit und zum Ort der Handlung gegeben? Notiert Textstellen mit Zeilenangaben.

5 Untersucht die Figuren in dem Märchen:

a Notiert die wichtigen Figuren untereinander und ergänzt daneben, welche Eigenschaften sie jeweils haben, z. B.:
Müller: alt, müde
dritter Müllerbursche: …

b Wählt eure Lieblingsfigur aus dem Märchen und zeichnet sie oder notiert ihren Namen.
Ergänzt in einer Sprechblase, wie die Figur sich selbst vorstellen würde:
Ich bin/heiße …
Ich kann/darf/muss/soll/möchte/ …
Mir gehört …
Im Gegensatz zu … bin ich / kann ich …
Am Ende des Märchens …

Ich bin das Kätzchen aus dem Märchen. Zwar sehe ich aus wie eine normale Katze, aber ich kann …

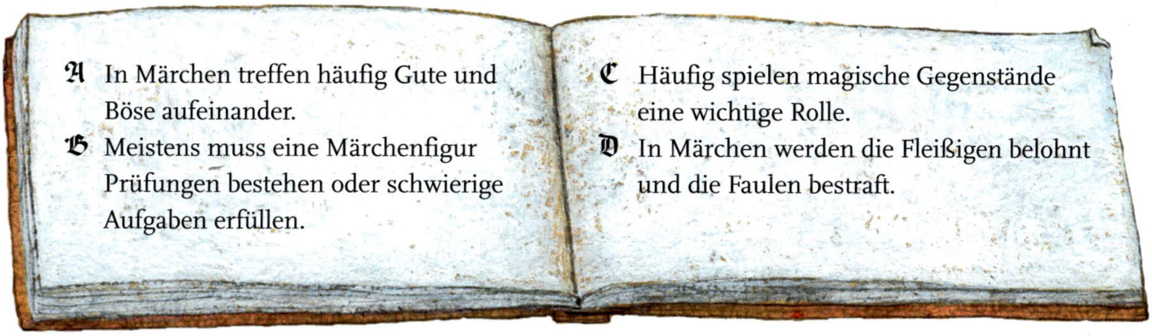

6 Untersucht die Handlung des Märchens „Der arme Müllerbursch und das Kätzchen". Welche Aussagen aus dem Märchenbuch treffen zu? Begründet eure Auswahl.

7 In Märchen passieren oft wundersame Dinge, die in der Wirklichkeit nicht vorkommen.

a Welche Dinge aus dem Märchen „Der arme Müllerbursch und das Kätzchen" kann es nur in der Märchenwelt geben? Schreibt Sätze.
In der Wirklichkeit gibt es kein(e) ... / Nur in der Märchenwelt können ...

b Wählt zwei fantastische Gegenstände aus dem Märchen und zeichnet ein Bild dazu.

8 Welche magischen Zahlen spielen in dem Märchen eine Rolle? Notiert Textstellen, z. B.:
– drei Müllerburschen (Zeile 2–3)

9 Überlegt euch ein bekanntes Märchen und notiert, welche Märchenmerkmale es hat. Stellt euer Ergebnis in der Klasse vor: *Bei dem Text „..." handelt es sich um ein Märchen, denn ...*

Information **Merkmale von Märchen**

Die Figuren

In vielen Märchen treten typische Figuren auf wie König und Königin, Prinz und Prinzessin, böse Stiefmutter, Handwerker, aber auch fantastische Gestalten wie Feen, Zauberer, Hexen, Riesen, Zwerge und sprechende Tiere.

Die Handlung

- Meistens treffen im Märchen Gegensätze aufeinander wie gut und böse, jung und alt, schön und hässlich, schlau und dumm oder fleißig und faul.
- Am Ende wird das Gute belohnt und das Böse bestraft.
- Zuvor müssen die Märchenfiguren jedoch Aufgaben erfüllen oder Prüfungen bestehen.
- Oft passieren wundersame Dinge, die sich in der Wirklichkeit nicht ereignen.

Die Erzählweise

- Viele Märchen beginnen mit: *„Es war einmal ..."* und enden mit: *„Und wenn sie nicht gestorben sind, dann leben sie noch heute."*
- Oft spielen die Zahlen 3, 7 oder 12 eine wichtige Rolle, z. B.: *drei Wünsche, sieben Zwerge.*

Der Ort und die Zeit

Ort und Zeitpunkt der Handlung bleiben ungenau, z. B.: *hinter den sieben Bergen, vor langer Zeit.*

Die Entstehung und Sammlung von Märchen

Die Märchensammler: Jakob und Wilhelm Grimm

Viele Märchen sind vor langer Zeit, noch vor der Zeit des Buchdrucks (15. Jahrhundert), entstanden und man weiß nicht, wer sie zuerst erzählt hat, wer also ihr Autor oder ihre Autorin ist. Solche Volksmärchen gibt es in fast allen Ländern. Sie wurden auf Marktplätzen, in Wirtshäusern oder abends im Kreise der Familie mündlich weitererzählt.

Erst vor 200 Jahren, also Anfang des 19. Jahrhunderts, sammelten Schriftsteller und Gelehrte diese Volksmärchen und schrieben sie auf.

Die bekanntesten Märchensammler in Deutschland sind die Brüder Jakob Grimm (1785–1863) und Wilhelm Grimm (1786–1859). Sie waren fasziniert von diesen Geschichten, ließen sich die Volksmärchen erzählen und schrieben sie auf. 1812 haben sie ihre Märchensammlung als Buch veröffentlicht, damit möglichst viele Kinder und auch Erwachsene diese schönen Texte hören, lesen und vorlesen können. Das Buch mit dem Titel „Kinder- und Hausmärchen" enthält über 200 Märchen, wurde weltberühmt und ist inzwischen in 140 Sprachen übersetzt worden.

Louis Katzenstein: Die Brüder Grimm bei der Märchenfrau

Weil viele Märchen sehr kurz und schmucklos erzählt wurden, haben Jakob und Wilhelm Grimm die aufgeschriebenen Märchentexte immer wieder überarbeitet und nach ihren Vorstellungen verändert. Dabei schmückten sie die Märchen aus, indem sie z. B. Lücken im Handlungsverlauf füllten, Teile aus anderen Märchen einfügten und vor allem ihren Märchen einen besonderen Märchenton (einen einheitlichen Erzählstil) gaben. So stellten sie zum Beispiel den meisten Märchen die bekannte Eingangsformel „Es war einmal …" voran.

1 a Überlegt und notiert im Heft, was ihr bereits über die Entstehung von Märchen wisst.
b Lest den Text über die beiden berühmten Märchensammler Jakob und Wilhelm Grimm und ergänzt im Heft Informationen, die neu für euch sind oder die ihr interessant findet.

2 Beschreibt das Bild zum Text und erklärt, welche Szene dort dargestellt ist. Beachtet dabei den Titel des Bildes.

3 a Stellt euch vor, ihr könntet einen der beiden Brüder treffen. Was würdet ihr ihn fragen? Sammelt zu zweit Fragen zum Thema Märchen.
b Spielt mit Hilfe eurer Fragen und der Informationen aus dem Text ein Interview: Einer von euch ist der Interviewer, der andere Jakob oder Wilhelm Grimm.

4 Überlegt euch Quizfragen zu den Informationen im Text. Notiert sie mit der richtigen Antwort in euer Heft und stellt sie anschließend euren Mitschülerinnen und Mitschülern vor. Bestimmt den Märchenexperten in eurer Klasse.

Teste dich!

Hans Christian Andersen

Die Prinzessin auf der Erbse

Es war einmal ein Prinz, der wollte heiraten, aber es sollte eine wirkliche Prinzessin sein. Da reiste er in der ganzen Welt herum, um eine solche zu finden. Prinzessinnen gab es ja genug, aber ob er eine wirkliche Prinzessin vor sich hatte, konnte er nie herausfinden. Immer war da etwas, was nicht in Ordnung schien. So kehrte er wieder nach Hause zurück und war ganz traurig, denn er wollte doch gern eine wirkliche Prinzessin haben.

Eines Abends zog ein furchtbares Wetter auf. Es blitzte und donnerte, der Regen stürzte herab, und es war ganz entsetzlich. Da klopfte es am Schlosstor, und der alte König ging selber hin, um aufzumachen.

Es war eine Prinzessin, die von dem Unwetter überrascht worden war. Das Wasser lief ihr von den Haaren und Kleidern nur so herab, und am Absatz der Schuhe tropfte es unaufhörlich heraus. Sie sah wirklich mitgenommen aus, doch sie bestand darauf, eine wirkliche Prinzessin zu sein.

„Das werden wir ja in Erfahrung bringen“, dachte die alte Königin, sagte aber nichts. Sie ließ eine Schlafkammer herrichten, nahm heimlich alles Bettzeug ab und legte eine Erbse auf den Boden der Bettstelle.

Dann nahm sie zwanzig Matratzen, legte sie auf die Erbse und dann noch zwanzig Daunendecken oben darauf. Hier sollte die Prinzessin nun die ganze Nacht über liegen. Und so geschah es auch.

Am frühen Morgen wurde sie dann gefragt, ob sie gut geschlafen hätte. „Oh, entsetzlich schlecht!“, antwortete die Prinzessin. „Ich habe fast die ganze Nacht kein Auge zugetan! Gott weiß, was in meinem Bett gewesen ist. Ich habe auf etwas Hartem gelegen, sodass ich am ganzen Körper mit gelben und blauen Flecken übersät bin. Das muss ja schrecklich aussehen!“

Nun war die Königin aber fest überzeugt, dass sie eine wirkliche Prinzessin vor sich hatte. Denn es ist eine wahrhaft königliche Gabe, eine Erbse durch zwanzig Matratzen und zwanzig Daunendecken so schmerzhaft zu spüren.

1 a Welche Figuren im Text sind typisch für Märchen? Notiere sie untereinander und ergänze zu jeder Figur, welche Eigenschaften sie hat.
b Notiere mindestens zwei weitere Märchenmerkmale, die in diesem Märchen vorkommen.

2 Prüfe, welche Aussagen richtig oder falsch sind. Die Buchstaben vor den richtigen Antworten ergeben ein märchenhaftes Lösungswort.

H In Märchen ist der Ort der Handlung ungenau.
F Heute weiß man genau, wer welches Märchen erfunden hat.
E In Märchen siegt am Ende immer das Gute.
L Märchen spielen oft vor 200 Jahren.
X In Märchen spielen häufig Zahlen eine Rolle.
K Märchen handeln immer von Prinzen und Prinzessinnen.
E Oft muss die Hauptfigur eine Aufgabe lösen.

3 Vergleiche deine Ergebnisse mit einer Lernpartnerin oder einem Lernpartner.

7.2 Schreibwerkstatt – Märchen selbst erzählen

Einen Märchenanfang fortsetzen

Ein Märchen aus Frankreich

Die drei Wünsche

Es waren einmal ein Mann und eine Frau, die waren sehr arm und beklagten sich pausenlos über ihr Schicksal.
„Mein Gott, mein Gott!“, sagten sie. „Es gibt Leute, die sind so glücklich! Und wir laufen den ganzen Tag nach Holzkohlen umher.“
Das hörte ein Greis, der durch den Wald ging. „Ich sehe, ihr seid mit eurem Schicksal nicht zufrieden. Nun! Ich möchte etwas für euch tun. Wünscht euch drei Dinge; sie sollen in Erfüllung gehen.“
Am Abend saß der Köhler[1] mit seiner Frau am Feuer. Sie dachten nach: „Was sollen wir uns wünschen?“, fragten sie sich.
Plötzlich, beim Anblick der kleinen Holzscheite, die lustig knisterten, rief die gute Frau, ohne im Geringsten daran zu denken, dass sie einen Wunsch äußerte: „Ganz gleich, ein großes Stück Blutwurst auf dieser guten Kohlenglut, das wäre eine Wohltat!“
Augenblicklich fiel ein großes Stück Blutwurst aus dem Kamin mitten in die Kohlenglut hinein.
Der Mann wurde zornig. „Bist du verrückt, altes Weib? Ist das dein Wunsch? Ich möchte wahrhaftig, dass diese Blutwurst sich an deine Nase hängt!“
Sofort geschah, was er sagte. Die Blutwurst hängte sich an die Nasenspitze der alten Frau. Beide, der Köhler wie seine Frau in ihrer Feuerecke, waren höchst betrübt. „Jetzt haben wir nur noch einen Wunsch frei.“ […]

1 Köhler: jemand, der aus Holz Holzkohle herstellt

1 a Wie könnte das Märchen enden? Notiert Ideen dazu, was sich der Mann oder was sich die Frau als Drittes wünschen könnte.
b Stellt eure Ideen einem Partner vor und fragt ihn nach der besten Idee.

2 a Bestimmt, in welcher Zeitform das Märchen verfasst wurde.
b Setzt die folgenden Verben in die Zeitform, in der das Märchen geschrieben wurde, z. B.: *er wünschte.*

wünschen • nachdenken • rufen • schreien • kommen • helfen • erscheinen • verschwinden

3 a Schreibt das Ende des Märchens ins Heft. Ihr könnt dabei Verben aus Aufgabe 2 b verwenden und so beginnen: *Sie überlegten sehr lange. Plötzlich meinte die unglückliche Frau: „…“ …*
b Beendet euer Märchen mit dem folgenden Satz: *Und wenn sie nicht gestorben sind, …*

4 Lest eure Märchenenden in der Klasse vor und stimmt ab, wer das beste Ende gefunden hat.

Fordern und fördern – Ein modernes Märchen fortsetzen

Cornelia Funke

Die geraubten Prinzen

Es war einmal eine schreckliche Riesin namens Grauseldis, die sammelte schöne Prinzen. Sie raubte sie aus ihren Schlössern und grapschte sie von ihren Pferden. Sie stopfte sie in ihre riesige Handtasche und schleppte sie dann in ihr Schloss, hoch auf dem Gipfel eines Berges.

Manche Prinzen schafften sich bissige Hunde an. Einige ließen ihr Schloss von hundert Rittern bewachen, andere verkleideten sich als arme Bauern, aber Grauseldis schnappte sie alle.

In ihrem Schloss hatte die Riesin ein Puppenhaus mit vielen kleinen Zimmern. Dort steckte sie die Prinzen hinein. Die schönsten bekamen die größten Zimmer und die klügsten benutzte Grauseldis als Schachfiguren. Sie kochte ihnen köstliche Mahlzeiten und spielte ihnen auf der Laute vor, aber das Puppenhaus durften sie erst wieder verlassen, wenn sie der Riesin nicht mehr gefielen ...

Jahrelang ging das so.

Bis Grauseldis eines Tages den schönen Prinzen von Kleinpistazien raubte. Er bewunderte

sich gerade im Spiegel, als Grauseldis mit ihren Riesenfingern durchs Fenster griff und ihn in ihre Handtasche stopfte. Seine Mutter, Königin Adelheit, war verzweifelt. Eine Million Goldstücke bot sie dem, der ihren Sohn befreien würde.

Es meldeten sich viele Ritter, aber nicht einer kehrte vom Schloss der furchtbaren Riesin zurück. Grauseldis warf sie alle in einen dunklen, feuchten Kerker. [...]

1 Lest den Anfang des Märchens „Die geraubten Prinzen". Was ist ungewöhnlich an diesem Märchen? Besprecht, was euch auffällt.

2 ●●○ Der Text ist der Anfang eines modernen Märchens. Er enthält Märchenmerkmale, aber auch Dinge, die anders sind als in gewöhnlichen Märchen.

a Schreibt stichwortartig in euer Heft, welche Märchenmerkmale der Text hat.

b Notiert, welche Dinge an diesem Märchen modern sind.

▷ Hilfen zu den Aufgaben 2 a und b auf Seite 122

3 ●●● Wie könnte das Märchen weitergehen? Wie könnten die Prinzen befreit werden?

a Überlegt euch eine moderne Fortsetzung und notiert Handlungsschritte in euer Heft.

b Formuliert die Fortsetzung des Märchens. Achtet dabei auch auf die richtige Zeitform.

▷ Hilfen zu den Aufgaben 3 a und b auf Seite 122

Schreiben

Die alte Frau gab dem Jungen mit einem Spruch den Vogelkäfig und verschwand im Wald. Der Junge ging mit dem Vogel nach Hause und erzählte seiner Mutter, was geschehen war. Die Mutter war ärgerlich, weil sie jetzt noch jemanden mit Essen versorgen musste. Der Junge sagte ihr, dass der Vogel ein Zaubervogel sei und alle Wünsche erfüllen würde. Da war die Mutter beruhigt …

5 Die Fortsetzung oben ist zu wenig märchenhaft gestaltet. So kann man anschaulicher und lebendiger formulieren:

seltsam • geheimnisvoll • spurlos • verwundert • wunderbar • traurig • aufgeregt • entsetzt • betrübt

a Schreibt den Text ab und ergänzt dabei an passenden Stellen Ausdrücke aus dem Kasten.
b Überlegt euch einen Spruch, den die alte Frau zu dem Jungen sagen könnte, und notiert ihn.
c Formuliert das Gespräch zwischen dem Jungen und der Mutter, als der Junge mit dem Käfig nach Hause kommt. Leitet die wörtliche Rede mit folgenden Ausdrücken ein:

erzählte freudig • entgegnete ärgerlich • schluchzte traurig • fragte ungläubig • erklärte aufgeregt • erwiderte erleichtert • sagte überzeugt

6 Schreibt mit Hilfe eures Schreibplans die Fortsetzung des Märchens in euer Heft.

Überarbeiten

7 a Prüft in Partnerarbeit eure Märchenfortsetzungen. Verwendet dazu die Checkliste.
b Überarbeitet eure Texte mit Hilfe der Verbesserungsvorschläge eurer Partnerin oder eures Partners.

Checkliste

Ein Märchen fortsetzen
- Passen **Hauptteil und Schluss** zum Anfang des Märchens (Figuren, Ausgangssituation)?
- Treten in eurem Märchen **typische Märchenfiguren** (z. B. *Prinz, sprechende Tiere*) auf?
- Muss die Hauptfigur **Aufgaben** erfüllen oder **Prüfungen** bestehen?
- Passieren **wundersame, ungewöhnliche Dinge?**
- Spielen **magische Gegenstände** eine Rolle?
- Kommen die **Zahlen** 3, 7 oder 12 vor?
- Lasst ihr am **Ende** das Gute siegen? Wird das Böse bestraft?
- Verwendet ihr die **wörtliche Rede** und **anschauliche Adjektive und Verben?**
- Habt ihr als Zeitform das **Präteritum** gewählt?

Schreibwörter ▶ S. 228

die Prinzessin	das Schloss	verzaubern	erfüllen	fleißig
die Stiefmutter	die Höhle	verlieben	bestehen	hässlich

8 Ein tierisches Vergnügen – Gedichte vortragen und gestalten

James Krüss

Längenunterschied

„Falls ich etwas größer wäre,
pickte ich dich in den Hals“,
sprach der Igel zur Giraffe.
Die Giraffe sagte: „Falls.“

1 Lest das Gedicht „Längenunterschied“ und betrachtet das Bild dazu. Erklärt die Situation mit euren eigenen Worten.

2 a Was trägt der rechte Igel mit sich herum? Erklärt die Begriffe auf den Zetteln.
b Zeichnet einen „Gedichte-Igel“ in euer Heft. Ergänzt weitere Zettel mit Wörtern zum Thema Gedichte und lasst einige Zettel leer für Begriffe, die ihr in diesem Kapitel neu lernen werdet.

3 Welche Tiergedichte kennt ihr? Bringt sie mit und tragt sie euch gegenseitig vor.

In diesem Kapitel …

– tragt ihr Gedichte wirkungsvoll vor,
– entdeckt ihr Merkmale von Gedichten,
– lernt ihr, selbst Gedichte zu schreiben,
– gestaltet ihr ein Gedichtbuch.

8.1 Von Hund und Katz bis Fuchs und Igel – Gedichte lesen und untersuchen

Gedichte wirkungsvoll vortragen

Peter Hacks

Der blaue Hund

Geh ich in der Stadt umher,
Kommt ein blauer Hund daher,
Wedelt mit dem Schwanz so sehr,
Nebenher,
Hinterher
Und verläßt mich gar nicht mehr.
Wedelt mit den blauen Ohren,
Hat wohl seinen Herrn verloren. R

Werner Pichler

Die flotte Motte

Es gab einmal eine kleine Motte,
und zwar eine ganz besonders flotte,
die fraß nur stets das allerschönste Kleid:
Die andern Motten – fraß der Neid.

Christine Nöstlinger

Haustierärger

Es war einmal ein guter Vater,
dessen Haustier war ein Kater.
Der war garantiert nicht krank,
lag aber immer auf der Ofenbank.
Der Vater rief: „Raus – raus – raus!
Fang Mäuse im Garten vorm Haus!"
Der Kater sprach: „Ich bin im Tierschutzverein!
Ist mir unmöglich, ein elender Mörder zu sein!"

1 a Lest die drei Gedichte. Welches gefällt euch am besten? Begründet eure Wahl.
b Lernt euer Lieblingsgedicht auswendig.

2 Führt zu zweit ein Vortrags-Experiment durch:
a Tragt euch gegenseitig euer Lieblingsgedicht in unterschiedlichen Lautstärken vor: Flüstert das Gedicht und sprecht es dann in normaler Lautstärke.
b Probiert verschiedene Sprechgeschwindigkeiten aus: Sprecht euer Gedicht erst im Schneckentempo und dann im Mäusetempo.
c Experimentiert mit verschiedenen Sprechweisen: Nuschelt das Gedicht, sprecht deutlich wie ein Nachrichtensprecher oder abgehackt wie ein Roboter.
d Welcher Gedichtvortrag hat euch bei eurer Partnerin oder eurem Partner am besten gefallen? Gebt euch gegenseitig eine Rückmeldung.

3 Notiert zu zweit Tipps für einen guten Gedichtvortrag.

Denke bei einem Vortrag immer an dein Publikum!

Wilhelm Busch

Bewaffneter Friede

Ganz unverhofft, an einem Hügel,
Sind sich begegnet ? und Igel.
„Halt“, rief der Fuchs, „du ? !
Kennst du des Königs Ordre nicht?
Ist nicht der ? längst verkündigt,
Und weißt du nicht, dass jeder sündigt,
Der immer noch ? geht? –
Im Namen Seiner ? ,
Geh her und übergib dein Fell!“
Der Igel sprach: „Nur nicht so schnell!
Lass dir erst deine Zähne brechen,
Dann wollen wir uns ? .“
Und alsogleich macht er sich rund,
Schließt seinen dichten ?
Und ? getrost der ganzen Welt,
Bewaffnet, doch als Friedensheld.

1 Lest die Überschrift und betrachtet die Abbildungen zum Gedicht. Worum könnte es in dem Gedicht gehen? Äußert eure Vermutungen.

2 a Füllt die Lücken im Gedicht mit passenden Wörtern aus den Bildern und schreibt das Gedicht in Schönschrift in euer Heft.
b Warum habt ihr die Wörter an diesen Stellen eingesetzt? Begründet eure Wahl.

3 Was genau sagt der Fuchs in dem Gedicht? Und was antwortet der Igel?
a Unterstreicht in eurem Heft mit unterschiedlichen Farben, was Fuchs und Igel jeweils sagen.
b Formuliert den Dialog zwischen Fuchs und Igel mit euren eigenen Worten und schreibt ihn darunter.

4 Arbeitet zu dritt und lest das Gedicht mit verteilten Rollen. Probiert für die Rede von Fuchs und Igel verschiedene Ausdrucksformen aus: Sprecht wütend, bittend, ängstlich, ärgerlich, aufgeregt, listig oder freundlich.

Methode **Ein Gedicht wirkungsvoll vortragen**

- Sprecht **deutlich** und macht **Pausen.**
- Wählt für den Gedichtvortrag eine angemessene **Lautstärke** und ein passendes **Tempo.**
- Achtet auf die **Betonung** und die **Ausdrucksform** (z. B. wütend, bittend oder aufgeregt).

Merkmale von Gedichten entdecken

Heinz Brand

Waschbär und Kragenbär

Der Waschbär sagt zum Kragenbär:
„Gib mal deinen Kragen her!
Wie der bekleckert ist vom Naschen,
…

„Nein, meinen Kragen kriegst du nicht!

und außerdem geht er nicht ab."

ich glaub, den müssen wir mal waschen."

Der Kragenbär zum Waschbär spricht:

Vom Waschen wird er mir zu knapp

1 a Bei dem Gedicht „Waschbär und Kragenbär" sind die Verse durcheinandergeraten. Schreibt den Anfang des Gedichts ab und ergänzt die Verse in der richtigen Reihenfolge.
b Das Gedicht besteht aus zwei Strophen. Markiert im Heft, wo die zweite Strophe beginnt.

Mascha Kaléko

Die Spinne

Die Spinne, ihren Tanz vollführend,
Folgt einem inneren Gesetz,
Den Faden auf- und niederführend.
Und so entsteht das ? .

Ganz hingegeben ihrem ? ,
Schafft sie ein Ding, das Fliegen fängt;
Sie tanzt … nicht ahnend, wie das Ganze
So ursächlich ? .

Die Spinne – gleich dem Menschenkind –
Weiß selber gar nicht, daß sie „spinnt". R

2 a Tragt das Gedicht „Die Spinne" mit passenden Wörtern aus dem Spinnennetz vor.
b Wann reimen sich Wörter? Formuliert zu zweit einen Satz, der das erklärt.

Information **Strophen und Verse**

Einen Abschnitt im Gedicht nennt man **Strophe.** Eine Strophe besteht aus mehreren **Versen.** Die Wörter am Ende der Verse reimen sich oft. Sie bilden einen **Endreim.**

Robert Gernhardt

Die weißen Riesenhasen

Wenn die weißen Riesenhasen abends übern Rasen rasen und die goldnen Flügelkröten still in ihren Beeten beten, wenn die schwarzen Buddelraben tief in ihrem Graben graben und die feisten Felsenquallen kichernd in die Fallen fallen –; dann schreibt man, wie jedes Jahr, den hundertzwölften Januar.

Was? Ihr kennt ihn nicht, den Tag? Schaut mal im Kalender nach!

1 a Lest den Text „Die weißen Riesenhasen" laut vor. Besprecht, was euch daran auffällt.
b Bei dem Text handelt es sich um ein Gedicht mit nur einer Strophe. Diese Strophe umfasst zwölf Verse. Schreibt das Gedicht in der richtigen Form in euer Heft.

2 a Unterstreicht die Endreime in eurem Gedicht grün. Notiert hinter gleich klingenden Reimen denselben Buchstaben.
b In dem Gedicht gibt es neben den Endreimen noch weitere Reime zu entdecken. Unterstreicht diese Reime gelb.

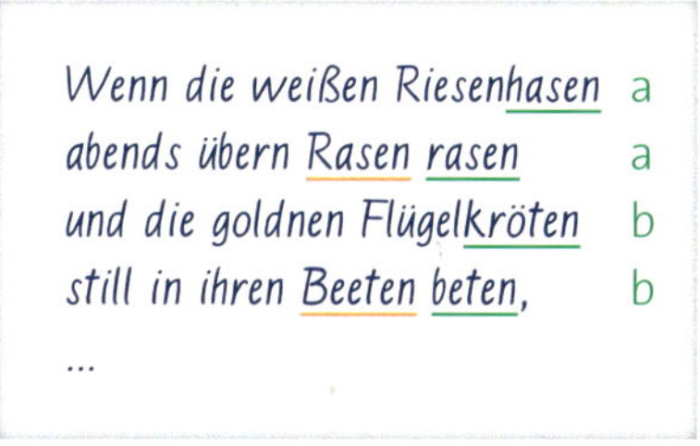

Wolfgang Buschmann

Elefantenfloh

Der Elefantenfloh mailte an den Hundefloh:
Hiermit gebe ich dir bekannt,
ab heut sind wir nicht mehr verwandt!
Denn ich bin SO, und du bist so.

3 a Schreibt das Gedicht „Elefantenfloh" in euer Heft und unterstreicht die Endreime.
b Notiert hinter gleich klingenden Reimen denselben Buchstaben.

4 Welches Gedicht ist in welcher Reimform verfasst? Benennt die Reimformen in den Gedichten „Die weißen Riesenhasen" und „Elefantenfloh". Lest dazu den folgenden Merkkasten.

Information **Reimformen**

Folgende Reimformen kannst du bei den **Endreimen** unterscheiden:

Paarreim: aabb
Kreuzreim: abab
umarmender Reim: abba

Wörter, die sich innerhalb eines Verses reimen, bilden einen **Binnenreim,** z. B.: *Wenn Raben graben*

James Krüss

Der Uhu und die Unken

Sieben dumme Unken munkeln:
Unke punke u ru ru,
In dem Brunnen, in dem dunkeln,
Sitzt ein schwarzer Marabu!

Uhu Schuhu hört sie munkeln,
Unke punke u ru ru,
Und lugt runter in den dunkeln
Brunnen mit den Augen gluh.

Doch nach einer Viertelstunde,
Unke punke u ru ru,
Brummt er: Auf dem Brunnengrunde
Ist kein schwarzer Marabu.

Nur die runden Brunnensteine,
Unke punke u ru ru,
Malen in dem fahlen Scheine
Schatten wie ein Marabu!

Klatsch und Tratsch und Unkenmunkeln,
Unke punke u ru ru,
Wuchern immer nur im Dunkeln.
Besser ist, man hört nicht zu!

1 Was munkeln die Unken im Gedicht?

a Lest das Gedicht und besprecht den Inhalt.

b Überlegt gemeinsam, welche Munkelnde-Unken-Situationen ihr aus eurem Schulalltag kennt.

2 Übt zu zweit den Vortrag des Gedichts:

a Sprecht alle Wörter mit dem Vokal *u* so, dass sie dunkel und geheimnisvoll klingen.

b Tragt euch gegenseitig das Gedicht vor. Lest dabei den Vers „Unke punke u ru ru" mit verschiedenen Vokalen (*a, e, i* oder *o*), z. B.: *„Inke pinke i ri ri"*.

c Beschreibt eurer Partnerin oder eurem Partner, wie sich die Wirkung durch den anderen Vokal verändert hat.

Information **Klang von Wörtern in Gedichten**

Dichter verwenden oftmals Wörter mit einem bestimmten **Klang.** Dadurch erzeugen sie eine besondere **Stimmung.**

- Wörter mit hellen Vokalen *(a, e, i)* wirken anders als Wörter mit dunklen Vokalen *(o, u).*
- Manchmal werden Klänge aus der Natur nachgeahmt. Dann spricht man von **Lautmalerei.**

Teste dich!

Heinrich Seidel

Das Huhn und der Karpfen

Auf einer Meierei
Da war einmal ein braves Huhn,
Das legte, wie die Hühner tun,
An jedem Tag ein Ei

Und kakelte,
Mirakelte,
Spektakelte,
Als ob's ein Wunder sei!

Es war ein Teich dabei,
Darin ein braver Karpfen saß
Und still vergnügt sein Futter fraß,
Der hörte das Geschrei:

Wie's kakelte,
Mirakelte,
Spektakelte,
Als ob's ein Wunder sei.

Da sprach der Karpfen: „Ei!
Alljährlich leg' ich 'ne Million
Und rühm' mich dess' mit keinem Ton;
Wenn ich um jedes Ei

So kakelte,
Mirakelte,
Spektakelte –
Was gäb's für ein Geschrei!"

1 Prüfe, welche der folgenden Aussagen zutreffen. Notiere die Buchstaben der richtigen Aussagen in dein Heft.
Tipp: Rückwärts gelesen ergeben die Buchstaben eine Belohnung für das Huhn.

Das Gedicht „Das Huhn und der Karpfen" von Heinrich Seidel ...

M handelt von einem Huhn, das sein gelegtes Ei jeden Tag lautstark ankündigt.
L handelt von einem Karpfen, der das lautstarke Auftreten des Huhnes heimlich bewundert.
A besteht aus drei Strophen mit jeweils acht Versen.
R umfasst sechs Strophen mit jeweils vier Versen.
O ist im Kreuzreim verfasst.
U enthält Strophen mit einem umarmenden Reim.
I ist durchgängig im Paarreim geschrieben.
P hat keinen Endreim.
E enthält in jeder Strophe einen Vers mit Binnenreim.
W ist durch die Verse „Wie's kakelte, / Mirakelte, / Spektakelte" lautmalerisch gestaltet.
S enthält keine Lautmalerei.

8.2 Schreibwerkstatt – Selbst dichten

Station 1: Tiergedichte schreiben

1 Wie schreibt man ein Pinguin-Gedicht? Geht so vor:

a Legt einen Ideenstern zum Thema Pinguine an. Übertragt dazu den folgenden Ideenstern in euer Heft.

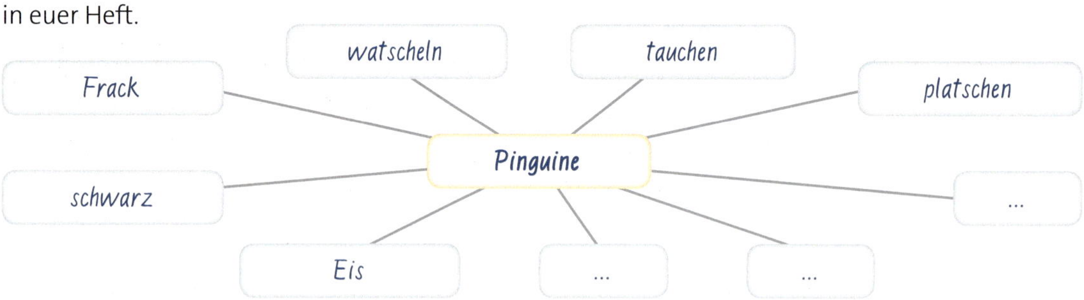

b Welche Wörter fallen euch noch ein, wenn ihr an Pinguine denkt? Ergänzt weitere Begriffe.

2 Notiert möglichst unter jedes Wort in eurem Ideenstern passende Reimwörter, z. B.:
Frack – Pack, tauchen – fauchen

3 a Verfasst mit Hilfe der Reimwörter einzelne Verspaare, z. B.:
Ein Pinguin geht gern im Frack.
So trennt er sich vom üblen Pack.

b Legt eine Reihenfolge für die Verspaare fest und verfasst ein vollständiges Gedicht.

4 Schreibt ein Gedicht zu einem Tier eurer Wahl. Geht so vor:

a Legt einen Ideenstern zu dem gewählten Tier an.

b Sammelt zu den Begriffen im Ideenstern möglichst viele Reimwörter.

c Verfasst mit Hilfe der Reimwörter das Gedicht und ergänzt eine Überschrift.

5 Schreibt euer Gedicht in Schönschrift auf ein Blatt Papier und zeichnet dazu ein Bild.

Station 2: Wortbilder und Akrostichons gestalten

Ein Wortbild entwerfen

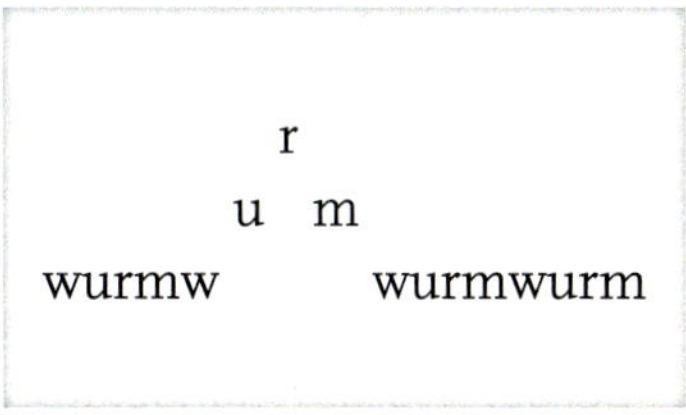

1 Betrachtet die drei Wortbilder oben und erklärt euch gegenseitig, was hier gemacht wurde.

Wolfgang Buschmann

Manchmal, wenn ich will

Manchmal, wenn ich will,
bin ich ein Krokodil.
Dann fauch ich ungeheuer.
Ich spucke sogar Feuer.
Doch manchmal, wenn ich will,
bin ich völlig still.
Und Mutter spricht: Der Klaus
war heute eine Maus.

2 a Lest zu zweit das Gedicht „Manchmal, wenn ich will".
b In welchen Situationen verhaltet ihr euch wie ein Krokodil, in welchen wie eine Maus? Tauscht euch mit eurer Partnerin oder eurem Partner darüber aus.

3 a Wählt Wörter aus dem Gedicht aus, zu denen man ein Wortbild gestalten kann.
b Zeichnet zu einem Begriff ein Wortbild.

Ein Akrostichon schreiben

MICKRIG
ACHTSAM
UMTRIEBIG
SAUSESCHNELL

4 *Akrostichon* ist ein schwieriges Wort, aber es funktioniert ganz einfach. Betrachtet das Beispiel oben und findet heraus, wie man ein Akrostichon schreibt.

5 Verfasst ein Akrostichon zu eurem Lieblingstier.

3 Notiert, welche zwei Tiere in dem Gedicht „Es war einmal ein Rabe“ vorkommen. Ergänzt zu jedem Tier, welche Eigenschaften es in diesem Gedicht hat.

4 Gestaltet das Gedicht „Es war einmal ein Rabe“ am Computer.

a Tippt das Gedicht ab und markiert die wichtigen Wörter.

b Wie könntet ihr die markierten Wörter gestalten? Überlegt euch die Bedeutung der Wörter genau und bearbeitet sie.
Tipp: Verwendet verschiedene Schaltflächen (▶ siehe Schaltflächen Seite 139).

Bertolt Brecht

Es war einmal ein Rabe

Es war einmal ein Rabe
Ein schlauer alter Knabe
Dem sagte ein Kanari, der
In seinem Käfig sang: Schau her
Von Kunst
Hast du keinen Dunst.
Der Rabe sagte ärgerlich:
Wenn du nicht singen könntest
Wärst du so frei wie ich.

5 Gestaltet ein Gedichtbuch.

a Beratet, wie und für welchen Zweck ihr das Gedichtbuch anlegen wollt. Beantwortet dazu die folgenden vier Fragen:

1 Welche Gedichte kommen in das Buch?
2 Wie werden die Gedichte gestaltet (per Hand/am Computer)?
3 Wann soll das Gedichtbuch fertig sein?
4 Wer kommt für die Kosten auf?

b Überlegt genau, wie ihr bei der Herstellung des Buches vorgehen wollt. Übertragt dazu den folgenden Projektplan auf ein Blatt im Querformat und ergänzt die Angaben.

Projekt: Gedichtbuch für …

Projektschritte	*Wer?*	*Bis wann?*	*Kosten?*
Gedichte gestalten	*jeder 1 Gedicht*	*bis …*	–
Cover für das Buch entwerfen	…	…	–
Gedichte kopieren oder ausdrucken	…	…	…
Bücher heften oder binden	…	…	…
Bücher verteilen oder verkaufen	…	…	–

Schreibwörter ▶ S. 228

der Vers	der Paarreim	dichten	auswendig	die Giraffe
die Strophe	der Kreuzreim	gestalten	lebendig	das Krokodil
der Vortrag	der umarmende Reim	betonen	deutlich	der Floh

9 Vorhang auf! – Theaterszenen spielen

1 Betrachtet die Szene auf dem Foto. Was könnten die Figuren denken oder sagen? Tauscht euch aus.

2 Habt ihr schon einmal eine Theateraufführung besucht oder selbst Theater gespielt? Berichtet von euren Erfahrungen.

3 Sammelt Begriffe zum Thema Theater und erklärt sie euch gegenseitig.

In diesem Kapitel …

- lest und untersucht ihr Bühnentexte,
- übt ihr, wie man auf der Bühne spricht und sich bewegt,
- spielt ihr lustige Alltagsszenen.

9.1 Kennt ihr das? – Alltagsszenen spielen und schreiben

Omas Telefon

Im Wohnzimmer der Oma: Der Vater hockt mit einem Schraubenzieher in der Hand im Schneidersitz vor einer Wand und schraubt an einer Steckdose herum, Jeremy steht neben ihm, die Mutter sitzt auf dem Sofa, Sarah rekelt sich auf einem Sessel.

VATER: Jeremy, gib mir mal bitte die Zange!
JEREMY *(gibt ihm die Zange):* Hier! Was reparierst du denn da?
VATER: Ich repariere nicht, ich installiere eine Überraschung für die Oma. Sie bekommt eine neue Telefondose und ein Zusatzgerät. Dann hat sie endlich eine Internetflatrate.
SARAH: Was soll Oma denn damit?
MUTTER: Sie weiß doch gar nicht, was das Internet ist.
JEREMY: Na, du aber auch nicht, Mama!
VATER *(streng):* Jeremy!
SARAH: Ist doch wahr. Dafür solltet ihr mir besser ein neues Handy kaufen. Meines ist schon mega-out.
JEREMY: Oder ihr kauft mir eins. Schließlich bin ich jetzt in der 5. Klasse. Die anderen aus meiner Klasse haben fast alle ein Handy, *(verschränkt beleidigt die Arme vor der Brust)* nur ich nicht.
MUTTER: Du bist ja auch nicht einer von vielen, mein Kind.
SARAH: Und was soll Oma jetzt mit einer Internetflatrate?
VATER: Na ja, ich dachte, für später, falls sie sich doch mal dafür interessiert. Außerdem kann ich dann, wenn ich mal bei ihr bin, die neuesten Fußballergebnisse abfragen.
MUTTER: Dachte ich es mir doch, Berthold. Du denkst nur an dich. Oma kann mit einer Telefonanlage doch gar nicht umgehen. Sie ist so altmodisch, dass sie noch nicht einmal mit ihrer EC-Karte einkaufen möchte.
SARAH: Wenn ich in die Disco gehe, dann sagt sie, ich sehe aus wie ein Paradiesvogel, und fragt, ob ich etwa wieder zu dieser komischen Computermusik herumhopsen will.
JEREMY: Und wenn ich meine Spielkonsole einschalte, dann schimpft sie, ich solle lieber mit echten Freunden spielen.
VATER: Heißt das, ich soll dieses Gerät wieder abbauen?
MUTTER, SARAH, JEREMY: Das wäre wohl besser!
OMA *(öffnet die Tür, betritt das Wohnzimmer, hat ein Handy in der Hand und telefoniert):* Ja, Gudrun, ist in Ordnung. Wir telefonieren später. Seit ich diesen Vertrag mit der Flatrate habe, muss ich ja nicht mehr auf die Uhr sehen. Das Modell „Singsong X3" ist einfach umwerfend, großes bedienerfreundliches Display, tolles Design und superschnelles Internet. Jetzt ist es auch egal, dass mein Schwiegersohn es immer noch nicht geschafft hat, mir einen vernünftigen Telefonanschluss zu besorgen. Ja ... ja, meine Familie ist ziemlich altmodisch. Mein Enkel besitzt noch nicht einmal ein Handy! *(erblickt die Familie)* Oh, Gudrun, meine Familie ist zu Besuch, bis später! Tschüss! *(steckt das Handy ein und guckt die Familie an):* Wie schön, euch zu sehen, Kinder! Aber warum guckt ihr denn so komisch?

1 a Setzt euch zu fünft zusammen und lest die Szene mit verteilten Rollen.
b Besprecht gemeinsam den Inhalt der Szene. Beantwortet dabei folgende Fragen:
– Worum geht es in der Szene?
– Warum guckt die Familie am Ende der Szene so komisch?

2 Bereitet euch darauf vor, die Szene zu spielen. Geht dabei so vor:
a Notiert, welche Rollen ihr besetzen müsst. Verteilt anschließend die Rollen.
b Bereitet euch auf eure Rolle vor. Übertragt dazu den folgenden Ideenstern in euer Heft und ergänzt alle wichtigen Informationen zu der Figur, die ihr spielt:

Figur: ...
- *Alter: ...*
- *Ort: Wo befindet sie sich?*
- *Verhalten: Was macht sie in der Szene?*
- *Eigenschaften: ...*
- *Meinung: Welche Meinung vertritt sie?*
- *Sprechweise: Wie spricht die Figur?*
- *Kostüm: Welche Kleidung trägt die Figur?*
- *Requisiten: Welche Gegenstände nutzt die Figur?*

3 a Übt, die Szene zu spielen. Beachtet dabei eure Notizen im Ideenstern von Aufgabe 2 b.
b Spielt die Szene den anderen Gruppen vor.

4 Schreibt eine Fortsetzung für die Szene:
a Lest noch einmal den Text auf Seite 142 und besprecht, welche besonderen Eigenschaften dieser Bühnentext hat, z. B.:

> Die handelnden Figuren stehen in Großbuchstaben am Anfang der Zeile.

> Nach dem Namen der Figur folgt ein ...

> ...

b Überlegt gemeinsam, wie die Szene weitergehen könnte, und schreibt eine Fortsetzung. Beachtet beim Schreiben die Eigenschaften von Bühnentexten.
c Spielt eure Fortsetzung in der Klasse vor.

5 Erfindet eigene Szenen, in denen es um ein Handy geht. Ihr könnt dafür eine der folgenden Ideen nutzen:

Das verlorene Handy | Das vertauschte Handy | Mein Traum-Handy | Ein Leben ohne Handy

Information **Die Rolle in Bühnentexten**

- In einem Theaterstück werden verschiedene **Rollen** gespielt. Die Schauspielerin oder der Schauspieler schlüpft in die Rolle einer **Figur** und stellt diese mit ihren **Eigenschaften** dar. Dabei trägt sie oder er ein zur Rolle passendes **Kostüm** und nutzt bestimmte **Requisiten,** z. B. ein Handy.
- In **Bühnentexten** steht die Rolle oft in Großbuchstaben mit Doppelpunkt vor dem gesprochenen Text.

Das Stundenende

Eine Schulklasse, die Schüler sitzen auf ihren Plätzen, der Lehrer steht an der Tafel.

LEHRER: Ich möchte jetzt noch mit euch die Hausaufgaben vergleichen. *(Gina meldet sich.)*
LEHRER *(freundlich)*: Gina! Lies bitte vor!
GINA: Ich habe mein Heft vergessen, aber die Hausaufgaben habe ich gemacht, Ehrenwort!
TIM *(vorlaut)*: Das kann ja jeder sagen!
LEHRER *(streng)*: Tim, ihr sollt nicht in die Klasse rufen! Gina, bitte bring dein Heft in der nächsten Stunde mit. Noch einmal: Wer möchte vorlesen? *(Sven meldet sich.)*
LEHRER *(freundlich)*: Sven?
SVEN: Ich habe auch keine Hausaufgaben. Mein Opa hat sich das Bein gebrochen.
LEHRER *(mitleidig)*: Wirklich? Dann musstet ihr ihn sicher ins Krankenhaus bringen?
SVEN: Nein, mein Opa wohnt doch in Gelsenkirchen.
TRISTAN: Sehen Sie, es war nur eine Ausrede!
LEHRER *(böse)*: Tristan, nicht so vorlaut. Sven, bitte hole die Hausaufgabe nach und denke dir nicht falsche Entschuldigungen aus. Wer liest jetzt vor? *(Anna meldet sich.)*
LEHRER *(leicht ungeduldig)*: Anna!
ANNA: Herr Brömmelmeier, Lars hat mir in der Pause ein Bein gestellt.
LARS: Ja, aber nur, weil ihr meine Schultasche weggenommen habt.
TINA: Das mussten wir, damit du dieser Zicke Julia nicht den Liebesbrief gibst, den du ihr in der Physikstunde geschrieben hast.
SVENJA: Die verdient dich nämlich gar nicht, die ist doch viel zu eingebildet.
LARS: Das war kein Liebesbrief!
LEHRER: Jetzt ist es aber genug. Seid sofort still, besprecht das in der Pause, noch einmal, ich möchte, dass ihr jetzt eure Hausaufgabe ... *(Ein Handy klingelt.) (böse)* Wessen Handy ist das?
SINA *(holt ein Handy aus der Hosentasche, sieht darauf und beginnt zu schluchzen)*: Oh nein, mein Hamster ist gestorben!
LEHRER: Sina, ihr wisst doch genau, dass es verboten ist, Handys in der Schule zu benutzen.
SINA *(heult immer noch)*: Auch nicht, wenn jemand im Sterben liegt?
LEHRER: Sina! Bitte! Schalte dein Handy aus und packe es weg. *(wischt sich den Schweiß von der Stirn)* Wer liest jetzt seine Hausaufgabe vor? *(Lea meldet sich.)*
LEHRER *(freundlich)*: Lea? Lies bitte!
LEA: Ich wollte nur sagen, das lohnt sich vielleicht nicht mehr ...
ALLE *(zeigen auf ihre Uhr)*: Die Stunde ist vorbei! *(GONG)*
LEHRER: *(...)*

1 Lest die Szene mit verteilten Rollen und besprecht, was in dieser Unterrichtsstunde passiert.

2 Beim Spielen von Szenen ist nicht nur wichtig, *was* gesagt wird, sondern auch, *wie* es gesagt wird.
a Lest die Szene noch einmal und nennt Textstellen, die dazu Anweisungen enthalten.
b Überlegt euch weitere Regieanweisungen, z. B. zu den Aussagen von Sven oder Lars, und ergänzt eine Regieanweisung für die Lehrer-Rolle am Ende der Szene.
c Spielt die Szene in der Klasse und beachtet dabei die Regieanweisungen.

Information | **Regieanweisungen in Bühnentexten**

Regieanweisungen geben den Schauspielerinnen und Schauspielern Hinweise darauf, wie sie sprechen und wie sie sich auf der Bühne bewegen und verhalten sollen.
Die Anweisungen stehen in den **Bühnentexten** meistens in Klammern.

Die Bio-Arbeit

Ein Jugendzimmer, Bett, Schreibtisch, Poster an den Wänden.

BRUDER *(betritt das Zimmer, wirft seinen Ranzen wütend in die Ecke und lässt sich auf das Bett fallen, zu sich selbst):* Eine Fünf! Schon wieder! Dabei habe ich diesmal wirklich für die Bio-Arbeit gelernt. Die Eltern werden wieder Theater machen. Papa denkt bestimmt, ich war zu faul. Und Mama wird traurig sein. Was mache ich bloß? Ich traue mich gar nicht, es ihnen zu beichten. Oh, ich kann mir genau vorstellen, wie es sein wird: Papa wird wütend, und Mama guckt mich traurig an, mit diesem enttäuschten Blick, und ich werde mich ganz elend fühlen. Ich weiß einfach nicht, warum ich die Arbeit schon wieder verhauen habe. Vielleicht, weil ich so aufgeregt war ... Oh nein! *(Er schlägt die Hände vors Gesicht und beginnt zu schluchzen.)*
SCHWESTER *(betritt das Zimmer):* Hey, Brüderchen, was ist denn mit dir los? *(setzt sich zu ihm)* Du weinst ja!
BRUDER *(schluchzt):* Ja, ich ... ich ...
SCHWESTER: Hey, was ist dir für eine Laus über die Leber gelaufen?
BRUDER *(betrübt):* Keine Laus. Eher ein Tausendfüßer. Die Bio-Arbeit!
SCHWESTER: Oh weh! Hast du die Arbeit schon wieder verhauen?
BRUDER: Ja! Aber ... Ich habe doch am Abend vorher gelernt! *(lässt den Kopf hängen)*
SCHWESTER: Papa und Mama haben doch gesehen, dass du gelernt hast. Weißt du was, am besten gehst du jetzt gleich zu ihnen und erzählst es. Dann wird es dir besser gehen.
BRUDER *(zögernd):* Meinst du? *(steht langsam auf)* Gut, ich versuche es. *(geht aus dem Zimmer)*
SCHWESTER *(zu sich selbst):* Mein Bruder tut mir echt leid. Hoffentlich gibt es jetzt nicht wieder so ein Drama und dann nur Butterbrote zum Abendbrot. Moment mal, ich hatte doch neulich so ein altes Zeugnis von 1985 in Papas Schrank gesehen ... Ob das meinem Bruder helfen kann?

1 Lest die Szene mit verteilten Rollen und besprecht, um welches Problem es hier geht.

2 An welchen Stellen sprechen die Figuren in einem Monolog zu sich selbst? Und an welchen Stellen reden sie in einem Dialog miteinander? Nennt jeweils Textstellen (mit Zeilenangabe).

3
a Bildet Gruppen und überlegt gemeinsam, wie das Gespräch zwischen den Eltern, dem Sohn und der Tochter verlaufen könnte. Nennt mögliche Reaktionen der Eltern, z. B.:
Sie sind aufgebracht/enttäuscht/verständnisvoll/wütend/...
b Entscheidet euch für eine Möglichkeit und schreibt einen Dialog zwischen Eltern und Kindern.
c Ergänzt zum Schluss einen Monolog des Vaters, der Mutter, des Sohnes oder der Tochter. Darin soll deutlich werden, was er oder sie nach dem Gespräch denkt.

Information **Dialog und Monolog in Bühnentexten**

- Wenn zwei oder mehr Figuren auf einer Theaterbühne miteinander sprechen, nennt man das einen **Dialog**.
- Wenn eine Figur mit sich selbst spricht oder längere Zeit allein redet, bezeichnet man das als **Monolog**.

Teste dich!

Ein neues Stück für die Schulbühne

LEHRERIN: Heute wird sich in unserer Deutschstunde alles um das Thema Theaterspielen drehen. Wo führt man Theaterstücke denn auf?
SVENJA: Auf der ? .
LEHRERIN: Richtig, Svenja. Dort übernimmt jeder Schauspieler eine bestimmte ? und spielt diese mit den notwendigen ? . Wer von euch weiß, wie man es nennt, wenn zwei Figuren auf der Bühne miteinander sprechen?
TOBIAS: Sie führen einen ? .
LEHRERIN: Perfekt! Und wenn einer allein spricht?
FABIAN: Das ist ein ? .
LEHRERIN: Woher wissen die Schauspieler auf der Bühne, wie sie sprechen und wie sie sich bewegen sollen?
MERLE: Das steht doch in den ? .
LEHRERIN: Großartig! Dann seid ihr ja bestens vorbereitet, und ich sage: ? auf für die Probe unseres Theaterstücks!

1 Lies den Anfang der Szene, schreibe ihn ab und setze dabei die folgenden Begriffe richtig ein:

der Vorhang • die Regieanweisungen • die Theaterbühne • die Rolle • der Monolog • der Dialog • die Requisiten

LEHRERIN: Ich möchte mit euch das Stück „Aschenbrödel" aufführen.
SVENJA ? : Sie meinen das Märchen mit der bösen Stiefmutter und den Stiefschwestern?
MERLE ? : Diese Liebesgeschichte, bei der aus dem schmutzigen Aschenbrödel eine hübsche Braut wird?
FABIAN ? : Mit dem Mädchen, das mit den Tauben befreundet ist?
SVENJA ? : Kommt nicht auch ein Schuh darin vor?
TOBIAS ? : Ach ja, das Märchen mit der Schuhanprobe!
FABIAN ? : Und nur Aschenbrödel passt der Schuh natürlich.
TOBIAS ? : Ein Märchen mit Happy End!
ALLE ? : ...

2 Schreibe die Fortsetzung der Szene ab und setze passende Regieanweisungen aus dem Kasten ein. Entscheide dich für Aufgabe a oder b:

a Wähle Regieanweisungen, die deutlich machen, dass die Schülerinnen und Schüler begeistert sind und das Märchen unbedingt spielen möchten.

b Wähle Regieanweisungen, die zeigen, dass die Schüler das Märchen albern finden.

genervt • mit leuchtenden Augen • ungeduldig • gleichgültig • begeistert • unwillig • aufgeregt • erwartungsvoll • enttäuscht • gespannt • fröhlich • verdreht die Augen • spöttisch

3 Was sagen die Schüler am Ende? Ergänze eine Aussage mit passender Regieanweisung.

4 a Bildet Fünfergruppen mit Mitschülern, die die gleiche Teilaufgabe (2 a oder 2 b) ausgewählt haben. Vergleicht eure Lösungen der Aufgaben 1 bis 3.

b Entscheidet euch für eine Fortsetzung und spielt diese Szene in der Klasse vor.

9.2 Proben wie die Profis – Auf der Bühne sprechen und spielen

Die Stimme einsetzen

Hans-Peter Tiemann

Finale

1. **Spieler:** Kevin dribbelt, Otto bolzt.
2. **Spieler:** Moritz schnibbelt, Berni holzt.
3. **Spieler:** Henry schiebt, Max versiebt:
Alle: 0 : 0
4. **Spieler:** Timo linkt, Gegner kneift.
5. **Spieler:** Patrick hinkt, Schiri pfeift.
(Pfiff ertönt)
6. **Spieler:** Freddy handelt, Tom verwandelt:
Alle: 1 : 0

1. **Spieler:** Pit serviert, Tom nimmt an.
2. **Spieler:** Max verliert an Hintermann.
3. **Spieler:** Der zieht ab, passt ganz knapp.
Alle: 1 : 1
4. **Spieler:** Gegner fällt auf Paul.
5. **Spieler:** Keeper hält, grobes Foul!
6. **Spieler:** Freddy tritt, Tom geht mit:
Alle: 2 : 1

1 a Was wird hier gespielt? Lest die Szene und erklärt, worum es geht.
b Sprecht den Text mit verteilten Rollen. Schaut dabei eure Zuhörerinnen und Zuhörer an und wählt die passende Betonung.

2 Mit der Stimme kann man die Einstellung und die Gefühle einer Figur deutlich machen.
a Lest, welche Figuren das Fußballspiel gesehen haben:

A der enttäuschte Tom, ein Fan von Gelb-Rot Ballhausen
B die schadenfrohe Rita, ein Fan der gegnerischen Mannschaft
C die traurige Verena, die dem Verein den Gewinn wirklich gegönnt hätte
D der wütende Hubert, der meint, der Schiedsrichter hätte ungerecht gepfiffen
E der fröhliche Sebastian, der sich freut, dass seine Mannschaft gewonnen hat
F die müde Elke, die das Spiel langweilig fand und einfach nur nach Hause wollte
G der Nachrichtensprecher im Radio

b Die Figuren berichten (A bis G) auf unterschiedliche Weise, wie das Spiel ausgegangen ist. Schlüpft nacheinander in die Rollen der Figuren und sprecht den Satz in der Sprechblase so, wie die jeweilige Figur ihn sagen würde.
c Lasst eure Mitschülerinnen und Mitschüler raten, welche Figur ihr darstellt.

3 Denkt euch weitere Figuren aus, die beim Fußballspiel dabei waren, und stellt sie dar.

Mit Mimik und Gestik überzeugen

1 Ein Schauspieler spricht auf der Bühne nicht nur den Text. Er setzt seinen ganzen Körper ein, um Gefühle und Stimmungen auszudrücken.

a Betrachtet die Fotos. Was könnten die Figuren denken, fühlen oder sagen? Tauscht euch aus.

b Mit welchen Wörtern lassen sich der Gesichtsausdruck und die Körperhaltung jeweils beschreiben? Notiert sie ins Heft.

2 Mit Hilfe der folgenden Pantomime-Übungen könnt ihr den Einsatz von Mimik (Gesichtsausdruck) und Gestik (Bewegungen) proben:

a Bildet Gruppen, wählt gemeinsam drei Vorschläge aus und übt sie ein.

b Spielt eure drei Übungen in der Klasse vor.

Paargehen: Einer geht hinter dem anderen und ahmt die Bewegungen des Vorgängers nach.

Medizinball werfen: Ein Medizinball (den es natürlich nicht gibt) wird weitergereicht, dann geworfen.

Marionettentheater: Einer spielt die Marionette, der andere ist der Marionettenspieler mit den Fäden in der Hand.

Spiegelpantomime: Zwei stehen sich gegenüber. Einer spielt das Spiegelbild des anderen.

Tauziehen: Zwei Parteien stehen sich gegenüber und spielen Tauziehen (ohne Seil).

Gefühle stumm ausdrücken: Setzt euch in einen Stuhlkreis und stellt reihum mit Mimik und Gestik dar, wie ihr euch gerade fühlt. Können die anderen es erraten?

Methode | **Stimme, Mimik und Gestik einsetzen**

Beim Theaterspielen kommt es nicht nur darauf an, *was* gesagt wird. Es ist wichtig, *wie* etwas gesprochen und gespielt wird. Dabei setzt man **die Stimme, Mimik und Gestik** ein.

- **Mimik** nennt man den Gesichtsausdruck eines Menschen. An der Mimik kann man erkennen, wie sich jemand gerade fühlt und was er denkt.
- Als **Gestik** bezeichnet man die Körperhaltung und Bewegungen (z. B. Kopfschütteln, Schulterzucken, Handbewegungen). Auch daran kann man Gefühle und Stimmungen einer Figur ablesen.

Fordern und fördern – Eine Szene für die Bühne proben

Hans-Peter Tiemann

Herr Bromme

Ein Schulflur. Frau Becker kommt mit ihren beiden Kindern Tom und Marie auf die Bühne. Sie hat eine Tasche dabei und blickt suchend umher.

FRAU BECKER: Kinder, kommt bitte! Hier muss es irgendwo sein.
TOM *(unwillig)*: Ja, Mama.
MARIE *(unwillig)*: Lass uns umkehren, schnell!
TOM: Ich will sofort nach Hause, bitte, Mama!
FRAU BECKER *(energisch)*: Unsinn, Tom! Heute ist Elternsprechtag und ich möchte endlich euren neuen Mathematiklehrer kennen lernen.
TOM: Tu es bitte, bitte nicht, Mama!
MARIE: Herr Bromme ist schrecklich!
FRAU BECKER: Unsinn!
TOM: Herr Bromme ist gefährlich, grob und unberechenbar.
FRAU BECKER: Das Einzige, was hier unberechenbar ist, sind eure miserablen Leistungen. Deswegen bin ich hier.
MARIE: Wir sollten besser von hier verschwinden, Mama!
FRAU BECKER: Wer so redet wie ihr, der hat ein rabenschwarzes Gewissen.
TOM: Nein, Mama!
FRAU BECKER: Na bitte: Herr Bromme, Zimmer 130 ... *(Sie bleibt vor einer Tür mit dem Schild „Bromme" stehen und nimmt auf einem Stuhl Platz.)*
TOM *(ängstlich)*: Komm bitte schnell weiter, Mama, bevor er uns sieht! [...]

Setzt euch zu dritt zusammen und wählt aus den Aufgaben 1, 2 oder 3 eine Aufgabe aus:

1 ●○○
a Lest die Szene mit verteilten Rollen und besprecht den Inhalt.
b An welchen Stellen könnt ihr Regieanweisungen ergänzen? Schreibt die Szene ab und fügt passende Anweisungen ein. Nutzt dabei folgende Wörter und Wendungen:

> ungeduldig • ängstlich • wütend • genervt • flehend • bettelnd • mahnend • dreht wieder um • fasst die Mutter am Ärmel • geht weiter • wirft sich auf den Boden

2 ●●○
a Lest die Szene mit verteilten Rollen und besprecht den Inhalt.
b Schreibt die Szene ab und fügt an geeigneten Stellen passende Regieanweisungen ein.
c Übt, die Szene zu spielen. Setzt dabei die Regieanweisungen um: Achtet auf eure Stimme und verwendet eine passende Mimik und Gestik.

3 ●●●
a Lest die Szene mit verteilten Rollen und besprecht den Inhalt.
b Schreibt die Szene ab und fügt an geeigneten Stellen passende Regieanweisungen ein.
c Überlegt gemeinsam, wie die Szene weitergehen könnte, und schreibt eine Fortsetzung.
d Übt, die komplette Szene zu spielen. Setzt dabei die Regieanweisungen um: Achtet auf eure Stimme und verwendet eine passende Mimik und Gestik.

4 Tragt oder spielt eure Szenen in der Klasse vor. Die Zuschauer achten dabei auf die Sprechweise, Mimik und Gestik und notieren Tipps für die Schauspieler.

9.3 Projekt – Eine Aufführung für die neuen Fünftklässler vorbereiten

Würdet ihr gern einige der geübten Sketche vor einem Publikum aufführen? Dann plant doch eine Aufführung für die neuen Fünftklässler eurer Schule. Sie würden sich über ein Programm am Kennenlern-Nachmittag oder am ersten Schultag in der neuen Schule bestimmt freuen.

1. Schritt: Die Aufgaben verteilen und einen Projektplan erstellen

1
- a Einigt euch, welche Szenen ihr bei der Veranstaltung aufführen möchtet.
- b Bildet Gruppen, die unterschiedliche Aufgaben übernehmen, z. B. Schauspiel und Regie, Technik, Bühnenbild und Requisiten, Werbung.
- c Erstellt einen Projektplan, in dem ihr notiert, welche Aufgaben wann erledigt werden müssen. Übertragt dazu den folgenden Plan auf ein Blatt im Querformat und ergänzt die Angaben.

Projekt: Aufführung ... *Gruppe*	*Gruppenmitglieder: Wer?*	*Aufgaben: Was?*	*Termine: Wann und wo?*
Schauspiel und Regie	...	...	...
Technik	...	...	...
Bühnenbild und Requisiten	...	...	...
Werbung	...	...	...

2. Schritt: Die Einladung verfassen

2
- a Formuliert und gestaltet für die Fünftklässler eine Einladung zu eurer Aufführung. Nutzt dazu die Vorlage rechts.
- b Sorgt dafür, dass die Einladungen an die neuen Schüler verschickt werden.

Die Klasse ... lädt herzlich zu lustigen Sketchen auf der Schulbühne ein!
Was? ... *(Titel der Sketche)*
Wann? *Am ... um ... Uhr*
Wo? *Im Raum ... der Schule*
Wer? ... *(alle Mitwirkenden und ihre Aufgaben)*
Wir freuen uns auf euren Besuch!

3. Schritt: Den Auftritt vorbereiten

3
- a Führt gemeinsam die Proben durch: Baut das Bühnenbild auf, testet die Lichteinstellungen, probiert eure Kostüme und Requisiten aus und übt die Szenen ein.
- b Führt eine Generalprobe durch, bei der ihr einmal alle Szenen ohne Unterbrechung spielt.

Schreibwörter ▶ S. 228

das Theater	die Rolle	der Dialog	die Mimik	aufführen
die Bühne	die Szene	der Monolog	die Gestik	vortragen

10 Fernsehwelten – Sachtexte lesen und Fernsehsendungen untersuchen

1 Welche Fernsehsendung schauen die Kinder? Tauscht euch über eure Vermutungen aus.

2 Welche Fernsehsendungen seht ihr am liebsten? Beschreibt sie kurz und erklärt, was euch an diesen Sendungen gefällt.

3 Welche Sendungen schaut ihr nicht gern? Nennt ein Beispiel und erklärt, was ihr daran nicht mögt.

In diesem Kapitel ...

- untersucht ihr Tabellen und Diagramme,
- lernt ihr, Sachtexte nach der Fünf-Schritt-Lesemethode zu erschließen,
- informiert ihr euch über Fernsehsendungen,
- untersucht ihr eine Fernsehserie,
- denkt ihr über eure Fernseh- und Mediengewohnheiten nach.

10.1 Schöne Freizeit! – Sachtexte und Diagramme verstehen

Schule – Und was dann?

Fragt man Kinder und Jugendliche danach, was sie in ihrer Freizeit tun, so stehen an erster Stelle: Hausaufgaben machen und Lernen. Aber womit beschäftigen sich Kinder, wenn sie ihre Aufgaben zu Hause erledigt haben? Dazu haben Wissenschaftler eine Umfrage mit über 1 000 Schulkindern zwischen 6 und 13 Jahren gemacht.
Fast alle Mädchen und Jungen sehen regelmäßig fern. Etwa genauso häufig treffen sie am Nachmittag ihre Freundinnen oder Freunde. Auch Spielen wird oft als Freizeitbeschäftigung genannt. Dabei spielen manche Kinder lieber drinnen, andere lieber draußen. Fast drei Viertel aller Kinder verbringen mehrmals die Woche die Freizeit mit ihrer Familie. Weitere typische Freizeitbeschäftigungen sind Musik hören und Sport treiben. Etwa die Hälfte der befragten Kinder lesen regelmäßig Bücher oder Comics.
Die Wissenschaftler haben in der Umfrage auch herausgefunden, dass es Unterschiede darin gibt, was Mädchen lieber machen und was Jungen. Mädchen verbringen ihre freie Zeit häufiger mit Malen und Basteln. Sie beschäftigen sich öfter mit Tieren und lesen mehr Bücher als Jungen.

Freizeitaktivitäten: Was machst du mehrmals pro Woche in der Freizeit?	**Anzahl der Kinder** (von 100)
Hausaufgaben machen / Lernen	97
Fernsehen	95
Freunde treffen	94
Spielen (drinnen/draußen)	90
Musik hören	81
Zeit mit Familie verbringen	74
Sport treiben	70
Bücher lesen	49

Die Jungen dagegen treiben häufiger Sport, spielen am Computer und lesen Comics.
Fernsehen gehört aber für alle Kinder zu den Lieblingsbeschäftigungen. Unterschiede zwischen Mädchen und Jungen gibt es dabei nur bei der Auswahl der Sendungen: Mädchen bevorzugen Serien und Castingshows, Jungen sehen dagegen lieber Zeichentrickserien oder Fußballspiele.

1 a Lest den Text und betrachtet die Tabelle. Worum geht es? Wählt die zutreffende Aussage.

A Der Text informiert darüber, welche Fernsehsendungen Kinder am liebsten sehen.
B In dem Text geht es um Unterschiede zwischen Mädchen und Jungen.
C Text und Tabelle informieren darüber, wie Schulkinder ihre Freizeit verbringen.
D Text und Tabelle zeigen, welche Medien Kinder häufig nutzen.

b Welche Informationen im Text haben euch überrascht? Nennt Textstellen.

2 a Organisiert eine Klassenumfrage: Was macht ihr häufig in eurer Freizeit?
b Vergleicht eure Ergebnisse mit den Angaben im Text und in der Tabelle. Stimmen sie überein?

Tägliche Nutzungsdauer verschiedener Medien durch 6- bis 13-Jährige *Quelle: KIM-Studie 2010*

1214 Befragte

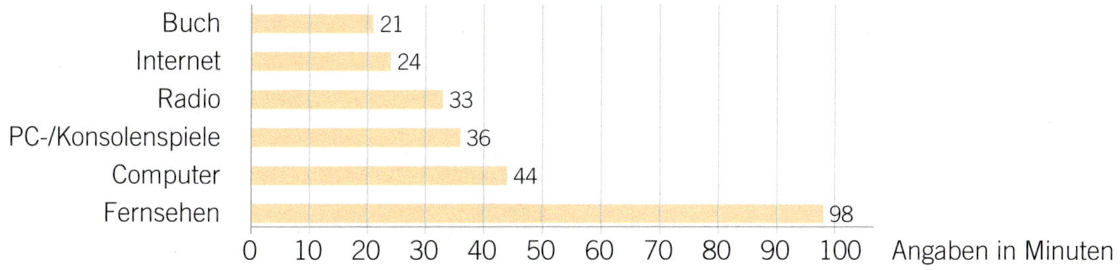

1 a Lest die Überschrift und betrachtet das Diagramm. Besprecht, worüber es informiert.
b Welche Fragen haben die Wissenschaftler bei der Umfrage gestellt? Notiert sie in euer Heft.
Wie lange ...?

2 Untersucht das Diagramm genauer. Beantwortet dabei zu zweit die folgenden Fragen:
– Welche Personen wurden bei dieser Umfrage gefragt?
– Welche Medien werden im Diagramm aufgelistet?
– Was bedeuten die Zahlen im Diagramm?

3 a Wertet das Diagramm zu zweit aus. Notiert:
– Welches Medium nutzen Kinder und Jugendliche jeden Tag am längsten?
– Welches Medium nutzen sie am wenigsten?
b Richtig oder falsch? Prüft die folgenden Aussagen und schreibt alle richtigen in euer Heft ab:

A Das am meisten von Kindern genutzte Medium ist der Fernseher.

B 6- bis 13-Jährige nutzen den Computer öfter für Computerspiele, als im Internet zu surfen.

C Erwachsene nutzen jeden Tag am längsten das Internet.

D Kinder hören fast nie Radio.

E 6- bis 13-Jährige sehen täglich fast fünfmal länger fern, als sie Bücher lesen.

F 6- bis 13-Jährige hören jeden Tag fast so lange Radio, wie sie Computerspiele spielen.

4 Formuliert richtige und falsche Aussagen zu dem Diagramm.
Lest sie euren Mitschülerinnen und Mitschülern vor und erfragt, ob sie richtig oder falsch sind.

Methode **Ein Diagramm verstehen**

In Diagrammen werden Angaben (z. B. Mengen oder Zeiten) bildlich dargestellt.
So könnt ihr Diagramme entschlüsseln:
1. Schritt: Betrachtet das Diagramm genau. Lest die Überschrift und alle Angaben.
2. Schritt: Untersucht das Diagramm: Welche Angaben werden gemacht?
Wofür stehen die Zahlen? Welche Informationen werden gegeben?
3. Schritt: Wertet das Diagramm **aus.** Vergleicht die Angaben und notiert, was euch auffällt.

Einen Sachtext mit der Fünf-Schritt-Lesemethode erschließen

Götz Hamann

Da schaust du!

Im Dezember des Jahres 1952 begann in Deutschland ein neues Zeitalter: Die ersten Fernsehsendungen flimmerten über die Bildschirme! Gerade einmal 4000 Familien besaßen damals ein Fernsehgerät. Nachrichten, Fußballspiele und Dokumentationen waren damals zum ersten Mal in der „Glotze“ zu sehen – für kurze Zeit am Tag. Und auf nur einem einzigen Programm.

Heute sitzen Kinder im Durchschnitt mehr als eineinhalb Stunden täglich vor dem Bildschirm und wählen aus 30 oder mehr Kanälen.

Ihre Großeltern sehen sogar fast fünf Stunden fern, Tag für Tag.

Ohne Fernsehen leben die wenigsten Menschen in unserem Land. Die meisten Kinder wachsen heute mit dem Kinderkanal „KiKA“ und mit „SUPER RTL“ auf.

Und wer nicht zu Hause schaut, wird es früher oder später bei Freunden tun [...].

Wie beeinflusst uns das Fernsehen?

Dass Kinder und Jugendliche so viel Zeit mit dem Fernsehen verbringen, verändert sie natürlich. Aber wie? Was macht das Fernsehen mit uns? Essen wir, was uns die Werbung zeigt? Kaufen wir, was Sandra Koltai (als Toni) in „Marienhof“ trägt? Und machen wir nach, wie Cosima Viola (als Jack) in der „Lindenstraße“ ihre Konflikte mit Erwachsenen bewältigt? Die meisten haben sicher schon manchmal gedacht: Find ich super, mache ich das nächste Mal auch so.

Fernsehen kann Gefühle auslösen. Man freut sich und leidet mit seinen Lieblingsfiguren. Die Fanpost an die Stars von „Gute Zeiten, schlechte Zeiten“ zeigt, wie die Zuschauer mitfiebern. Sie vergleichen sich mit den Hauptpersonen, und so kann Fernsehen zum Vorbild werden.

Macht Fernsehen dumm?

Es gibt eine große Anzahl von Menschen, die Fernsehen gefährlich finden. [...] Ganz falsch ist das jedenfalls nicht. Wissenschaftler haben viele Hundert Kinder und Jugendliche über Jahre begleitet und dabei herausgefunden: Wer zu viel fernsieht, schadet sich. Jahrelange Dauergucker wissen am Ende weniger als diejenigen, die kaum fernsehen. Ihr Gehirn ist weniger leistungsfähig. Gründe dafür gibt es viele.

Erstens: Wer viel fernsieht, hat weniger Zeit zum Lesen.

Zweitens ist aber gerade das Lesen für das Lernen wichtig. Beim Lesen bleibt mehr im Gedächtnis hängen als beim Fernsehen, es trainiert das Gehirn besser.

Drittens können aufregende Fernsehbilder ausradieren, was man morgens in der Schule gelernt hat.

Die schädliche Wirkung des Fernsehens trifft alle, sagen die Wissenschaftler (vor allem aber solche Kinder, denen das Lernen ohnehin schwerfällt). Mit Fleiß lässt sich einiges ausgleichen – aber nicht alles.

1. Schritt: Vermutungen zum Text anstellen

1 a Lest die Überschrift und betrachtet das Foto zum Text.
b Tauscht euch mit einer Lernpartnerin oder einem Lernpartner aus:
– Worum könnte es in dem Text gehen?
– Was wisst ihr schon über dieses Thema?

2. Schritt: Den Text zügig lesen und das Thema bestimmen

2 a Lest den Text einmal zügig durch und verschafft euch einen Überblick über den Inhalt.
b Worum geht es in dem Text? Wählt zu zweit den Satz, der das Thema am besten wiedergibt:
A In dem Text geht es um verschiedene Fernsehsendungen.
B Der Text warnt vor den Gefahren des Fernsehens.
C Der Text informiert über die Anfänge des Fernsehens.
D Der Text informiert über die Bedeutung und die Wirkung von Fernsehen.

3. Schritt: Den Text genau lesen und Schlüsselwörter markieren

3 a Lest den Text ein zweites Mal gründlich.
b Notiert Wörter, die ihr nicht versteht, auf einen Zettel.
c Klärt zu zweit die unbekannten Wörter auf euren Zetteln.
Schlagt im Wörterbuch nach, wenn ihr die Bedeutung nicht kennt.

4 a Welche Wörter sind im ersten Textteil (Zeile 1–20) am wichtigsten?
Prüft die Vorschläge im Kasten und notiert eure Auswahl ins Heft.

> 1952 (Zeile 1) • Deutschland (Zeile 2) • neues Zeitalter (Zeile 2) • ersten Fernsehsendungen (Zeile 2–3) • Bildschirme (Zeile 3–4) • einzigen Programm (Zeile 8–9) • Heute (Zeile 10) • Kinder (Zeile 10) • eineinhalb Stunden (Zeile 11) • 30 oder mehr Kanälen (Zeile 12) • Großeltern (Zeile 13) • Land (Zeile 16) • Kinderkanal (Zeile 17) • Freunden (Zeile 20)

b Bestimmt die Schlüsselwörter im zweiten und dritten Teil des Textes. Legt dazu eine Folie über den Text und markiert sie oder schreibt die Wörter mit Zeilenangabe ins Heft.
c Vergleicht abschnittsweise mit eurem Lernpartner, welche Schlüsselwörter ihr ausgewählt habt.

4. Schritt: Den Text in Sinnabschnitte gliedern und Zwischenüberschriften suchen

5 Der Text besteht aus drei Teilen. Diese lassen sich in weitere Sinnabschnitte gliedern.
a Legt für den Text sechs Sinnabschnitte fest. Notiert die Zeilenangaben untereinander ins Heft.
b Ordnet den Sinnabschnitten passende Zwischenüberschriften zu und schreibt sie daneben:

> Wichtige Rolle des Fernsehens heute • Einfluss des Fernsehens auf Kinder • Wirkung 1: Einfluss auf Gefühle • Anfänge des Fernsehens • Drei Gründe für den schlechten Einfluss • Wirkung 2: Einfluss auf das Gehirn

10.2 Von den „Pfefferkörnern" bis „Wissen vor acht" – Fernsehsendungen bewusst sehen

Fernsehsendungen unterscheiden

18.10 PRO 7	19.50 ZDF	8.40 ARD	15.25 SUPER RTL
Die Simpsons	„logo!"	Die Pfefferkörner	Hannah Montana

1 Kennt ihr diese Fernsehsendungen?

a Erklärt, worum es in den Sendungen geht.

b Überlegt zu jeder Sendung, ob es sich um eine Unterhaltungssendung oder um eine Informationssendung handelt.

2 Im Fernsehen gibt es verschiedene Arten von Sendungen. Diese nennt man Fernsehformate.

a Lest die Erklärungen und ordnet die vier Sendungen von Aufgabe 1 jeweils einem Format zu.

Nachrichten: Sendung, in der über aktuelle Ereignisse aus der ganzen Welt berichtet wird (z. B. aus Politik, Wirtschaft, Kultur)

Dokumentation: Filmbeitrag über wirkliche Ereignisse, Menschen, Tiere, der an Originalschauplätzen gedreht wurde

Castingshow: Sendung, in der Jugendliche oder Erwachsene vor einer Jury etwas darbieten, um am Ende als Beste/-r zu gewinnen

Krimi: Film oder Serie, in der es um die Aufklärung von Verbrechen geht

Fernsehserie: Sendung, in der regelmäßig fortlaufende Geschichten über Familien oder bestimmte Berufe erzählt werden

Quizshow: Sendung, in der Kandidaten Wissensfragen beantworten, um einen Preis zu gewinnen

Wissensmagazin: Sendung, in der Wissenswertes aus Alltag, Wissenschaft, Natur und Technik gezeigt und erklärt wird

Tierfilm: Dokumentarfilm über Tiere, in dem das Verhalten einer Tierart dargestellt wird

Zeichentrickfilm: Film, der keine Schauspieler zeigt, sondern gezeichnete Figuren

b Nennt weitere Fernsehsendungen, die ihr kennt. Gebt dabei an, um welches Fernsehformat es sich jeweils handelt.

c Welche Fernsehformate interessieren euch, welche nicht? Begründet eure Aussagen.

Information **Informationssendungen und Unterhaltungssendungen**

Fernsehsendungen haben verschiedene Ziele. Sie können informieren oder unterhalten.

- Fernsehformate, die **informieren,** sind z. B. Nachrichtensendungen wie „Tagesschau", „heute" oder „logo!", Dokumentationen oder Wissensmagazine wie „Wissen vor acht".
- Zu den Formaten, die vor allem **unterhalten,** gehören Spielfilme, Shows und Fernsehserien, in denen eine Geschichte erzählt wird.

„Die Pfefferkörner“ – Eine Fernsehserie untersuchen

Die Pfefferkörner

„Die Pfefferkörner“ – so heißt eine beliebte Kinder- und Jugendserie, in der es um spannende Kriminalfälle geht. Die Serie gibt es schon seit 1999. Bisher wurden alle Staffeln in Hamburg gedreht.
Die „Pfefferkörner“ sind fünf Freunde, die sich als Detektive betätigen. Sie treffen sich nach der Schule in einem Gewürzlager im Hamburger Hafengebiet und ermitteln mit Internet, Digicam und pfiffigen Ideen ihre Fälle. Natürlich kommt es unter den „Pfefferkörnern“ auch immer wieder zu Turbulenzen, z. B. wenn sie sich streiten oder sich verlieben.
Folgende Hauptfiguren gehören zur vierten Pfefferkörner-Generation:
Sophie ist erst vor Kurzem mit ihren Eltern und ihrer Schwester Emma nach Hamburg gezogen. Sie ist temperamentvoll, modebewusst und eine leidenschaftliche Tierschützerin.
Emma ist sehr intelligent und hat ein fotografisches Gedächtnis. Sie geht mit großer Begeisterung kniffligen Fällen nach.
Lina lebt mit ihrem Vater auf einem Hausboot und ist oft auf sich allein gestellt. Sie ist mutig und einfallsreich.

Themba hat einen afrikanischen Vater und eine deutsche Mutter. Er ist ein talentierter Fußballer, gut in der Schule und unterstützt die „Pfefferkörner“, wann immer es nötig ist. Er mag Sophie sehr gern.
Rasmus ist Däne. Er ist stets sofort zur Stelle, wenn ein Fall gelöst werden muss. Rasmus ist mit Themba befreundet.

Zu der Serie gibt es auch eine Internetseite, die über die Figuren und über einzelne Folgen informiert:

1 a Kennt ihr die Serie „Die Pfefferkörner“? Erzählt davon.
b Lest die Informationen zu den „Pfefferkörnern“. Würdet ihr die Serie gern regelmäßig sehen? Begründet.

2 Beschreibt die Internetseite zu der Serie. Gebt dabei an, welche Informationen und Materialien auf der Seite angeboten werden.

3 Ruft die Internetseite zu den „Pfefferkörnern“ auf (▸ www.pfefferkoerner.de). Notiert weitere Informationen zu der Serie und stellt sie in der Klasse vor.

Fernsehbilder erzählen eine Geschichte – Handlung und Figuren untersuchen

In der „Pfefferkörner"-Folge „Wühltisch-Welpen" geht es um Hundehändler, die einen Internethandel mit Welpen aus Osteuropa betreiben. „Pfefferkorn" Emma bemerkt, dass es dabei nicht mit rechten Dingen zugeht.
Emma befindet sich auf dem Weg zum Tierheim, wo sie mit ihrem jungen Hund in der Hundeschule trainieren möchte. Plötzlich fällt ihr auf, dass ein Mann sich sehr seltsam verhält.

A

B

C

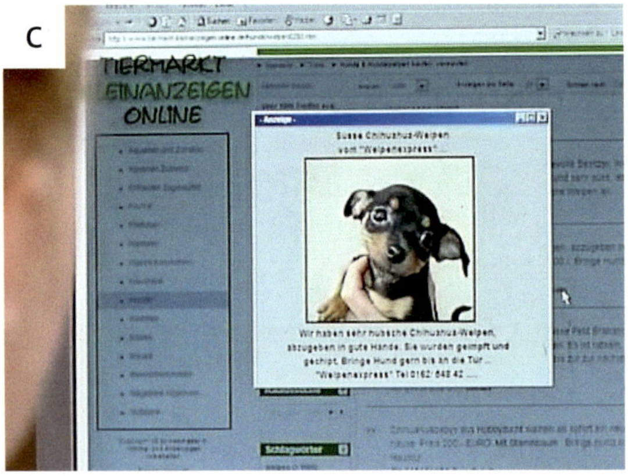

D

E

F

1 a Seht euch Bild A an und erklärt, was Emma beobachtet.
b Beschreibt den Mann auf Bild A: Wie wirkt er auf euch?

2 Die Bilder A bis F zeigen sechs verschiedene Ausschnitte aus der „Pfefferkörner"-Folge „Wühltisch-Welpen".

a Erzählt mit Hilfe der folgenden Stichworte, was in den gezeigten Situationen A bis F passiert.

A – Mann will Pappkarton ins Wasser werfen
B – Emma hat Mann in die Flucht getrieben, Welpen im Pappkarton
– Emma und Sophie bringen Welpen ins Tierheim
– Ärztin informiert: Wühltisch-Welpen, billige Hunde aus Osteuropa, Händler schmuggeln sie durch Zoll, Hunde meist krank, billig im Internet zu kaufen
C – „Pfefferkörner" wollen Hundehändlern Handwerk legen
– Recherche im Internet: „Welpenexpress"
D – Lina trifft sich mit Händlern, wickelt Handel ab
E – Emma begibt sich zum Lieferwagen
F – „Pfefferkörner" erfolgreich, Polizei trifft ein

b Überlegt, was vor, zwischen und nach den abgebildeten Situationen (A bis F) passiert.

3 Untersucht die Handlung der Folge genauer: An welcher Stelle wird es besonders spannend?

a Zeichnet einen Spannungsbogen (▸ Seite 46) in euer Heft. Tragt darin die einzelnen Handlungsschritte der Folge ein und markiert den Höhepunkt der Handlung.

b Besprecht euren Spannungsbogen mit einer Lernpartnerin oder einem Lernpartner. Erklärt dabei, welche Situation eurer Meinung nach der Höhepunkt der Folge ist.

B

D

4 Überlegt, welche Gedanken und Gefühle die Figuren in den einzelnen Szenen haben:

a Betrachtet den Gesichtsausdruck und die Körperhaltung der Figuren auf den zwei Bildausschnitten B und D. Notiert, was sie vermutlich gerade denken oder fühlen:
Die Frau auf Bild B wirkt sehr ... Vermutlich denkt/sagt sie gerade: „..." ...

b Tauscht euch zu zweit auch über mögliche Gedanken und Gefühle der Figuren auf den anderen Bildern (A, E und F) aus.

5 Erzählt euch gegenseitig die Handlung der Folge „Wühltisch-Welpen". Gestaltet eure Erzählung dabei möglichst interessant und spannend.

6 Schaut euch eine weitere „Pfefferkörner"-Folge im Fernsehen oder im Internet (▸ www.pfefferkoerner.de) an. Erzählt die Handlung der Folge euren Mitschülerinnen und Mitschülern.

Kameraeinstellungen unterscheiden

1 a Beschreibt die zwei Bilder aus der „Pfefferkörner“-Folge „Wühltisch-Welpen“.
b Worum geht es in der Szene? Stellt Vermutungen an.

2 a Worin unterscheiden sich die beiden Bilder? Beschreibt den Unterschied.
b Erklärt, wie die beiden Bilder jeweils auf euch wirken.
c Überlegt, warum in dieser Szene diese zwei Kameraeinstellungen verwendet werden.

3 a Informiert euch im Merkkasten unten über unterschiedliche Kameraeinstellungen.
b Entscheidet, welche Kameraeinstellung ihr jeweils für die folgenden Szenen wählen würdet:
A Ein Welpe ist verletzt. Die Verletzung wird gezeigt.
B Ein Hundehändler telefoniert mit einem anderen Händler.
C Ein Hundehändler wird am Telefon gewarnt, dass er von Kindern verfolgt wird.
D Die „Pfefferkörner“-Kinder sprechen mit zwei Polizeibeamten.
E Der Hundehändler flieht, die Polizisten und die Kinder verfolgen ihn.

Information Kameraeinstellungen unterscheiden

In Filmen werden verschiedene **Kameraeinstellungen** verwendet.
Je nachdem, wie nah die Kamera an das Geschehen heranführt oder wie weit sie entfernt bleibt, entstehen unterschiedliche **Wirkungen.**

Totale
Die Kamera ist so weit weg, dass man einen guten Überblick über das ganze Geschehen bekommt.

Nah
Man sieht nur Kopf und Schultern von den Figuren. Diese Einstellung wird häufig bei Dialogen verwendet.
Der Gesichtsausdruck ist gut zu erkennen.

Halbnah
Die Figuren werden etwa vom Knie an aufwärts gezeigt.
Die nahe Umgebung ist erkennbar.

Detail
Ein bestimmter Ausschnitt wird groß dargestellt, z. B. Augen, Mund oder ein Gegenstand. Das Gezeigte hat eine besondere Bedeutung.

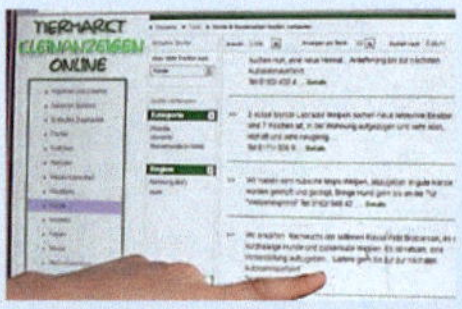

Fordern und fördern – Sich über eine Fernsehsendung informieren

1 ●●○

a Betrachtet die Internetseite zur Fernsehsendung „Wissen vor acht". Notiert, um welche Art von Sendung es sich handelt.

▷ Eine Hilfe zu Aufgabe 1 a findet ihr auf Seite 164.

b Auf welchem Sender und zu welcher Zeit kann man diese Sendung im Fernsehen sehen? Notiert.

2 ●●●

Untersucht die Internetseite genauer:

▷ Hilfe zu Aufgabe 2 auf Seite 164

a Welche Informationen über die Sendung werden auf der Internetseite gegeben? Formuliert Sätze.
- *Die Internetseite informiert über ...*
- *Es wird gezeigt, ...*
- *Man erfährt, ...*
- *Man kann lesen, ...*

b Welche Möglichkeiten bietet die Internetseite den Nutzern? Ergänzt weitere Aussagen.
- *Ich kann von dieser Seite aus ...*
- *Man findet Links zu ...*
- *Der Nutzer kann diese Seite ...*
- *Die Seite bietet die Möglichkeit, ...*

3 ●●○

Lest den Informationstext zur Folge 657 und formuliert das Thema der Folge in einem Satz.

▷ Hilfe zu Aufgabe 3 auf Seite 164

4

Informiert eure Mitschülerinnen und Mitschüler über eine weitere Wissenssendung im Fernsehen, die ihr kennt. Bereitet dazu einen Mini-Vortrag vor.

Aufgabe 1 a mit Hilfe

Betrachtet die Internetseite zur Fernsehsendung „Wissen vor acht“. Notiert, um welche Art von Sendung es sich dabei handelt. Wählt aus:

Tierfilm • Dokumentation • Quizshow • Wissensmagazin • Fernsehserie • Krimi

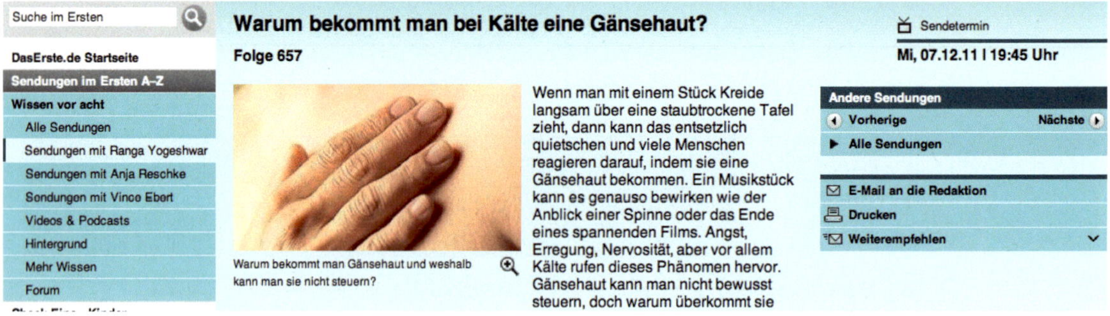

Aufgabe 2 mit Hilfe

Untersucht die Internetseite genauer:

a Welche Informationen über die Sendung werden auf der Internetseite gegeben? Wählt zutreffende Aussagen und schreibt sie ins Heft:

A Die Internetseite informiert über eine Folge des Wissensmagazins „Wissen vor acht“.
B Man erfährt, um welche Fragestellung es in der Folge geht.
C Es wird angegeben, wie lang die Folge dauert.
D Der Moderator der Sendung wird genannt.
E Man kann lesen, wann die Sendung ausgestrahlt wurde.
F Es gibt auf der Seite eine Empfehlung, für welches Alter diese Sendung geeignet ist.

b Welche Möglichkeiten bietet die Internetseite den Nutzern? Prüft die folgenden Aussagen und schreibt die richtigen ins Heft:

G Ich kann mich von dieser Seite aus über weitere Folgen des Magazins informieren.
H Ich kann auf der Seite meine Meinung zu dieser Folge schreiben.
I Ich kann diese Seite ausdrucken und weiterempfehlen.
J Man findet auf dieser Seite Links zu weiteren Folgen mit anderen Moderatoren.
K Es gibt Links zu anderen Fernsehsendern.
L Die Seite bietet die Möglichkeit, eine E-Mail an die Redaktion der Sendung zu schreiben.

Aufgabe 3 mit Hilfe

Lest den Informationstext zur Folge 657. Wählt den Satz aus, der das Thema der Folge am besten benennt, und schreibt ihn in euer Heft:

A In der Folge 657 der Sendung „Wissen vor acht“ spricht Rangar Yogeshwar über unangenehme Geräusche und Gefühle.

B In der Folge 657 der Sendung „Wissen vor acht“ wird erklärt, wie Gänsehaut entsteht und warum Menschen sie manchmal bekommen.

10.3 Projekt – Mediengewohnheiten untersuchen

Ein Fernsehtagebuch führen

1 Im Laufe einer Woche seht ihr sicher mehrmals fern.
Untersucht eure Fernsehgewohnheiten mit Hilfe eines Fernsehtagebuchs.
a Besorgt euch ein DIN-A5-Heft und gestaltet den Umschlag.
b Legt für jeden Wochentag eine Doppelseite an. Übertragt die folgende Tabelle, ergänzt die Informationen und fügt passende Zeichnungen oder Zeitungsausschnitte hinzu.

Montag, 10.5.

Wann?	Welche Sendung?	Sendedauer?	Gedanken/Gefühle?
18:10–19:10 Uhr	*Die Simpsons*	*60 Minuten*	*lustig, unterhaltsam*
19:50–20:00 Uhr	*„logo!"*	*10 Minuten*	*gute Jnformationen*
		insgesamt: *1 Stunde, 10 Minuten*	

2 Rechnet aus, wie viel Zeit ihr in einer Woche vor dem Fernseher verbringt.
a Addiert zunächst, wie viele Minuten ihr an den einzelnen Wochentagen fernseht.
b Nehmt anschließend alle sieben Wochentage zusammen und errechnet, wie viel ihr in einer Woche insgesamt fernseht (Stunden/Minuten).

3 Stellt in einem Diagramm dar, wie viel Zeit ihr mit dem Fernsehen verbringt.
Zeichnet in euer Fernsehtagebuch für jede Woche ein Säulendiagramm, z. B. so:

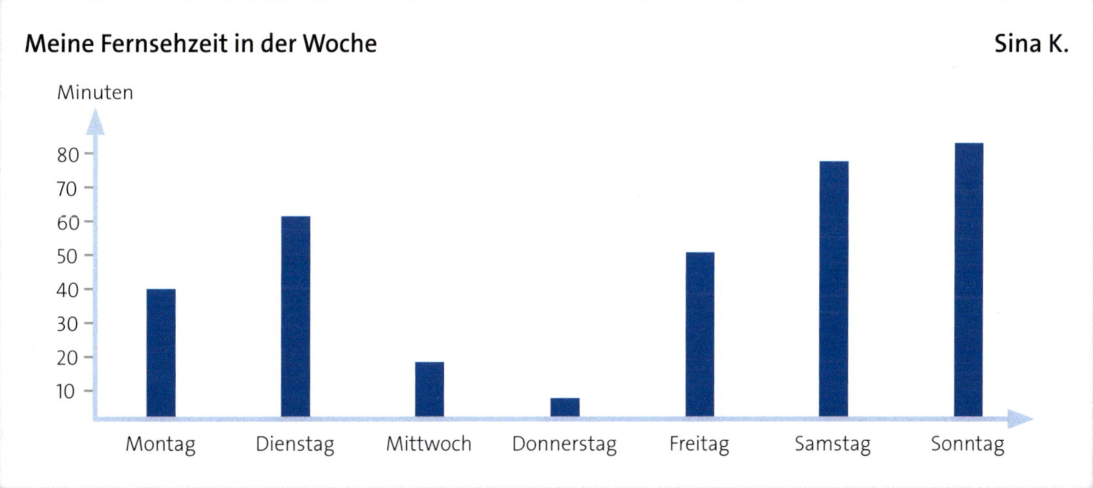

4 a Notiert einen Satz zur Frage: Warum ist mir das Fernsehen wichtig?
b Diskutiert über einen sinnvollen Umgang mit dem Fernsehen.

Über Mediengewohnheiten nachdenken

1 Wahrscheinlich nutzt ihr täglich verschiedene Geräte (Medien) wie z. B. einen MP3-Player, ein Handy usw.
a Listet die Geräte auf, die ihr nutzt.
b Welche Geräte nutzt ihr wenig oder häufig? Erstellt für eure Klasse eine Rangliste, z. B.:
MP3-Player: ~~IIII~~ II, Handy: ...
c Haltet das Ergebnis in einem Diagramm fest, z. B.:

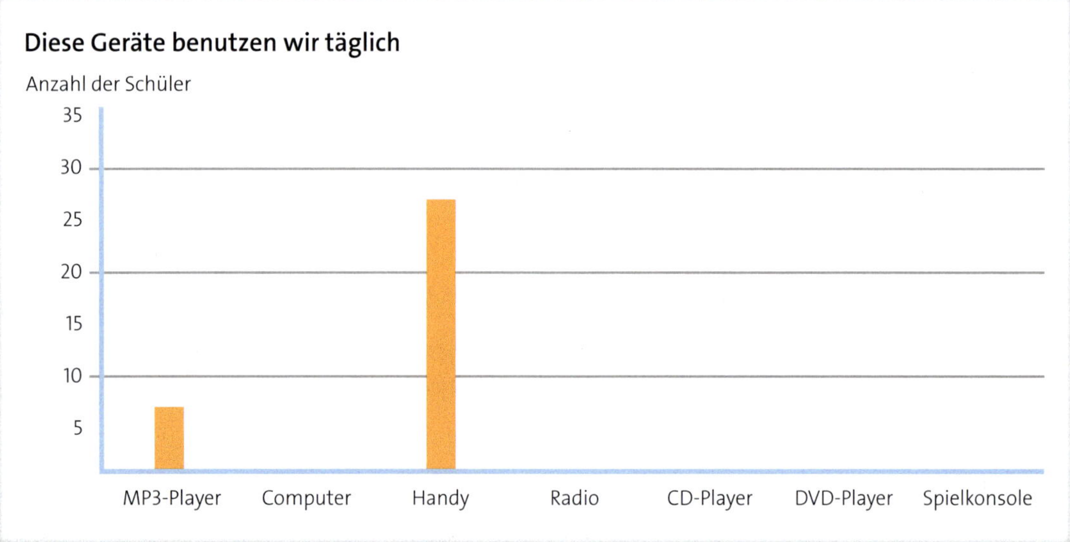

2 Welche Rolle spielen für euch gedruckte Medien wie Zeitschriften und Bücher?
a Sprecht in Gruppen darüber, was ihr gern lest.
b Erklärt den Gruppenmitgliedern, warum euch Bücher interessieren/nicht interessieren.

3 a Probiert einmal aus, einen Tag ohne eure Geräte zu verbringen. Geht so vor:
– Haltet in eurem Fernsehtagebuch (▸ S. 165) eine Doppelseite für Eintragungen frei.
– Legt einen Samstag oder Sonntag fest, an dem ihr auf eure Geräte verzichtet.
– Notiert an diesem Tag, was ihr tut, wen ihr trefft und wie ihr euch fühlt.
– Fasst am Ende des Tages zusammen, wie der Tag für euch war.
b Tauscht euch in der Klasse über eure Erfahrungen aus.

4 Stellt euch vor: Eure Eltern sind der Meinung, dass ihr zu viel Zeit vor dem Fernseher verbringt. Sie möchten eure Fernsehzeit beschränken, ihr aber seid dagegen. Bereitet zu der Situation ein Rollenspiel vor, in dem ihr euch am Ende einigt. Geht so vor:
a Verteilt die Rollen. Fertigt für eure Rolle eine Karte mit Argumenten für eure Meinung an.
b Übt das Rollenspiel mit Hilfe der Karten ein und spielt es anschließend der Klasse vor.

Schreibwörter ▸ S. 228

die Freizeit	das Vorbild	die Medien	die Serie	fernsehen
die Aktivität	der Einfluss	das Diagramm	die Kamera	

11 Grammatiktraining –
Wortarten und Satzglieder unterscheiden

1 Was befindet sich wohl in der Schatzkiste der Piraten? Entschlüsselt die Geheimschrift.

2 Die Wörter in Geheimschrift gehören zu einer bestimmten Wortart.
- **a** Überlegt, ob es sich bei den Wörtern um Nomen oder Verben handelt. Begründet eure Antwort.
- **b** Erklärt, woran man erkennen kann, ob ein Wort ein Nomen oder ein Verb ist.

3 Welche weiteren Wortarten kennt ihr? Zählt sie auf und nennt Beispiele.

In diesem Kapitel ...
- lernt ihr die wichtigsten Wortarten kennen und unterscheiden,
- trainiert ihr, Satzglieder zu erkennen,
- lernt ihr, wie man Texte mit Hilfe von Grammatik-Kenntnissen besser formulieren kann.

Nomen im Singular und Plural

Ein Rätsel aus dem Meer

Missmutig trottete Moritz seinem Vater am Strand hinterher. Ferien an der Nordsee. Viel lieber wäre er an das Mittelmeer gefahren, wo es heiß und das Wasser warm ist. Er warf Steine ins Meer und zertrat voller Ärger einige Muscheln. Plötzlich fiel sein Blick auf einen dunklen Schatten im Wasser. Ein Stein? Moritz trat neugierig näher. Die nächste Welle spülte etwas Dunkles an den Strand. Es war ein großes Stück Holz, verwittert, voller Löcher und Risse. Es sah aus wie ein Balken. Moritz drehte das Holz um und sein Herz klopfte schneller: Auf der Rückseite war eine Schrift zu erkennen, schwach, aber doch deutlich: AC 1899.

1
- **a** Lest den Text. Was könnte das für ein Balken sein?
- **b** Zwei Wörter sind im Text unterstrichen. Es ist dasselbe Nomen in unterschiedlicher Form. Beschreibt den Unterschied.
- **c** Im Text sind zwölf Nomen markiert. Übertragt die Tabelle unten ins Heft und ordnet die markierten Nomen ein. Ergänzt den bestimmten Artikel *(der, die, das)*.
- **d** Fügt, wenn möglich, zu jedem Nomen die Form im Singular oder Plural hinzu.

Nomen im Singular (Einzahl)	Nomen im Plural (Mehrzahl)
der Vater	*die Väter*

2 Drei Nomen in der Tabelle von Aufgabe 1 sind besonders. Sucht die folgenden Sonderfälle:

A Das Nomen kann nur im Singular auftreten.
B Das Nomen erscheint nur als Pluralform.
C Das Nomen hat sowohl im Singular als auch im Plural dieselbe Form.

3 Was passiert mit dem Fundstück aus dem Meer?
- **a** Schreibt die folgenden Sätze ins Heft und setzt dabei die unterstrichenen Nomen in den Plural.
  - **A** Der Sommergast brachte das Holzstück zur Polizei.
  - **B** Der Polizist bedankte sich und übergab es dem Museum.
  - **C** Der Forscher untersuchte das Fundstück.
  - **D** Die Untersuchung ergab, dass der Balken tatsächlich über hundert Jahre alt war.
- **b** Welche Wörter musstet ihr bei der Umformung der Sätze noch verändern? Kreist sie ein.

4 Sucht zu den in Aufgabe 2 genannten Sonderfällen weitere Beispiele aus dem Text von Aufgabe 1.

Information **Nomen im Singular** (Einzahl) **und Plural** (Mehrzahl)

- Nomen haben einen **Numerus,** das heißt eine Anzahl. Sie stehen entweder im **Singular** (Einzahl) oder im **Plural** (Mehrzahl): *die Schatzkarte* (Singular) – *die Schatzkarten* (Plural).
- Bei einigen Nomen ist entweder nur die Singularform oder nur die Pluralform möglich, z. B.: Singularformen: *der Regen, der Ärger* Pluralformen: *die Eltern, die Ferien*

Das Nomen und seine vier Fälle

Ein großartiger Fund

Immer wieder kommt es vor, dass bei starken Stürmen versunkene Schiffe vom Sand befreit werden. Teile des Wracks werden dabei an das Ufer gespült. Dann liegen manchmal alte Schiffsplanken am Strand. Genau das passierte kürzlich an der Nordsee. Ein Junge fand einen Schiffsbalken mit dem Schriftzug AC 1899. Die Familie übergab das Holz dem Stadtmuseum. Der Fund des Jungen begeisterte den Museumsdirektor. In einem Buch über Schiffsunfälle entdeckte er einen Eintrag: *1903, Trento-Felsen: In einem Sturm zerschellt ein Dreimaster. Die Mannschaft kann sich retten, aber das Schiff ist verloren. Schiffsname: Anna Carina.* Dem Jungen wurde ein Finderlohn überreicht. Forscher werden nach weiteren Wrackteilen suchen. Die größte Belohnung ist, dass die Forscher den Jungen einmal mit an Bord des Expeditionsschiffes nehmen werden.

1 a Lest den Text und sucht:
Welches Nomen kommt in diesem Text viermal vor, aber jedes Mal in einer anderen Form?

b Schreibt die folgenden vier Fragen ab und ergänzt die Antworten:

A Wer oder was fand einen alten Schiffsbalken?

B Wessen Fund begeisterte den Museumsdirektor?

C Wem wurde ein Finderlohn überreicht?

D Wen oder was werden die Forscher einmal mit an Bord des Expeditionsschiffes nehmen?

c Unterstreicht in den Fragen die Fragewörter und in den Antworten den Artikel und die Endung des Nomens.

2 a Erfragt die unterstrichenen Nomen im Text. Verwendet dazu die folgenden Fragewörter:
Wer oder was? • Wessen? • Wem? • Wen oder was?
Wer oder was wird bei starken Stürmen vom Sand befreit? – Schiffe

b Lest im Merkkasten auf Seite 172 nach, wie die Formen heißen, die die unterstrichenen Nomen jeweils angenommen haben. Schreibt den Fall in Klammern neben eure Antworten, z. B.:
Wer oder was wird bei starken Stürmen vom Sand befreit? – Schiffe (Nominativ)

3 a Bestimmt jeweils den Fall (Kasus) der fünf unterstrichenen Nomen:
Ein Forscher des Expeditionsteams zeigte dem Jungen eine Fotoaufnahme des Schiffes.

b Formuliert weitere Sätze.
Unterstreicht die Nomen und bestimmt zu jedem den Fall.

Störtebekers Schatz

Klaus Störtebeker gilt als einer der bekanntesten deutschen Piraten. Er soll vor über 600 Jahren gelebt haben. Manche suchen ? *(der berühmte Schatz)* des Piraten noch heute. So könnte die Geschichte ? *(der Schatz)* gewesen sein:
Störtebeker suchte ? *(eine unbewohnte Insel)* in der Elbe und vergrub dort ? *(das Gold)*. Wenig später kam ein Kriegsschiff und besiegte ? *(der Piratenanführer)*. Man durchsuchte ? *(das Schiff)*, schnitt sogar ? *(der Mastbaum)* auf, fand ? *(der Schatz)* aber nicht. Bis heute ist niemand ? *(das Geheimnis)* des Störtebeker-Schatzes auf die Spur gekommen.

4 a Schreibt den Text über den deutschen Piraten Störtebeker ab und setzt dabei die Wörter in Klammern in der richtigen Form ein.
Achtet besonders auf die Artikel: Oft verändern sie sich.

b Bestimmt zu zweit den jeweiligen Fall (Kasus) der Nomen, die ihr eingesetzt habt.
Markiert Nomen im Nominativ grün, im Genitiv blau, im Dativ gelb und im Akkusativ rot.

5 a Untersucht, wie in der türkischen Sprache die Nomen im Singular dekliniert werden. Wie werden hier die einzelnen Fälle unterschieden?

b Kennt ihr noch weitere Sprachen? Beschreibt, wie man in diesen Sprachen Nomen dekliniert.

Nominativ:	kitap	das Buch
Genitiv:	kitabın	des Buches
Dativ:	kitaba	dem Buch
Akkusativ:	kitabı	das Buch

6 Dekliniert die folgenden fünf Nomen:

der Stein • die Insel • das Gold • das Meer • die Schiffe

Information **Die vier Fälle des Nomens** (der Kasus)

- Im Satz können Nomen unterschiedliche Funktionen haben. Die Funktion bestimmt, welche Form der Artikel und das Nomen annehmen:
  Das Nomen wird **dekliniert** und steht in einem **Fall** (Kasus).
- Den Fall kann man mit den folgenden **Fragewörtern** erfragen:

Kasus	1. Fall Nominativ	2. Fall Genitiv	3. Fall Dativ	4. Fall Akkusativ
Frage	Wer oder was ...?	Wessen ...?	Wem ...?	Wen oder was ...?
Beispiel	Der Pirat ist verzweifelt. **Frage:** Wer oder was ist verzweifelt? **Antwort:** der Pirat	Der Schatz des Piraten ist weg. **Frage:** Wessen Schatz ist weg? **Antwort:** des Piraten	Der Schatz gehört dem Piraten. **Frage:** Wem gehört der Schatz? **Antwort:** dem Piraten	Ein Kind sah den Piraten. **Frage:** Wen oder was sah das Kind? **Antwort:** den Piraten

Personalpronomen – Die Vertreter des Nomens

Illegale Schatzsuche

Am 4. Juli 1999 suchten zwei Raubgräber mit Metalldetektoren nach einem Schatz. Raubgräber sind Menschen, die wertvolle Fundstücke nicht an Museen geben, sondern heimlich verkaufen. An diesem Tag machten die Raubgräber eine wertvolle Beute. Die Raubgräber erkannten erst gar nicht, was für einen kostbaren Schatz sie in einer kleinen Steinkammer entdeckt hatten: die Himmelsscheibe von Nebra. Die Raubgräber verkauften die etwa viertausend Jahre alte Scheibe sofort. Die Polizei kam den Raubgräbern erst zwei Jahre später auf die Spur. Sie übergab das seltene Fundstück der Raubgräber einem Museum.

1 a Welches Nomen taucht in jedem Satz auf?
Beschreibt, wie die häufige Verwendung des Wortes auf euch wirkt.
b Bestimmt, worauf sich das unterstrichene Wort am Ende des Textes bezieht. Welche Aufgabe hat es?
c Schreibt den Text so um, dass ihr Wiederholungen des Nomens *Raubgräber* vermeidet.

2 Wer hat was gemacht? Ersetzt die markierten Personalpronomen durch Nomen aus dem Kasten. So erfahrt ihr, wie die berühmte Himmelsscheibe schließlich ins Museum kam.
Tipp: Achtet auf die Großschreibung am Satzanfang.
A Sie verkauften sie an ihn.
B Er wollte sie heimlich weiterverkaufen.
C Er gab vor, es kaufen zu wollen, und stellte sie damit sicher.
D Nun können sie es bewundern.

die Raubgräber • ein Polizist • das Stück • einen Händler • die Himmelsscheibe • das Fundstück • der Händler • die Museumsbesucher

3 Schreibt Rätselsätze für eure Mitschülerinnen und Mitschüler. Verwendet für den Begriff, der erraten werden soll, nur Personalpronomen *(er, sie* oder *es),* z. B.:
Er befindet sich weit oben. Man sieht ihn nur zu einer bestimmten Tageszeit. Manchmal kann man nur eine Hälfte von ihm erkennen. Das ist …?

Information **Das Personalpronomen**

- Personalpronomen **ersetzen Nomen.** Man verwendet sie, um Wiederholungen von Nomen zu vermeiden, z. B.: *Der Schatz ist irgendwo versteckt. Er ist wertvoll. Alle wollen ihn finden.*
- Personalpronomen werden wie Nomen **dekliniert.** Die wichtigsten Formen sind:

	Singular			**Plural**		
Kasus	**1. Person**	**2. Person**	**3. Person**	**1. Person**	**2. Person**	**3. Person**
Nominativ	ich	du	er/sie/es	wir	ihr	sie
Dativ	mir	dir	ihm/ihr/ihm	uns	euch	ihnen
Akkusativ	mich	dich	ihn/sie/es	uns	euch	sie

Rund um Adjektive

Einmalige Auktion in New York: Gegenstände aus der Titanic

Wir bieten Ihnen die einmalige Gelegenheit, originale Gegenstände aus der 1912 gesunkenen Titanic zu erwerben! Unter anderem versteigern wir einen ? Diamantring. Ein weiteres sehr wertvolles Stück ist das ? Armband mit dem Namen „Amy“. Auch die ? Kristallvase gehörte sicher in die erste Klasse des Luxusdampfers. Der ? Hut mit Krempe war 1912 sehr modern. In der ? Tasche ohne Henkel wurde vermutlich das Geld aus dem Tresor getragen, und in der ? Porzellantasse wurde Tee serviert. Jeder dieser ? Gegenstände erzählt eine Geschichte.

goldene • weißen • kostbaren • schwarze • einzigartigen • ledernen • wunderschöne

1 a Was wisst ihr über das berühmte Schiff Titanic? Tauscht euch aus.
b Lest den Text über die Auktion und ergänzt passende Wörter aus der Randspalte.
c Lest den Text zweimal laut vor: einmal ohne die Wörter und einmal mit den Wörtern, die ihr eingesetzt habt. Besprecht die unterschiedliche Wirkung.
d Überlegt, warum die Gegenstände in diesem Text genauer beschrieben werden.

Das ? Schiff *(vornehm, schnell, hübsch)* legte 1912 als größtes Schiff der Welt in England ab. Vier ? Schornsteine *(groß, schmal, eckig)* hatte der ? Dampfer *(riesig, schwer, endlos)*. Alle Passagiere bestaunten die ? Ausstattung *(prächtig, farbig, bescheiden)*. Tausende ? Menschen *(traurig, fröhlich, lustig)* winkten beim Ablegen des Schiffes. Sie ahnten nicht, dass es nie in New York ankommen würde.

2 a Lest den Text und wählt von den Adjektiven in Klammern jeweils das passende aus.
b Schreibt den Text ab und setzt die ausgewählten Adjektive in der richtigen Form ein.

Information **Das Adjektiv** (das Wie-Wort, das Eigenschaftswort)

- Mit Adjektiven kann man die **Eigenschaften** von Lebewesen, Gegenständen, Gedanken und Ideen genauer beschreiben, z. B.: *der freundliche Mann, die kostbare Kette, der geniale Plan.*
- Adjektive stehen in der Regel **vor ihrem Nomen.** Sie stehen im gleichen **Kasus** wie das Nomen, z. B.: *der kostbare Ring* (Nominativ), *des kostbaren Ringes* (Genitiv), *dem kostbaren Ring* (Dativ), *den kostbaren Ring* (Akkusativ).
- Adjektive werden **kleingeschrieben.**

Mit Adjektiven vergleichen

Titanic
Stapellauf:
1911
Länge:
269 m
Gewicht: 53 000 t
Geschwindigkeit: 39 km/h

Queen Mary 2
Stapellauf:
2003
Länge:
345 m
Gewicht: 150 000 t
Geschwindigkeit: 56 km/h

Costa Concordia
Stapellauf:
2005
Länge:
290 m
Gewicht: 114 000 t
Geschwindigkeit: 43 km/h

1 a *lang, länger, am längsten?* Lest die Steckbriefe der drei berühmten Schiffe und vergleicht die Angaben.

b Formuliert Sätze und verwendet passende Adjektive, z. B.:
Die Titanic ist länger/kürzer als ... *... ist am längsten/kürzesten.*
Die Costa Concordia ist leichter/schwerer als ... *... ist am leichtesten/schwersten.*
Die Queen Mary 2 ist jünger/älter als ... *... ist am jüngsten/ältesten.*

2 a Sucht aus den Wortschlangen die zwölf Adjektive heraus und listet sie untereinander auf.

b Bildet zu jedem Adjektiv die zwei Steigerungsformen und schreibt sie daneben, z. B.:
schlau, schlauer, am schlausten

c Findet heraus, wie man die folgenden Adjektive steigert: *viel, gut.*
Tipp: Fragt jemanden oder schlagt im Orientierungswissen am Ende des Schulbuchs oder in einem Wörterbuch nach.

3 Steigert zum Spaß einmal diese Fantasiewörter: *rapp, krupfelig, summ, becht, pfupfich, betsam.*

4 a *als* oder *wie?* Ergänzt die folgenden zwei Sätze richtig:
A Johannes ist etwas größer **?** Pia. **B** Sarah ist fast so groß **?** Demir.

b Bildet Gruppen und vergleicht eure Körpergröße. Schreibt zu jedem Gruppenmitglied einen Satz mit einer der folgenden Formulierungen:

größer als • (fast) so groß wie • (etwas) kleiner als • genauso klein wie

Information **Steigerung der Adjektive**

- Die meisten Adjektive kann man steigern und damit Vergleiche ausdrücken:

Positiv (Grundform)	Komparativ (Vergleichsstufe)	Superlativ (Höchststufe)
teuer	*teurer*	*am teuersten*

- Man vergleicht mit ***wie,*** wenn etwas gleich ist, z. B.: *Du bist so stark wie ich.*
- Sind Dinge unterschiedlich, vergleicht man mit ***als,*** z. B.: *Ich bin stärker als du.*

Rund um Verben

Wir ? die Beute
Mit fliegenden Segeln,
Wir ? sie weit
Auf das endlose Meer.
Wir ? auf Deck
Und wir ? wie Löwen,
Hei, unser der Sieg,
Viel Feinde, viel Ehr!

Ja, wir sind NETARIP
Und ? zu Meere
Und ? nicht Tod
Und Teufel dazu!
Wir ? der Feinde
Und aller Gefahren,
Im Grunde des Meeres
Erst ? wir Ruh!

1 a Lest das Lückengedicht. Wer erzählt hier von sich selbst?
Tipp: Am Anfang der zweiten Strophe steht die Lösung in Geheimschrift.
b Was machen die finsteren Gestalten im Gedicht?
Schreibt die zwei Strophen ab und setzt passende Wörter aus dem Bild ein.

2 a Wie würde das Gedicht lauten, wenn nur eine Figur erzählt?
Schreibt das Gedicht in die Ich-Form um. Dabei ändern sich die Endungen der eingesetzten Verben.
b Unterstreicht die Endungen der acht Verben.

Ich treibe die Beute
Mit fliegenden Segeln,
Ich jage sie weit
Auf das endlose Meer.
Ich ...

3 Wenn die Personalform sich ändert, verändert sich auch die Endung des Verbs. Fertigt dazu ein Lernplakat (▶ S. 238) an:
a Übertragt die folgende Tabelle auf ein großes Blatt Papier.

Verben konjugieren

Singular	Personal-pronomen	Verbform	Plural	Personal-pronomen	Verbform
1. Person	ich	*lerne*	1. Person	wir	...
2. Person	du	...	2. Person	ihr	...
3. Person	er/sie/es	...	3. Person	sie	...

b Ergänzt die fehlenden Formen und unterstreicht die Verb-Endungen.
c Hängt das Plakat an einer gut sichtbaren Stelle im Klassenzimmer auf.

4 Konjugiert diese Fantasiewörter: *krumpfen, gussbausen, handstunden, piratern, blatterrattern.*

Information **Das Verb** (das Tätigkeitswort)

- Verben geben an, **was jemand tut** (z. B. *laufen*) oder **was geschieht** (z. B. *schneien*).
- Der **Infinitiv** (die Grundform) eines Verbs endet immer auf *-en* oder *-n*.
- Wenn ein Verb in einem Satz verwendet wird, bildet man die **Personalform des Verbs.** Das nennt man **konjugieren** (beugen), z. B.: *laufen* (Infinitiv) → *ich laufe* (1. Person Singular).
- Verben werden immer **kleingeschrieben.**

Die Zeitformen des Verbs

Zeitform der Gegenwart: Das Präsens

Passagier 1: Also, irgendetwas stimmt hier nicht. Unser Schiff fährt nicht mehr. Alles ist so still ...
Passagier 2: Was? Ich merke nichts. Vielleicht macht der Kapitän eine Pause?
Passagier 1: Nein, das glaube ich nicht ... Gerade wird das Licht schwächer! Und jetzt höre ich viele Schritte oben an Deck!
Passagier 2: Das sind bestimmt Passagiere, die gerade zum Kuchenbuffet rennen.
Passagier 1: Und nun schau doch bitte mal nach unten: Unsere Betten stehen ja schon halb im Wasser. Unser Schiff sinkt!!! Was machen wir denn jetzt???
Passagier 2: O Gott, jetzt sehe ich es auch ... Wir ... wir steigen in die Rettungsboote! Schnell! Da hängen doch genug herum ...

1 a Was passiert da? Lest den Text mit verteilten Rollen und besprecht die Situation.
b Woran erkennt ihr, dass die Figuren über etwas sprechen, das gerade in diesem Moment geschieht? Nennt Textstellen.
c Notiert aus dem Text alle Verbformen im Präsens und ergänzt den Infinitiv (die Grundform). Schreibt: *stimmt – stimmen, fährt – ...*

2 a Die Verben in den folgenden drei Sätzen stehen alle im Präsens. Für welche Situation wird das Präsens jeweils verwendet: A, B oder C? Ordnet zu.

1 Jedes Jahr veröffentlicht das Internationale Schifffahrtsbüro die Anzahl aller Schiffsunfälle.
2 Morgen bekommen wir den Bericht für dieses Jahr.
3 Gerade eben erhalten wir einen Notruf von einem betroffenen Schiff.

Das Präsens verweist auf etwas, ...
A das **gerade in diesem Augenblick** passiert.
B das **regelmäßig** oder immer wieder passiert.
C das **zukünftig** passieren wird.

b Welche Wörter sagen in den Sätzen 1 bis 3 etwas über die Zeit aus? Nennt sie.
c Arbeitet zu zweit: Verfasst eigene Sätze nach dem Vorbild der Sätze 1 bis 3.
Tauscht die Hefte und ergänzt bei eurem Partner, auf welche Zeit die Sätze hinweisen (A, B oder C).

Information **Verben im Präsens** (die Gegenwartsform)

- Das Präsens (Gegenwartsform) wird meist verwendet, wenn etwas jetzt, **in diesem Augenblick** geschieht, z. B.: *Das Schiff verlässt den Hafen.*
- Es wird auch benutzt, um **Gewohnheiten oder Dauerzustände** zu beschreiben, z. B.: *Jeden Abend verlässt das Schiff um 8 Uhr den Hafen.*
- Mit dem Präsens kann man auch über die **Zukunft** sprechen, z. B.: *Morgen kommt es an.*

Einfache Form der Vergangenheit: Das Präteritum

Ein duftender Fund

Vor über 100 Jahren geht die Titanic unter, ein Schiff, das als unsinkbar gilt. In den vergangenen Jahrzehnten finden immer wieder Tauchgänge zum Wrack statt. Erst im letzten Jahr bergen Taucher im Rumpf der Titanic einen wertvollen Schatz. Sie sehen zunächst nur eine unscheinbare Holzkiste und bringen sie nach oben. In dieser finden die Taucher 65 wertvolle Flakons mit Parfüm von damals. Die Taucher bezeichnen ihren Fund später als …

1 a Lest den Text und beschreibt, wie er auf euch wirkt.
b Bestimmt die im Text verwendete Zeitform und überlegt, welche andere Zeitform auch zum Inhalt passen würde.
c Macht Vorschläge, wie man den Text verändern könnte.
d Wie könnten die Taucher den Fund genannt haben? Sammelt Ideen.
Tipp: Den Namen findet ihr im Bild versteckt.

Am 10. April 1912 *bestieg* *(besteigen)* auch der Parfüm-Hersteller Alphonse Saalfeld die Titanic. Saalfeld ? *(reisen)* nach Amerika, um Parfüm-Proben zu überbringen. Glücklicherweise ? *(erhalten)* er einen Platz in einem der wenigen Rettungsboote. Seine 65 Parfümflaschen ? *(versinken)* jedoch mit der Titanic. Ein Jahrhundert lang ? *(schlummern)* sie in 3840 Meter Tiefe unter der Meeresoberfläche. Sie ? *(duften)* aber immer noch.

2 a In dem Text erfahrt ihr die Geschichte der wiederentdeckten Parfümflaschen. Schreibt den Text ab und setzt die Verben in Klammern im Präteritum ein.
b Das letzte Verb im Text kann auch im Präsens stehen. Überlegt, warum.

3 a Sucht aus dem Gitterrätsel alle waagerecht und senkrecht geschriebenen Verbformen im Präteritum heraus und notiert sie untereinander ins Heft.
b Ergänzt neben jeder Verbform die passende Grundform, z. B. *verlor → verlieren.*
c Wählt fünf Verben aus und formuliert zu jedem einen Satz im Präteritum.

E	T	C	X	V	E	R	L	O	R
W	I	S	C	H	T	E	Q	J	E
U	P	C	S	P	R	A	C	H	C
R	P	H	M	A	C	H	T	E	H
D	T	L	Y	G	I	N	G	F	N
E	E	U	B	R	A	C	H	T	E
Z	O	G	P	T	U	X	L	Q	T
W	S	C	H	R	I	E	B	F	E

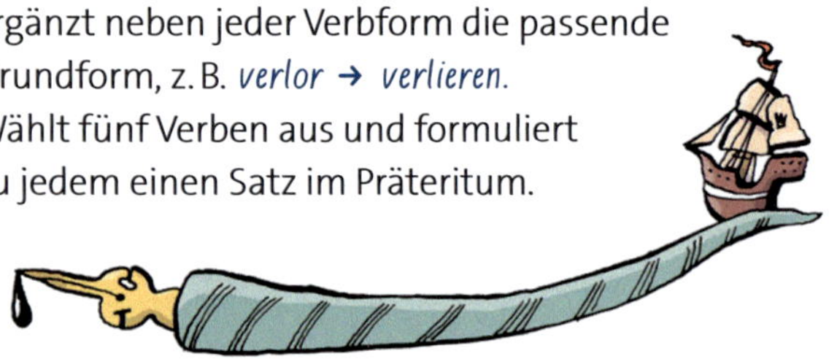

Information **Verben im Präteritum** (die einfache Vergangenheitsform)

- Wenn schriftlich von etwas **Vergangenem** erzählt wird (z. B. in Berichten, in Geschichten), verwendet man in der Regel das **Präteritum,** z. B.: *Langsam trieb das Boot zum Ufer. Sie entdeckten den Höhleneingang.*
- Das Präteritum ist die **einfache Zeitform der Vergangenheit.**

Zusammengesetzte Form der Vergangenheit: Das Perfekt

Erst haben wir die Kiste gar nicht bemerkt. Irgendwann bin ich darüber hinweggeschwommen und habe sie plötzlich entdeckt. Unglaublich! Aufgeregt habe ich den anderen ein Zeichen gegeben. Alle sind schnell zu mir gekommen. Sie haben wahrscheinlich an einen Unfall gedacht. Vorsichtig sind wir dann mit der Kiste hochgetaucht. Mit Parfüm, das sogar heute noch duftet, haben wir alle nicht gerechnet.

1 a Woran könnt ihr im Text erkennen, dass hier jemand mündlich von einem Erlebnis erzählt? Nennt Textstellen.

b Sucht alle Verbformen aus dem Text heraus und schreibt sie auf.
Tipp: Bis auf eine Ausnahme bestehen alle Verbformen aus zwei Teilen, z. B. *haben bemerkt*.

c Untersucht die zweiteiligen Verbformen: Welche beiden Hilfsverben werden immer wieder verwendet? Kreist sie ein.

2 a Übertragt die nebenstehende Tabelle ins Heft und ergänzt die Formen der Hilfsverben *haben* und *sein*.

b Lernt die Konjugation von *haben* und *sein* auswendig. Sagt die Tabelle auch einmal aus dem Kopf rückwärts auf: *sie sind, ihr …*

Hilfsverben konjugieren

haben		**sein**	
ich habe	*wir …*	*ich bin*	*wir …*
du …	*ihr …*	*du …*	*ihr …*
er/sie/es …	*sie …*	*er/sie/es …*	*sie …*

3 Was erzählt der Kollege des Tauchers nach dem großartigen Fund?

a Formuliert die folgenden Sätze im Perfekt:

A Mein Kollege winkt plötzlich hektisch.
B Ich bekomme einen riesigen Schreck.
C Ich schwimme sofort zu ihm.
D Ein weiterer Kollege folgt mir.
E Wir staunen, als wir die Kiste sehen.

A Mein Kollege hat plötzlich hektisch gewinkt.
B Ich habe …

b Unterstreicht in euren Sätzen die zweiteiligen Verbformen.

4 Wie würde ein schriftlicher Erlebnisbericht der Taucher lauten? Formuliert die Sätze von Aufgabe 3 im Präteritum. Verwendet dabei die Verbformen im Kasten.

winkte • bekam • schwamm • folgte • staunten • sahen

Information **Verben im Perfekt** (die zusammengesetzte Vergangenheitsform)

- Wenn man **mündlich** von etwas **Vergangenem** erzählt, verwendet man häufig das **Perfekt,** z. B.: *Ich habe genau gesehen, wie das Schiff davongesegelt ist.*
- So wird das Perfekt gebildet: **Form von *haben/sein* (im Präsens) + Partizip II,** z. B.: *er hat gesucht, wir haben gefunden, sie sind geschwommen.*

Starke und schwache Verben unterscheiden

1 a Überlegt, was die Verben im Kasten gemeinsam haben. Nur eine Aussage trifft zu: A, B oder C.

rufen • fahren • fallen • schließen • beginnen • kommen • tragen • sprechen • verlieren • liegen • bringen

A Alle Verben bestehen aus zwei Silben.

B Bildet man eine Vergangenheitsform (Präteritum oder Perfekt), ändert sich ein Vokal.

C Alle Verben drücken eine Bewegung aus.

b Bildet von allen Verben die Präteritum- und die Perfektform. Schreibt z. B.: *rufen, er rief, er hat gerufen*

c Unterstreicht in den drei Verbformen jeweils den Vokal im Wortstamm. Wie verändert er sich?

2 Stark oder schwach? Das findet ihr heraus, wenn ihr die Vergangenheitsformen der Verben bildet.

a Übertragt die Tabelle ins Heft und sortiert die Verben aus dem Kasten ein.

sagen • singen • schwimmen • legen • ziehen • machen • reiten • beißen • schreiben • reden • finden

Starke Verben: Der Vokal im Wortstamm ändert sich im Präteritum und/oder Perfekt.	**Schwache Verben:** Der Vokal im Wortstamm bleibt immer gleich.
...	*sagen, er sagte, er hat gesagt*

b Unterstreicht in allen Verbformen den Vokal im Wortstamm.

3 a Bildet zu zweit die Präteritum- und die Perfektform der starken Verben im Kasten.

b Gestaltet zu diesen starken Verben einen Rap. Beginnt z. B. so:

gelingen • nehmen • lügen • reißen • streiten • bleiben • fangen

gelingen, gelang, gelungen –
Ein Wurm hat so schön gesungen.

nehmen, nahm, genommen –
Da kam ein Fisch geschwommen.

lügen, log, gelogen –
Der hat am Wurm ...

c Lernt euren Rap auswendig und tragt ihn zu zweit in der Klasse vor.

4 Bildet Gruppen mit mindestens fünf Mitspielern und spielt das folgende Lernspiel:
Der erste Spieler nennt ein Verb, der zweite ein Personalpronomen. Der dritte Spieler bildet die Präteritumform, der vierte die Perfektform. Der fünfte nennt ein neues Verb ... So geht es reihum, z. B.: *gehen – wir – wir gingen – wir sind gegangen.* Wer nichts sagt oder einen Fehler macht, scheidet aus.

Information **Starke und schwache Verben**

- Bei **starken Verben** verändert sich der Vokal im Wortstamm, wenn man eine Vergangenheitsform bildet, z. B.: *nehmen – er nahm – er hat genommen.*
- Bei **schwachen Verben** verändert sich der Vokal im Wortstamm nie, z. B.: *leben – er lebte – er hat gelebt.*
- Man muss die Formen der starken Verben auswendig lernen (▸ hintere Umschlagseite).

Teste dich!

Tandembogen: Rund um Wortarten

Partner A	Partner B
1 Welches grammatische Geschlecht hat *der Segelbootmast?*	**Lösung zu 1:** männlich (maskulin)
Lösung zu 2: weiblich (feminin)	**2** Welches grammatische Geschlecht hat *die Morgensonne?*
3 Bestimme den Fall (Kasus) der unterstrichenen Wörter: *Leo suchte den Schatz des Piraten überall.*	**Lösung zu 3:** *Leo:* Nominativ, *den Schatz:* Akkusativ, *des Piraten:* Genitiv
Lösung zu 4: *Der Junge:* Nominativ, *einem Freund:* Dativ, *die Schatzkarte:* Akkusativ	**4** Bestimme den Fall (Kasus) der unterstrichenen Wörter: *Der Junge zeigte einem Freund die Schatzkarte.*
5 Bestimme die Wortart des unterstrichenen Wortes: *Der kostbare Ring lag am Grund.*	**Lösung zu 5:** Adjektiv
Lösung zu 6: Verb	**6** Bestimme die Wortart des unterstrichenen Wortes: *Der Taucher fand den teuren Ring.*
7 Ergänze die Lücke: *Der Ring ist so teuer* ? *ein Auto.*	**Lösung zu 7:** *Der Ring ist so teuer* ***wie*** *ein Auto.*
Lösung zu 8: *Die Diamantkette ist wertvoller* ***als*** *ein Auto.*	**8** Ergänze die Lücke: *Die Diamantkette ist wertvoller* ? *ein Auto.*
9 Konjugiere im Präsens das Verb *haben.*	**Lösung zu 9:** *ich habe, du hast, er/sie/es hat, wir haben, ihr habt, sie haben*
Lösung zu 10: *ich bin, du bist, er/sie/es ist, wir sind, ihr seid, sie sind*	**10** Konjugiere im Präsens das Verb *sein.*
11 In welcher Zeitform steht dieser Satz: *Er fuhr für lange Zeit auf See.*	**Lösung zu 11:** Präteritum
Lösung zu 12: Perfekt	**12** In welcher Zeitform steht dieser Satz: *Ich habe einen interessanten Fund gemacht.*

1 Testet euch gegenseitig in Partnerarbeit. Geht so vor:
- Partner A deckt mit einem Blatt Papier die rechte Hälfte des Tandembogens ab. Partner B deckt die linke Seitenhälfte ab.
- Partner A liest die Aufgabe 1 vor und löst sie, Partner B prüft die Lösung.
- Danach liest Partner B die Aufgabe 2 vor und löst sie, Partner A prüft die Lösung.

Tipp: Übt so lange, bis ihr alle Aufgaben richtig lösen könnt. Tauscht einmal die Rollen A und B.

●●● Fordern – Rund um Wortarten

Geocaching – Schatzsuche ganz modern

Geocaching kann man am besten beschreiben als eine Art moderne Schatzsuche. Es geht so: Leute verstecken in der Natur Dosen, gefüllt mit Kleinigkeiten, wie z. B. Murmeln oder Radiergummis, sowie einem Notizbuch, dem Logbuch. Sie veröffentlichen dann das Versteck in Form von Koordinaten im Internet. Andere lesen diese Information. Sie merken sich die Koordinaten und nutzen ihr GPS-Gerät, um die Schätze zu finden. Meistens wird draußen im Gelände gesucht. Spätestens kurz vor dem Versteck des Schatzes muss man sich oft durch dichtes Gebüsch kämpfen, Böschungen hochlaufen oder über Bäche springen. Hat man den Schatz gefunden, tauscht man einen Gegenstand aus dem Inhalt der Dose aus, trägt seinen Besuch ins Logbuch ein und legt die Dose wieder zurück – für den Schatzsucher, der als Nächstes kommt.

1 ●●●

a Lest den Text und schreibt jeweils ein Beispiel für die folgenden Wortarten heraus:

männliches Nomen • weibliches Nomen • sächliches Nomen • bestimmter Artikel • unbestimmter Artikel • Personalpronomen im Singular • Personalpronomen im Plural

b Der Text enthält nur zwei Adjektive, die vor einem Nomen stehen. Notiert sie und ergänzt daneben die Komparativ- und die Superlativform.

c Sucht im Text fünf Verben und bildet zu diesen das Perfekt. Notiert sie in der 1. Person Singular, z. B.:
ich habe beschrieben, ich habe veröffentlicht

Viele finden den Moment am spannendsten, wenn sie das Versteck des Schatzes finden.
Der Schatz gehört aber nicht dem Finder: Man muss die Dose wieder zurücklegen.

2 ●●●

a Lest die zwei Sätze. Wie fragt man nach den markierten Wörtern? Verwendet die Fragewörter im Kasten und notiert die Frage und die Antwort.

Wer oder was? • Wessen? • Wem? • Wen oder was?

b Bestimmt jeweils den Fall der markierten Wörter.

3 ●●○

Lest den Text von Aufgabe 1 noch einmal. Schreibt eine kurze Geschichte, in der ihr erzählt, wie ihr als „Geocacher" einen Schatz gefunden habt. Verwendet überwiegend das Präteritum.
So könnt ihr beginnen:
Schon lange hatte ich meinen Cousin versucht zu überreden, dass er mich einmal zu einer Geocaching-Tour mitnimmt. Endlich war es so weit. Er holte mich an einem Sonntagmorgen zeitig ab. Wir nahmen eine Wasserflasche und natürlich das GPS-Gerät mit und fuhren …

●○○ Fördern – Rund um Wortarten

Sturmnacht

„Bitte, Opa, erzähl uns die Geschichte vom großen Sturm“, bettelten die Kinder. Der alte Mann lehnte sich zurück. Er begann den Enkeln die folgende Geschichte zu erzählen: „In dieser Nacht gab es den schrecklichsten Sturm, den ich jemals erlebt habe. Die Wellen waren so hoch wie Häuser, niemand wagte rauszugehen. Keiner machte in dieser fürchterlichen Nacht die Augen zu, so rüttelte der Wind an unseren Türen. Am nächsten Morgen war alles still und wir Kinder gingen sofort zum Strand unseres Dorfes. Bestimmt gibt es jede Menge Treibgut, wie nach jedem Sturm, dachten wir. Dann fanden wir es: das alte Schiff …“

1 ●○○ a Lest den Text und bestimmt die Wortarten der markierten Wörter. Übertragt die folgende Tabelle ins Heft und sortiert die Wörter ein.

Nomen	Artikel	Personalpronomen	Adjektiv	Verb
Sturm	…	…,	…	…

b Ergänzt zu jeder Wortart ein weiteres Beispiel aus dem Text.

2 ●○○ In welchem Fall (Kasus) stehen die unterstrichenen Nomen? Notiert zu jedem das passende Fragewort und den zugehörigen Fall.

Wer oder was? (Nominativ) • Wessen? (Genitiv) • Wem? (Dativ) • Wen oder was? (Akkusativ)

„Das Schiff lag zerschmettert im Wasser. Überall schwammen ? *(alt)* Balken herum, ? *(kaputt)* Segel und sogar Tassen und Teller mit ? *(merkwürdig)* Mustern darauf. Und dann trieben da noch zwei ? *(groß)* Kisten. Das waren ? *(sonderbar)* Kisten …“

3 ●○○ a Schreibt die Fortsetzung der Geschichte ab und setzt die Adjektive in Klammern in der richtigen Form ein.

b Unterstreicht die vier Verbformen im Heft und notiert, in welcher Zeitform sie stehen: Präsens, Perfekt oder Präteritum?

c Notiert die Infinitivformen zu den vier Verbformen, z. B.: *lag – liegen*

4 ●●○ Was waren das wohl für Kisten? Was befand sich darin?
Schreibt eine Fortsetzung der Geschichte. Achtet dabei auf die richtige Zeitform (Präteritum).
So könnt ihr beginnen:
Wir versuchten, die Kisten mit langen Stöcken an Land zu ziehen. Plötzlich sahen wir …

11.2 Abenteuer Steinzeit – Satzglieder bestimmen

Satzarten unterscheiden und anwenden

1 a Im Restaurant „Zum Neandertaler“ kann man wie in der Steinzeit essen. Lest laut vor, was die Kinder sagen. Achtet dabei besonders auf die Betonung am Satzende.

b Überlegt, welche Satzschlusszeichen bei den Sätzen fehlen: ein Punkt (.), ein Fragezeichen (?) oder ein Ausrufezeichen (!)? Begründet eure Antwort.

c Schreibt die Sätze in den Sprechblasen ab. Zeichnet zu jedem Satz den passenden Stimmbogen und notiert das Satzschlusszeichen dahinter.

- Die Stimme **senkt sich** am Satzende:
- Die Stimme **hebt sich** am Satzende:
- Die Stimme wird am Satzende **lauter:**

A Haben die Steinzeitmenschen wirklich Mammutmilch getrunken

B Ich würde gern einmal deine Rindensuppe probieren

C Bitte lass mich mal von deinem Wurmsalat kosten

D Möchte jemand den Rest von meinem Säbelzahntiger-Steak essen

E Das Gletschereis schmeckt ja nur nach Wasser

F Ein Glück, dass wir nicht mehr in der Steinzeit leben

2 a Schreibt die Sätze A bis F ab und ergänzt passende Satzschlusszeichen.

b Notiert hinter jeden Satz die richtige Bezeichnung:

Aussagesatz (AUS) • Fragesatz (FS) • Ausruf/Aufforderungssatz (AUF)

c Formuliert einen der Fragesätze in einen Aussagesatz um. Was müsst ihr dabei ändern?

3 Formuliert drei Regeln zu den Satzschlusszeichen. Nutzt die Begriffe von Aufgabe 2 b und notiert Beispiele. Ergänzt auch den passenden Stimmbogen.

Die Satzarten
- *Beim ... steht am Satzende immer ein ...*
  Beispiel: ...
  Stimmbogen: ...

Satzglieder erkennen – Die Umstellprobe

der	Wanderer	entdeckte	im	Eis	eine	mumifizierte	Leiche

1 Probiert zu zweit das folgende Experiment aus:

a Übertragt die Wörter oben auf Kärtchen oder Zettel und legt diese in der gleichen Reihenfolge vor euch hin. Schreibt den Satz ab. Achtet darauf, am Satzanfang großzuschreiben.

b Baut den Satz zweimal um, ohne dass der Inhalt verändert wird:
- Beginnt den ersten Satz mit dem Wort *im*.
- Beginnt den zweiten Satz mit dem Wort *eine*.

Notiert beide Sätze. Achtet dabei auf die Großschreibung am Satzanfang.

c Findet ihr noch eine vierte Möglichkeit, den Satz aufzubauen? Achtet beim Aufschreiben auf das Satzschlusszeichen.

2 **a** Untersucht eure Sätze von Aufgabe 1: Welche Wörter bleiben immer zusammen, egal, wie ihr den Satz umstellt?

b Rahmt die zusammengehörenden Wörter ein. Diese eingerahmten Wörter oder Wortgruppen sind die Satzglieder.

A Der Mann lebte vor 5500 Jahren in den Alpen.
B Er hatte ein Beil bei sich.
C Er trug einen Ledergürtel um die Hüften.
D Er hatte am Körper über 50 Tätowierungen.
E Er starb vermutlich im Alter von 45 Jahren.
F Die Todesursache war eine Pfeilattacke.
G Wissenschaftler untersuchten die Mumie mehrmals.
H Man gab der Mumie den Namen Ötzi.
I Heute befindet sich die berühmte Mumie in einem Museum in Südtirol.

3 Findet heraus, wie viele Satzglieder die Sätze A bis I jeweils haben. Geht so vor:

a Stellt jeden Satz mindestens einmal um, ohne den Inhalt zu verändern, und schreibt ihn auf.

b Welche Wörter sind dabei zusammengeblieben? Kreist die Satzglieder ein.

4 **a** Die Sätze B bis E in Aufgabe 3 klingen etwas langweilig. Überlegt, woran das liegt.

b Schreibt die Sätze ab und stellt die Satzglieder so um, dass die Sätze abwechslungsreich klingen.

Methode **Satzglieder erkennen: Die Umstellprobe**

- Ein Satz besteht immer aus mindestens zwei Bausteinen, die man **Satzglieder** nennt.
- Ein Satzglied kann aus einem Wort oder aus mehreren Wörtern bestehen.
- Mit der **Umstellprobe** kann man herausfinden, welche Wörter ein Satzglied bilden. Sie bleiben bei der Umstellung zusammen, z. B.:

[Der Wanderer] [fand] [eine alte Mumie.] – [Eine alte Mumie] [fand] [der Wanderer.]

Das Prädikat

1 a Führt das folgende Satzexperiment durch:
- Vier Schüler beschriften jeweils ein großes Blatt Papier mit einem Satzglied wie auf dem Bild.
- Die vier Schüler stellen sich vor der Klasse in einer Reihe auf und halten ihr Blatt hoch.
- Anschließend wechseln sie ihre Position. Dabei muss der Sinn des Satzes erhalten bleiben.

b Beobachtet, welches Satzglied (welcher Schüler) die Position nicht verändert: Das ist das Prädikat.

c Bittet den Schüler mit dem Prädikat, sich in der Reihe ganz nach links zu stellen. Was passiert?

A Die Steinzeitmaler nutzten gelbe und rote Farben.
B Die Farben mischten sie aus Naturmaterialien.
C Sie verwendeten Erde, Wasser und Fett.

2 Bestimmt in den Sätzen A bis C die Prädikate.
Tipp: Nutzt die Umstellprobe und ermittelt, welches Satzglied immer an der zweiten Stelle steht.

A Vier Jugendliche am 12. September 1940 durch den Wald.
B Einer plötzlich über ein großes Loch.
C Die vier den Eingang einer Höhle.
D Sie einen unterirdischen Raum mit Zeichnungen an der Wand.
E Menschen sie vor 17 000 Jahren.

stolperte •
streiften •
malten •
sahen •
fanden

3 In den Sätzen A bis E erfahrt ihr etwas über die berühmte Steinzeit-Höhle von Lascaux.
a Lest den Text ohne Prädikate laut. Welche Informationen fehlen?
b Sucht in den Sätzen die Stellen, an denen ihr Prädikate einsetzen könnt. Ergänzt passende Verben.

Information **Das Prädikat**

- Der **Kern des Satzes** ist das **Prädikat.** Es gibt an, was jemand tut oder was geschieht. So kann man es erfragen:
  Die Menschen jagten Tiere. Frage: *Was taten die Menschen?* → *Sie jagten Tiere.*
- Prädikate werden aus **Verben** gebildet.
- Im Aussagesatz steht das einteilige Prädikat immer **an zweiter Satzgliedstelle.**

4 **a** Erweitert den Satz oben nach und nach um die Satzglieder auf den Puzzleteilen rechts. Beschreibt, was mit dem Prädikat passiert:
Die Menschen haben bereits …
b Notiert die fünf Sätze ins Heft und unterstreicht in jedem Satz die Teile des Prädikats.

A	Ein Forscherteam + fand heraus.	C	Sie + gruben aus.
B	Die Forscher + stiegen hinab.	D	Die Männer und Frauen + konnten sehen.

5 **a** Erweitert die Sätze A bis D um weitere Satzglieder und schreibt sie auf, z. B.:
A Ein Forscherteam fand in Afrika den Ort einer Steinzeithöhle heraus.
b Unterstreicht in allen Sätzen die zwei Teile des Prädikats.

6 Wählt einen der Sätze von Aufgabe 5 und ergänzt so viele Satzglieder wie möglich. Wer formuliert den Satz mit den meisten Satzgliedern?

Welche Kleidung trugen die Steinzeitmenschen?

Die Steinzeitmenschen hüllten sich mit Fellen ein. Diese nähten sie mit einer Nadel. Die Nadel wurde aus Knochen oder Horn hergestellt. Die Fäden waren aus Tiersehnen. Auch Leder wurde bereits verwendet. Schuhe fertigten die Steinzeitmenschen vermutlich aus Baumrinde. Bei starker Sonne setzten sie Strohhüte auf. Während der Eiszeit mussten die Menschen besonders dicke und warme Kleidung tragen. Es gab sogar schon Strumpfhosen und Kapuzen. Leider blieben nur wenige Kleiderfunde erhalten.

7 Schreibt den Text ab und unterstreicht alle Prädikate.
Tipp: Der Text enthält vier einteilige und sechs zweiteilige Prädikate.

Information **Das zweiteilige Prädikat: Die Prädikatsklammer**

- **Prädikate** können auch aus **zwei Teilen** bestehen.
  Dann steht ein Teil des Prädikats an der **zweiten Stelle** des Aussagesatzes (nach dem ersten Satzglied) und der andere Teil meistens **am Schluss,** z. B.:
  Besucher dürfen nicht mehr in die Höhle gehen. Die Zeichnungen lösen sich langsam auf.
- Da die zwei Prädikatsteile andere Satzglieder einklammern, spricht man von einer **Prädikatsklammer.**

Das Subjekt

Alles scheint ganz friedlich.
Ein Mann will zum Jagen aufbrechen.
Die Kinder sammeln Beeren.
Eine ältere Frau sitzt am Bach.
Ein Bär schläft tief.
Plötzlich tauchen hinter einem Felsen zwei Hunde auf.

1 a Betrachtet die Höhlenmalerei. Was wird darauf dargestellt?

b Jemand hat versucht, die Malerei zu deuten. Prüft die Aussagen auf der rechten Seite: Was fällt euch auf?

c Wer macht auf dem Bild was? Fragt euch gegenseitig:
Wer geht auf die Jagd? → drei Männer
Wer sammelt Beeren? → ...

d Korrigiert die Aussagen im Kasten und schreibt sie richtig in euer Heft.

e Unterstreicht alle Wörter grün, die ihr ausgetauscht habt: Das sind die Subjekte der Sätze.

A In der Steinzeit lebten die Menschen hauptsächlich von der Jagd.
B Ihre Waffen fertigten die Männer aus Holz, Stein oder Knochen.
C Die erlegten Tiere nutzten die Steinzeitmenschen auf verschiedene Weise.
D Das Fett gebrauchten sie als Kerzenöl.
E Als Kleidung in kalten Wintermonaten diente das Fell.

2 a Bestimmt in den Sätzen A bis E jeweils das Subjekt. Fragt dazu: *Wer oder was?*, z. B.:
A Wer oder was lebte in der Steinzeit hauptsächlich von der Jagd? → die Menschen

b Formt die Sätze um: Stellt jeweils das Subjekt an den Satzanfang, z. B.:
A Die Menschen lebten in der Steinzeit hauptsächlich von der Jagd.

3 Wie viele Umstellmöglichkeiten gibt es für die Sätze A bis C in Aufgabe 2? Notiert zu diesen Sätzen alle Möglichkeiten und unterstreicht jeweils das Subjekt.

Information **Das Subjekt**

- Das Satzglied, das man mit **Wer oder was ...?** erfragen kann, heißt Subjekt.
- Das Subjekt steht immer im **Nominativ** (1. Fall, ▸ S. 172).
- **Subjekt und Prädikat** eines Satzes sind eng aufeinander bezogen. Das Subjekt bestimmt die Form des Prädikats, z. B.:
  Der Mann fällt einen Baum. → Die Männer fällen einen Baum.
- Subjekte können aus einem Wort oder aus mehreren Wörtern bestehen.

Die Objekte

Überraschende Entdeckung

Bauarbeiter entdeckten vor über 100 Jahren in Kassel ? .
Sie fanden ? . Zuerst informierten sie ? .
Dann übergaben sie ? einem Museum.
Erst viel später untersuchte ein Wissenschaftler ? .
Er ordnete ? einem Mann, einer Frau und einem Hund zu.
Vermutlich hatten Angehörige ? zusammen begraben – vor etwa 14 000 Jahren.

die Überreste • die Polizei • die Knochen • alle drei • ein ungewöhnliches Grab • ihren Fund • alte Knochen

1 a Lest den Lückentext. Welche Informationen fehlen?
b Überlegt zu zweit, wie ihr nach den fehlenden Satzgliedern fragen könnt. Notiert die Fragen und unterstreicht jeweils das Fragewort.
Wen oder was entdeckten Bauarbeiter vor über 100 Jahren in Kassel?
c Stellt euch abwechselnd die Fragen und sucht eine passende Antwort im Kasten rechts.
d Schreibt den Lückentext in euer Heft ab und ergänzt die Lücken. Unterstreicht die eingesetzten Satzglieder.
e Bestimmt, in welchem Fall (Kasus) diese Satzglieder stehen: Nominativ, Genitiv, Dativ oder Akkusativ?

2 a Formuliert mit Hilfe der Verben im nebenstehenden Kasten Sätze mit Akkusativobjekt und notiert sie ins Heft.
b Tauscht eure Hefte und unterstreicht das Akkusativobjekt in den Sätzen eures Partners.

3 Spielt das folgende Akkusativobjekt-Spiel:

Wen oder was hast du gesehen?

Ein Schüler spricht den Beginn: *Ich habe heute ein rotes Auto gesehen.* Dann wird reihum gespielt. Wer einen Fehler macht oder zu langsam ist, scheidet aus.

Micha: Wen oder was hast du gesehen? Ein weißes Pferd? → **Sven:** Nein, ein rotes Auto. Und du? → **Micha:** Ich habe eine blaue Giraffe gesehen.

Sven: Wen oder was hast du heute gesehen? Einen grünen Radiergummi? → **Max:** Nein, einen rosafarbenen Elefanten. Und du? → **Sven:** Ich habe ein gelbes Fahrrad gesehen.

Max: Wen oder was hast du heute gesehen? Ein cooles T-Shirt? → **Lina:** Nein, einen alten Schuh. Und du? → **Max:** Ich habe eine schwarze Katze gesehen ... usw.

4 Hier seht ihr, welchen Weg Fundstücke gehen, die auf Baustellen gefunden werden. Wer übergibt wem den Fund? Formuliert Fragen und Antworten:
Wem übergibt der Bauarbeiter den Fund? – dem Bauleiter

A Ein Bauarbeiter findet einen Knochen und zeigt ihn Wem?.
B Der Bauleiter übergibt das Fundstück Wem?.
C Die Polizei bringt den Knochen Wem?.
D Der Gerichtsmediziner erklärt Wem?: „Dieser Knochen ist 20 000 Jahre alt."
E Er übergibt den Knochen schließlich Wem?.
F Wem? steht ein Finderlohn zu.

5 a Übertragt die Sätze A bis F ins Heft und ergänzt passende Nomen aus dem Bild. Achtet darauf, den Artikel zu ergänzen und in die richtige Form zu setzen.
b Unterstreicht die eingesetzten Satzteile: Das sind Dativobjekte.

6 a Formuliert mit Hilfe der Verben im Kasten Sätze mit Dativobjekt und notiert sie ins Heft.
b Tauscht eure Hefte und unterstreicht das Dativobjekt in den Sätzen eures Partners.

helfen • danken • gratulieren • antworten • schmecken • gehören

A die Eintrittskarten | überreicht | der Verkäufer | den Besuchern
B zeigt | der Museumsleiter | den seltenen Fund | den Wissenschaftlern
C erklärt | ihnen | er | die Geschichte des Fundes

7 a Ordnet die Satzglieder jeweils zu einem Aussagesatz und schreibt die drei Sätze auf. Achtung: Denkt an die Großschreibung am Satzanfang.
b Bestimmt die Satzglieder und unterstreicht sie in den folgenden Farben:
Prädikat: gelb Dativobjekt: blau Subjekt: grün Akkusativobjekt: rot

8 Entwerft ein Lernplakat zu den Satzgliedern Prädikat, Subjekt, Akkusativobjekt und Dativobjekt und hängt es im Klassenraum auf (▸ Seite 238).

Information **Die Objekte**

- Manche Sätze bestehen nur aus Subjekt und Prädikat, z. B.: *Der Bauarbeiter arbeitet.*
- Die meisten Prädikate brauchen aber außer dem Subjekt weitere Satzglieder, die **Objekte.**
- Satzglieder, die man mit **Wen oder was ...?** erfragt, heißen **Akkusativobjekte,** z. B.: *Der Bauarbeiter findet alte Knochen. (Wen oder was findet der Bauarbeiter? → alte Knochen)*
- Satzglieder, die man mit **Wem ...?** erfragt, heißen **Dativobjekte,** z. B.: *Der Wissenschaftler dankt dem Bauarbeiter. (Wem dankt der Wissenschaftler? → dem Bauarbeiter)*
- Objekte können aus einem Wort oder aus mehreren Wörtern bestehen.

Mit Hilfe von grammatischen Proben Texte verbessern

Leben und Sterben der Urmenschen

Die Urmenschen wurden nicht sehr alt. Die Urmenschen wurden oft nur 30 bis 40 Jahre alt. Starb ein Urmensch, so wurde eine Grube ausgehoben, in die der Urmensch hineingelegt wurde. Die Waffen des Urmenschen wurden dem Urmenschen für seine Reise ins Totenreich beigelegt. Dann wurde das Grab des Urmenschen zum Schutz vor wilden Tieren mit Steinen abgedeckt.

1 a Lest den Text laut vor und beschreibt, wie er auf euch wirkt.
b Überarbeitet den Text. Versucht dabei, Wortwiederholungen zu vermeiden.
c Wie seid ihr bei der Überarbeitung vorgegangen?
Erklärt genau, was ihr in den einzelnen Sätzen gemacht habt.

Die Urmenschen kannten das Feuer aus der Ferne. Sie fürchteten das Feuer sehr. Sie flohen nach einem Blitzeinschlag voller Panik. Ein mutiger Urmensch wagte sich irgendwann näher. Der Urmensch brachte das Feuer nach Hause. Er brachte vermutlich glühende Kohlen zur Höhle.

2 a Lest die Fortsetzung des Textes und beschreibt, was euch an diesen Sätzen auffällt.
b Überarbeitet den Text. Geht dabei so vor:
– Wendet die Umstellprobe an: Stellt in den grün markierten Sätzen die Satzglieder so um, dass nicht das Subjekt am Anfang des Satzes steht. Achtung: Der Satz muss ein Aussagesatz bleiben.
– Wendet die Ersatzprobe an: Ersetzt die unterstrichenen Satzglieder durch andere Wörter.
c Lest euch eure überarbeiteten Texte gegenseitig vor und besprecht, wie sie wirken.

Methode **Mit Proben Texte überarbeiten**

Die Ersatzprobe anwenden:
Wenn Wörter häufig wiederholt werden, wirkt ein Text eintönig. Mit der Ersatzprobe kann man Satzglieder, die immer wieder vorkommen, durch andere Wörter ersetzen:
- Für Nomen kann man Personalpronomen einsetzen (▶ S. 173), z. B.:
  Die Urmenschen kannten das Feuer. ~~Die Urmenschen~~ Sie hatten Angst davor.
- Verben tauscht man gegen andere Verben aus, z. B.:
  Die Urmenschen wurden nicht alt. Die Urmenschen wurden oft nur 30 bis 40 Jahre alt.
  → *Die Urmenschen wurden nicht alt. Sie lebten oft nur 30 bis 40 Jahre.*

Die Umstellprobe anwenden:
Mit Hilfe der Umstellprobe kann man Texte abwechslungsreicher gestalten.
Man kann auch die Wiederholung von Satzanfängen vermeiden, wenn man die Satzglieder umstellt, z. B.: *Die Urmenschen zogen umher. Sie suchten Schutz in Höhlen. Sie jagten Tiere.*
→ *Die Urmenschen zogen umher. In Höhlen suchten sie Schutz. Sie jagten Tiere.*

Teste dich!

Tandembogen: Rund um Sätze und ihre Satzglieder

Partner A	Partner B
1 Welches Satzschlusszeichen verwendet man nach einer Aussage?	**Lösung zu 1:** einen Punkt (.)
Lösung zu 2: ein Ausrufezeichen (!)	**2** Welches Satzschlusszeichen verwendet man nach einem Befehl?
3 Nenne die Prädikatsklammer: *Er wurde von dem Bären angegriffen.*	**Lösung zu 3:** *wurde angegriffen*
Lösung zu 4: *konnte retten*	**4** Nenne die Prädikatsklammer: *Er konnte sein Leben retten.*
5 Bestimme das Subjekt in dem Satz: *Die Kinder entdeckten eine Grube im Wald.*	**Lösung zu 5:** *Die Kinder*
Lösung zu 6: *Die Steinzeitmenschen*	**6** Bestimme das Subjekt in dem Satz: *Die Steinzeitmenschen jagten Mammuts.*
7 Welches Objekt enthält dieser Satz: *Ein Bauarbeiter findet eine alte Schale.*	**Lösung zu 7:** *eine alte Schale* – Akkusativobjekt
Lösung zu 8: *dem Finder* – Dativobjekt	**8** Welches Objekt enthält dieser Satz: *Der Museumsdirektor dankt dem Finder.*
9 Benenne die vier Satzglieder: *Der Junge gibt seinem Freund den Bogen.*	**Lösung zu 9:** *Der Junge* | *gibt* | *seinem Freund* | *den Bogen*. Subjekt Prädikat Dativobjekt Akkusativobjekt
Lösung zu 10: *Die Mutter* | *zeigt* | *den Kindern* | *essbare Beeren*. Subjekt Prädikat Dativobjekt Akkusativobjekt	**10** Benenne die vier Satzglieder: *Die Mutter zeigt den Kindern essbare Beeren.*
11 Wie oft kann man den Aussagesatz von Aufgabe 9 umstellen?	**Lösung zu 11:** dreimal: 1 *Seinem Freund gibt der Junge den Bogen.* 2 *Den Bogen gibt der Junge seinem Freund.* 3 *Der Junge gibt den Bogen seinem Freund.*
Lösung zu 12: einmal: *Dem Finder dankt der Museumsdirektor.*	**12** Wie oft kann man den Aussagesatz von Aufgabe 8 umstellen?

1 Testet euch gegenseitig in Partnerarbeit. Geht so vor:
- Partner A deckt mit einem Blatt Papier die rechte Hälfte des Tandembogens ab. Partner B deckt die linke Seitenhälfte ab.
- Partner A liest die Aufgabe 1 vor und löst sie, Partner B prüft die Lösung.
- Danach liest Partner B die Aufgabe 2 vor und löst sie, Partner A prüft die Lösung.

Fordern – Rund um Satzglieder

Der Mann schnitzt seinem Freund einen Bogen.

1 a Stellt den Satz so oft um, wie es geht, ohne dass ihr seine Aussage verändert. Schreibt die Sätze ins Heft.

b Unterstreicht in allen Sätzen die Satzglieder.

c Wie nennt man die Probe, die ihr hier angewendet habt?
Schreibt den folgenden Merksatz ab und ergänzt ihn:
Mit der ? kann man herausfinden, welche Wörter gemeinsam ein ? bilden:
Die Wörter, die ?, gehören zu einem ?.

2 a Bildet aus den Puzzleteilen fünf Aussagesätze und schreibt sie auf.
Tipp: Die Puzzleteile einer Farbe ergeben einen Satz.

b In einer sinnvollen Reihenfolge bilden die Sätze einen Text. Nummeriert die Sätze.

c Unterstreicht in jedem Satz die folgenden Satzglieder mit unterschiedlichen Farben:
Prädikat: gelb   Subjekt: grün   Dativobjekt: blau   Akkusativobjekt: rot

d Formuliert aus einem der Sätze einen Fragesatz.

3 a Bildet mit Hilfe der Verben im Kasten Sätze, die jeweils ein Dativobjekt und ein Akkusativobjekt enthalten.

b Unterstreicht die Satzglieder mit unterschiedlichen Farben.

geben • kaufen • bauen • zeigen • bringen • schenken • erklären

Kindheit in der Steinzeit

In der Steinzeit mussten Kinder vermutlich sehr viel arbeiten. Man übertrug Kindern schon früh Aufgaben in der Gemeinschaft. Kinder pflückten Beeren, hüteten Tiere oder holten Wasser. Sicher mussten Kinder auch bei der Ernte mitarbeiten. Skelettfunde zeigen, dass Kinder schon mit sechs Jahren viele Stunden am Tag arbeiten mussten. Allerdings haben die Kinder sicher auch gespielt. Das zeigen Fundstücke wie z. B. ein Miniaturboot.

4 Lest den Text und überarbeitet ihn. Prüft dabei, welche markierten Satzglieder ihr ersetzen solltet (Ersatzprobe). Schreibt den überarbeiteten Text in euer Heft.

●○○ Fördern – Rund um Satzglieder

1 ●○○

a Seht euch das Bild an und setzt die Wörter zu einem Satz zusammen. Notiert ihn ins Heft:
1. Der kleine Junge …

b Stellt die Wörter des Satzes mehrmals um und ergänzt die folgenden Satzanfänge:
2. Der Frau …
3. Ein großes Bärenfell …

c Welche Wörter konntet ihr nur zusammen umstellen? Kreist sie ein.

d Wie nennt man die Probe, die ihr hier angewendet habt? Schreibt den folgenden Merksatz ab und ergänzt die zutreffenden Begriffe:
Mit der ? *(Umstellprobe/Ersatzprobe)* kann man herausfinden, welche Wörter gemeinsam ? *(einen Satz/ein Satzglied)* bilden: Die Wörter, die ? *(zusammenstehen/getrennt stehen)*, gehören zu einem ? *(Satzglied/Satz)*.

A warme Felle | Die Menschen | trugen
B Sie | unterschiedliche Kleidungsstücke | besaßen
C ähneln | Manche Kleider von damals | der heutigen Mode

2 ●○○

a Ordnet die Satzglieder jeweils zu einem Aussagesatz und schreibt die Sätze auf.

b Wie erfragt ihr die Subjekte? Schreibt zu jedem Satz die Frage auf und unterstreicht das Subjekt im Satz grün.

c Unterstreicht die Prädikate in den drei Sätzen gelb.

Handel in der Steinzeit

Die Menschen in der Steinzeit tauschten vermutlich ? . Die Menschen handelten auch ? . Man hat ? weit entfernt von Gewässern gefunden. Die Muscheln wurden als Schmuck verwendet. Wahrscheinlich legten die Menschen ? für den Tausch zurück. ? hatten die Menschen natürlich noch nicht.

lange Wege • Nahrung und Werkzeuge • Geld • Muscheln • Materialien wie Feuersteine

3 ●●○

a Schreibt den Text ab und setzt passende Objekte aus der Randspalte ein.

b Prüft und notiert, welche Art von Objekten ihr eingesetzt habt: Akkusativ- oder Dativobjekte?

c Unterstreicht im Text Wortwiederholungen.

d Überarbeitet den Text so, dass Wörter nicht immer wiederholt werden.
Wendet die Ersatzprobe an und schreibt die Überarbeitung ins Heft.

11.3 Fit in ...! – Texte überarbeiten

Beispiel 1: Einen Text in die richtige Zeitform setzen

Stellt euch vor, ihr bekommt in der nächsten Klassenarbeit die folgende Aufgabe gestellt:

Aufgabe
Ein Schüler hatte die Aufgabe, eine spannende Geschichte zum Thema Schatzsuche im Präteritum (einfache Vergangenheitsform) zu schreiben. Er hat den Text aber fast vollständig im Präsens (Gegenwartsform) verfasst.
Lies den Beginn der Geschichte und überarbeite ihn. Formuliere dazu den Text im Präteritum.

Gestern finde ich im Keller in einer Kiste das Tagebuch meines Großvaters. Eigentlich will ich nur die Angel holen, aber dann entdecke ich die Kiste. Jch sehe sie zum ersten Mal, und so werde ich neugierig. Ganz unten liegt ein Buch, schmutzig und verklebt. Jch kann die Seiten fast nicht öffnen. Auf einer Seite steht: „Heute vergrub ich meine Uhr hinter dem Schuppen beim Apfelbäumchen. Jch brauchte sie nicht mehr, aber wegwerfen wollte ich sie auch nicht." Jch werde ganz aufgeregt, denn es gibt den Schuppen und auch den Baum noch. Jch vergesse das Angeln und gehe mit einer Schaufel hinter den Schuppen. Der Baum ist inzwischen riesengroß. Jch fange an zu graben ...

Die Aufgabe richtig verstehen

1 Lest die Aufgabe mehrmals. Schließt das Buch und erklärt einem Lernpartner, was ihr machen sollt. Der Partner prüft, ob die Erklärung mit den Angaben in der Aufgabe übereinstimmt.

Planen und schreiben

2 a Lest den Text noch einmal langsam und setzt in Gedanken alle Verben in das Präteritum. Schlagt auf der hinteren Umschlagklappe (▶ Liste mit kniffligen Verben) nach, wenn ihr unsicher seid, wie eine Präteritumform lautet. Notiert die Form auf einen Zettel.
b Schreibt den vollständigen Text im Präteritum in euer Heft.

Überarbeiten

3 a Unterstreicht alle Verben im Heft und prüft, ob ihr sie richtig umgeformt und dabei kein Verb vergessen habt.
b Kontrolliert eure Rechtschreibung Wort für Wort. Enden alle Sätze mit dem richtigen Satzschlusszeichen?

Beispiel 2: Einen Text mit Hilfe von Proben überarbeiten

Stellt euch vor, ihr bekommt in der nächsten Klassenarbeit die folgende Aufgabe gestellt:

Aufgabe
Die Schülerzeitung deiner Schule will einen Text zu folgendem Ferienangebot veröffentlichen: „Eine Woche in der Steinzeit“. Als Mitglied des Schülerzeitungsteams sollst du den Text verbessern. Überarbeite den Text. Wende dabei die Umstellprobe und die Ersatzprobe an.

Ferienangebot: Eine Woche in der Steinzeit

Bleibst du in diesem Jahr in den Sommerferien zu Hause und hast keine Idee, was du in den Sommerferien machen kannst? Mach doch etwas Abenteuerliches! Wie wäre es mit einem Abenteuercamp! Du lebst eine Woche lang draußen. Du lebst eine Woche lang in Zelten. Du kochst jeden Tag selbst. Du musst dafür Beeren pflücken und Pilze sammeln. Du lernst auch, wie man einen Bogen macht und wie man eine Steinaxt macht.
Es gibt in diesem Steinzeitcamp kein Fernsehen. Es gibt in diesem Steinzeitcamp auch keinen Computer. Es gibt noch nicht einmal Handyempfang. Es gibt dagegen jede Menge coolen Outdoorspaß! Melde dich an! Weitere Informationen findest du im Internet unter: ...

Die Aufgabe richtig verstehen

1 Lest die Aufgabe noch einmal zu zweit und erklärt euch gegenseitig, was bei der Umstellprobe und der Ersatzprobe gemacht wird.

Planen

2 a Welche Wörter werden häufig wiederholt? Lest den Text und notiert sie auf einem Zettel.
b Überlegt, durch welche Wörter ihr Wiederholungen ersetzen könnt, und schreibt sie daneben, z. B.:
in den Sommerferien → in dieser Zeit / in der schulfreien Zeit ...

3 Welche Sätze beginnen oder klingen immer wieder gleich? Überlegt, wie ihr diese Sätze umstellen könnt, z. B.:
Du kochst jeden Tag selbst. Du musst dafür Beeren pflücken und Pilze sammeln.

→ Du kochst jeden Tag selbst. Dafür musst du Beeren pflücken und Pilze sammeln.

Schreiben und überarbeiten

4 a Überarbeitet den Artikel und schreibt ihn vollständig ins Heft.
Tipp: Ihr müsst nicht alle Satzglieder ersetzen oder alle Sätze umstellen.
b Lest euren überarbeiteten Text durch. Prüft Rechtschreibung und Zeichensetzung.

12 Rechtschreibung erforschen – Strategien und Regeln finden

1 Was hat der Jongleur mit dem Thema Rechtschreibung zu tun? Sammelt Ideen.

2 Äußert eure Meinung zu den Aussagen von Davis, Marie, Linda und Augin und begründet sie.

3 Wie geht ihr vor, wenn ihr ein Rechtschreibproblem habt? Tauscht euch aus.

In diesem Kapitel ...

- lernt ihr wichtige Rechtschreibstrategien und ihre Symbole kennen,
- nutzt ihr die Strategien, um die Schreibweise von Wörtern zu erklären,
- findet ihr mit Hilfe der Strategien Regeln zur Rechtschreibung,
- wendet ihr die Strategien an, um Fehler zu vermeiden.

12.1 „Balltraining" – Rechtschreibstrategien einüben

Strategie: Schwingen – Wörter in Silben sprechen

Lange Wörter richtig lesen und schreiben

Sommerwolkenhimmel • Regenbogenforelle • Aprikosenkerne • Winterferienreise • Piratengeschichten • Sauerkirschmarmelade • Lederhosenschnalle • Sonnenblumenmargarine • Wassermelonenschale

1
a Lest die Wörter im Kasten. Deckt sie nacheinander ab und schreibt sie richtig in euer Heft.
b Welche Schwierigkeiten hattet ihr beim Schreiben der Wörter? Berichtet davon, z. B.:
Jch habe Buchstaben vergessen.

Kopfkissenschlachten • Schokoladeneis • Kürbiskerne • Schlittenhundezüchter • Kamelkarawane • Wetteraussichten • Wörterbuchseiten • Segelabenteuer • Krötenwanderwege • Sonnenuntergang • Wunderkerzenzauber • Regenwassertonne

2 Übt die zwölf Wörter in einem Partnerdiktat.
Geht dabei so vor:
a Bereitet euch auf das Diktat vor:
– Lest jedes Wort deutlich in Silben: Kopf kis sen schlach ten
– Zieht beim Sprechen mit eurer Schreibhand für jede Silbe einen Bogen durch die Luft.
b Diktiert euch die Wörter gegenseitig. Sprecht die Silben beim Schreiben leise mit.
c Tauscht eure Hefte und korrigiert die Wörter eurer Partnerin oder eures Partners. Zeichnet dabei unter jedem Wort die Silbenbögen ein.

3 Übt die langen Wörter auf dieser Seite in Gruppenarbeit. Geht so vor:
– Wählt aus den beiden Kästen oben eure drei Lieblingswörter. Begründet eure Wahl.
– Diktiert den anderen Gruppenmitgliedern eure drei Wörter.
– Sprecht beim Schreiben die Silben leise mit.
– Tauscht eure Hefte im Uhrzeigersinn und korrigiert eure Wörter gegenseitig.

4 In welchem Diktat hattet ihr die wenigsten Fehler, in Aufgabe 1, 2 oder 3? Woran lag das? Tauscht euch über eure Erfahrungen aus.

Methode **Wörter schwingen**

- **Vor** dem Schreiben: Sprecht die Wörter deutlich in Silben. Zeichnet Silbenbögen in die Luft.
- **Beim** Schreiben: Sprecht die Silben leise mit. Sprecht nicht schneller, als ihr schreibt.
- **Nach** dem Schreiben: Prüft, ob ihr richtig geschrieben habt: Zeichnet dazu Silbenbögen unter jede Silbe und sprecht dabei leise mit.

Den gesprochenen Lauten Buchstaben zuordnen, aus Silben Wörter bauen

Juchhu, ist ja super! Ich muss gar nichts erfinden. Alles ist schon da.
Die Frage ist doch nur, was setze ich wie aneinander, was nehme ich weg?
Wie viel Buchstaben brauch ich doppelt, welche bestell ich mir wie oft,
damit ein schönes neues Geschichtchen daraus wird. *(Christoph Eschweiler)*

1 a Was braucht man zum Schreiben von Geschichten? Lest den Text und erklärt den Inhalt.
b Überlegt, was der Text mit dem Thema Rechtschreibung zu tun hat.

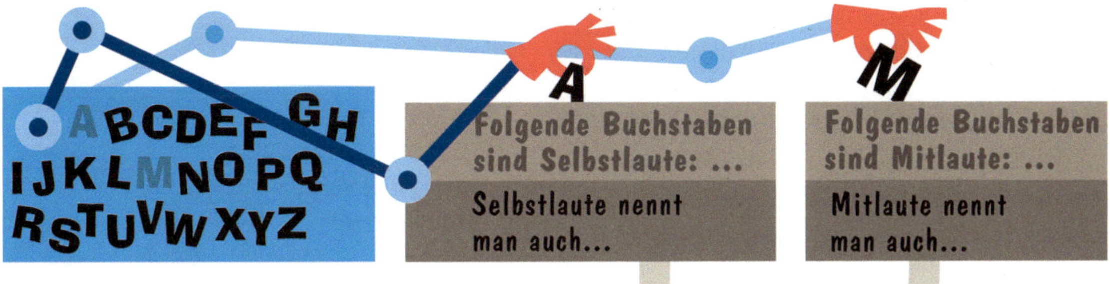

2 a Betrachtet die Buchstaben-Sortiermaschine und lest die Buchstaben darin laut vor.
b Welche Buchstaben gehören in die Selbstlaut-Kiste, welche in die Mitlaut-Kiste? Legt eine Tabelle im Heft an und sortiert die Buchstaben ein.
c Ergänzt die Merksätze in der Abbildung und schreibt sie ins Heft.

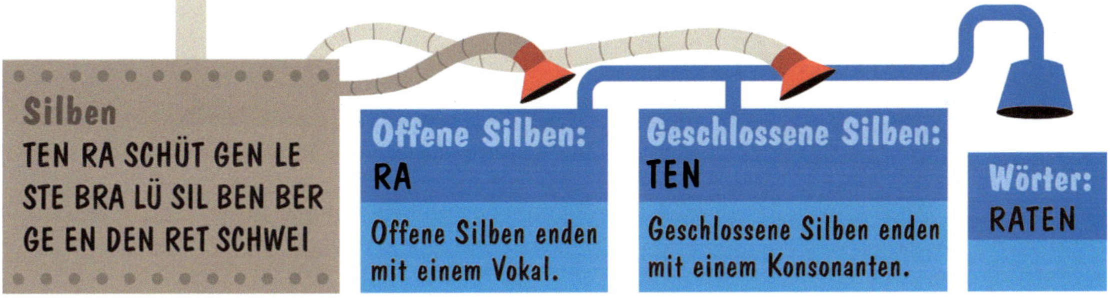

3 a Betrachtet die Silben-Sortiermaschine und lest die Silben darin laut vor.
b Legt im Heft eine Tabelle mit den Spalten *offene Silben* und *geschlossene Silben* an und sortiert die Silben ein.
c Setzt die Silben zu Wörtern zusammen und schreibt sie ins Heft. Wie viele Wörter findet ihr?

Information **Der Zusammenhang von Lauten, Buchstaben, Silben und Wörtern**

- Die gesprochene Sprache besteht aus **Lauten.**
- In der Schrift stehen für diese Laute die 26 **Buchstaben** des Alphabets zur Verfügung. Man unterscheidet die **Vokale (Selbstlaute)** *a, e, i, o, u* und **Konsonanten (Mitlaute)** wie *b, c, d*.
- Aus Lauten bildet man **Silben.** Diese können offen oder geschlossen sein.
  Offene Silben enden mit einem Vokal, z. B.: *die Blu se.*
  Geschlossene Silben enden mit einem Konsonanten, z. B.: *die Klas sen.*
- Aus Silben bildet man **Wörter.** Alle Wörter der deutschen Sprache bestehen aus Silben.

Richtig abschreiben

Wolf Harranth

Du fragst mich: Wo kommen die Worte her?

Du fragst mich: Wo kommen die Worte her?
Aus der Regenharfe, aus dem Wolkenmeer,
aus dem Sternenband, aus dem Waldesrand,
aus dem Wüstensand, aus dem Andersland,
aus der Einsamkeit, aus dem Glück zu zweit,
aus dem Gesternkleid, aus der Zukunftszeit,
aus dem Krähenbaum, aus dem Wünschetraum,
aus dem Wiesensaum, aus dem Weltenraum,
aus dem Straßenkrach, aus dem Plauderbach,
aus dem Vielzuschwach, aus dem Bessermach,
aus der Lesebrille, aus der Sommergrille,
aus der schrillsten Schrille, aus der stillsten Stille,
aus dem Hier und Dort, aus dem fernsten Ort,
und so immerfort Wort um Wort um Wort ...
Ach, wie kannst du nur fragen, es ist doch nicht schwer:
Von überall kommen die Worte her.

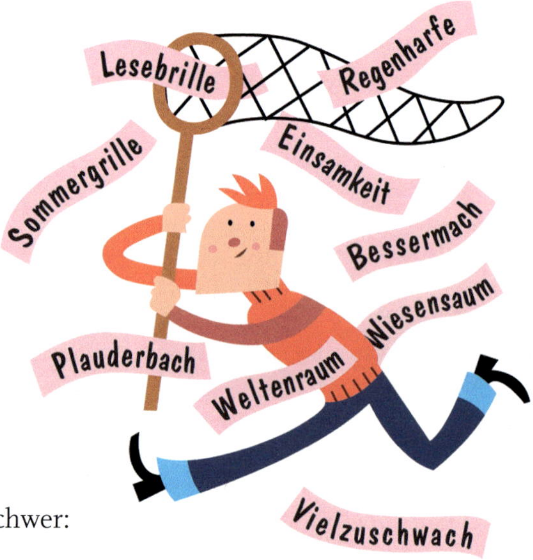

1 a Lest das Gedicht und besprecht, was darin über Wörter gesagt wird.
b Welches Wort aus dem Gedicht gefällt euch am besten? Begründet eure Wahl.

2 Schreibt das Gedicht sauber ab. Geht dabei so vor:
- Merkt euch jeweils einen Vers und schreibt ihn auf. Lasst nach jedem Vers eine Zeile im Heft frei.
- Sprecht leise mit, während ihr schreibt. Sprecht dabei nicht schneller, als ihr schreibt.
- Schwingt schwierige Wörter. Sprecht sie beim Schreiben in Silben (laut oder in Gedanken).

3 Kontrolliert, ob ihr das Gedicht richtig abgeschrieben habt:
- Lest den Text in Silben. Zeichnet unter jede Silbe einen Silbenbogen.
- Prüft jede Silbe. Lest dabei genau, was im Silbenbogen steht.
- Streicht falsch geschriebene Wörter durch. Schreibt sie richtig über das Fehlerwort, z. B.: Lesebrille ~~Lesebrile~~

Methode **Richtig abschreiben**

- **Lest** den Text mehrmals, bevor ihr ihn abschreibt. Ihr solltet den Inhalt gut verstehen.
- **Schwingt** die Wörter: Sprecht schwierige Wörter in Silben (laut oder in Gedanken).
- **Merkt** euch jeweils eine Zeile und schreibt sie auf.
- **Sprecht leise mit,** während ihr schreibt. Sprecht dabei nicht schneller, als ihr schreibt.
- **Überprüft** noch einmal euren Text. Kontrolliert die Wörter Silbe für Silbe.
- Kontrolliert an jedem Satzende das Satzschlusszeichen.
- Schreibt sauber und lesbar.

Strategie: Verlängern – Einsilbige Wörter

die Schule • der Tag • der Rand • der Wind • der Stab • die Tafel • der Weg • der Pfiff • kommen • das Schiff • hoffen • bellen • das Bett • der Ball • das Reh • weht • dreht • der Zeh • das Kind • das Rind • der Zug • hell

1 a Lest die Wörter vor und sprecht dabei deutlich. Wie viele Silben haben die Wörter?

b Schreibt alle Wörter, die man schwingen kann (Zweisilber), ins Heft.

c Notiert darunter die restlichen Wörter (Einsilber). Markiert in den Wörtern die schwierigen Stellen, an denen man Fehler machen kann.

d Erklärt euch gegenseitig, welche Probleme bei den markierten Stellen auftreten können. Überlegt zu zweit, wie man die richtige Schreibung herausfinden kann.

2 Um die richtige Schreibweise von einsilbigen Wörtern herauszufinden, könnt ihr diese um eine Silbe verlängern, z. B.: *der Tag → die Ta ge, der Wind → die Win de, das Schiff → die Schif fe*
Dabei hört ihr, ob ihr *b* oder *p*, *d* oder *t*, *g* oder *k*, einen Doppelkonsonanten oder ein *h* schreiben müsst.

a Übertragt die folgende Tabelle in euer Heft. Ordnet die einsilbigen Wörter von Aufgabe 1 ein.

Wörter mit *b/d/g* am Ende	Wörter mit Doppelkonsonant	Wörter mit *h*
der Tag – die Ta ge	*der Pfiff – die Pfif fe*	*weht – we hen*

b Beweist die Schreibweise durch ein Verlängerungswort und zeichnet die Silbenbögen ein.

3 a Schreibt die folgenden Wörter in der richtigen Schreibweise in euer Heft. Notiert neben jedes Wort ein Verlängerungswort als Beweis.

die Wel ? (d/t) • der Mon ? (d/t) • das Gra ? (b/p) • der Ber ? (g/k) • le ? t (b/p) • der Schwa ? (m/mm) • dü ? (n/nn) • sa ? (t/tt) • schne ? (l/ll) • die Ku ? (h?) • ste ? t (h?) • ge ? t (h?)

b Tauscht eure Hefte und überprüft die Wörter eurer Partnerin oder eures Partners.

4 Bereitet für eure Klasse ein Wortdiktat mit einsilbigen Wörtern vor. Sucht dazu fünf Einsilber mit *b*, *d* oder *g*, mit Doppelkonsonant oder *h* am Ende.

Methode **Einsilber verlängern und schwingen**

- Bei **Einsilbern** kann man den Lauten die Buchstaben nicht immer sicher zuordnen.
- Beim **Schwingen** könnt ihr jedoch jeden Buchstaben deutlich hören, z. B.: *die Ta ge.*
- **Verlängert Einsilber,** damit ihr die Schreibweise hören könnt. Fügt dafür eine Silbe an, z. B.: *der Berg – die Ber ge, still – stil ler, rennt – ren nen, das Reh – die Re he.*

Strategie: Verlängern – Zweisilbige Wörter

der Anzug • die Sonne • die Blume • der Verband • der Bescheid • singen • der Erfolg • der Bogen • der Leopard • traurig • fleißig • gesund • lustig • wichtig • ständig • kaputt • der Gewinn • das Gestell • der Beschluss • tragen • der Bussard

1 a Lest die Wörter und sprecht dabei deutlich in Silben.
b Schreibt die Wörter in euer Heft.
c Bei welchen Wörtern macht man Fehler, wenn man schreibt, wie man spricht? Markiert die schwierigen Stellen.
d Erklärt euch gegenseitig, welche Probleme bei den markierten Stellen auftreten können. Überlegt zu zweit, wie man die richtige Schreibung herausfinden kann.

2 Um die richtige Schreibweise am Ende von zweisilbigen Wörtern zu hören, könnt ihr diese um eine weitere Silbe verlängern, z. B.: *der An zug → die An zü ge, trau rig → trau ri ger*
Dabei könnt ihr die Buchstaben deutlich hören.
a Übertragt die folgende Tabelle in euer Heft. Ordnet die markierten Wörter von Aufgabe 1c in die Tabelle ein.

Wörter mit *b/d/g* am Wortende	Wörter mit Doppelkonsonant
der An zug – die An zü ge	*ka putt – ka put te*

b Notiert das Verlängerungswort als Beweis und zeichnet die Silbenbögen ein.

3 a Schreibt die folgenden Wörter in der richtigen Schreibweise in euer Heft. Notiert neben jedes Wort ein Verlängerungswort als Beweis.

bekle ? t (b/p) • dursti ? (g/k) • die Gegen ? (d/t) • erlau ? t (b/p) • verlie ? t (b/p) • der Anpfi ? (f/ff) • der Anschlu ? (s/ss) • das Gebru ? (m/mm)

b Tauscht eure Hefte und überprüft die Wörter eurer Partnerin oder eures Partners.

4 Ordnet die Wörter aus dem Kasten von Aufgabe 1 nach Wortarten. Legt dazu folgende Tabelle in eurem Heft an und ergänzt sie.

Nomen	Adjektive	Verben
...	...	...

Methode **Zweisilber verlängern und schwingen**

- Auch bei **Zweisilbern** weiß man manchmal nicht, wie man das Wortende schreiben soll.
- Wenn ihr sie **verlängert,** könnt ihr die richtige Schreibung hören, z. B.:
ver liebt → ver lie ben, lus tig → lus ti ger, der An pfiff → die An pfif fe.

Strategie: Zerlegen – Zusammengesetzte Wörter

der Elefantenrüssel • die Bergwanderung • die Fellfarbe • die Melonenkerne • der Burggraben • der Bestellschein • die Drosselstimme • der Wandschrank

1 a Zerlegt die zusammengesetzten Wörter. Erschließt die Bedeutung von hinten nach vorn:
der Elefantenrüssel = der Rüssel des Elefanten, die Bergwanderung = die Wanderung in den Bergen
b Schreibt alle Wörter aus dem Kasten in euer Heft und prüft dabei, ob man jeden Buchstaben richtig hört. Markiert unklare Stellen.

2 Bei manchen Wörtern könnt ihr die richtige Schreibung hören, wenn ihr sie schwingt. Andere Wörter müsst ihr zerlegen.
a Welche Strategie hilft bei welchem Wort? Ordnet die Wörter aus Aufgabe 1 ein:

Wörter, die man nur schwingen muss	Wörter, die man zuerst zerlegen und dann verlängern muss
der E le fan ten rüs sel	*die Berg | wan de rung – Berg → die Berge*

b Seid ihr fertig? Steht auf und vergleicht eure Tabelle mit dem Nächsten, der aufsteht.

3 Ergänzt die fehlenden Buchstaben. Schreibt die Wörter mit einem Beweiswort in euer Heft.

b oder *p?*	*d* oder *t?*	*g* oder *k?*
der Die ? stahl	die Ra ? kappe	der Zwer ? planet
das Pie ? signal	das Ro ? kehlchen	der Ber ? führer
der Sie ? griff	der Aben ? himmel	die Schran ? wand

4 Bei den folgenden Wörtern müsst ihr Wortbausteine abtrennen, um Verlängerungsstellen zu finden. Schreibt die Wörter nach dem folgenden Beispiel richtig in euer Heft:
das Häub | chen → die Hau be, das Kind | chen → die Kin der

b oder *p?*	*d* oder *t?*	*l* oder *ll?*
das Häu ? chen	das Kin ? chen	das Fe ? chen
das Täu ? chen	das Rä ? chen	das Mäu ? chen
das Bü ? chen	das Hän ? chen	das Bä ? chen

Methode **Zusammengesetzte Wörter zerlegen und verlängern**

- In **zusammengesetzten Wörtern** können sich **Verlängerungsstellen** verstecken.
- Ihr könnt schwierige Stellen klären, wenn ihr die Wörter **zerlegt** und dann **verlängert,** z. B.: *Hand/ball → die Hän de, die Bäl le.*

Strategie: Ableiten – Wörter mit *ä* und *äu*

die Schnecke • die Plätze • gern • die Länder • die Bänder • schädlich • schälen • ängstlich • die Leute • heute • die Bäume • die Zäune • äußerlich • die Mäuse • die Läuse

1 a Schreibt die Wörter in euer Heft und markiert Buchstaben, die man verwechseln könnte.

b Erklärt euch gegenseitig, welches Problem bei den markierten Stellen auftreten kann. Überlegt, wie man die richtige Schreibung herausfindet.

2 Wenn ihr zu den Wörtern oben verwandte Wörter findet, könnt ihr die Schreibweise ableiten.

a Übertragt die folgende Tabelle in euer Heft.

Wörter mit *e* und *eu*	Wörter mit *ä* und *äu*
die Schnecke	*die Plätze – der Platz*

b Ordnet die Wörter aus Aufgabe 1 in die Tabelle ein.

c Beweist die Schreibweise von Wörtern mit *ä* und *äu* durch ein Ableitungswort.

3 Setzt ein: *e* oder *ä, eu* oder *äu?*

a Schreibt die folgenden Wörter in der richtigen Schreibweise in euer Heft. Notiert neben Wörter mit *ä* oder *äu* ein Ableitungswort als Beweis, z. B.: *ängstlich – die Angst*

?ngstlich • die Fl?che • die N?he • die F?lder • l?cherlich • sch?digen • das F?rkel • f?rben • der Sch?fer • sch?dlich • die R?der • die Z?hne • die H??ser • die Kr??ter • erfr??lich • l??chten • die M??te • die R??me

b Lest euch die Wörter gegenseitig vor und begründet eure Schreibung mit einem Beweiswort.

4 a Schreibt die Wörter aus den beiden Wortschlangen ins Heft. Ergänzt bei Nomen den Artikel.

b Zu den Wörtern in den Wortschlangen gibt es keine Ableitungswörter. Lernt diese Merkwörter.

5 Sammelt für ein Übungsdiktat weitere Wörter mit *ä* und *äu,* die man ableiten kann.

Methode **Wörter mit *ä* und *äu* ableiten**

- Der Vokal *e* und der Doppellaut *eu* sind leicht mit *ä* und *äu* zu verwechseln.
- Normalerweise schreibt man *e* oder *eu*.
- Wenn es **verwandte Wörter** mit *a* oder *au* gibt, schreibt man *ä* oder *äu,* z. B.: *die Kälte → kalt, die Bäume → der Baum.*

Nomen erkennen

Wer raschelt da?

Leise raschelt es am ? durch das ? . Dann hörst du das ? und das ? , aber sehen kannst du meistens nichts. Nur wenn du leise bist und ? hast, kannst du eine kleine ? auf vier kurzen ? entdecken. Ihr ? ist eher plump, weil er von einem dicken ? bedeckt ist. Sie lässt sich von nichts auf ihrem ? abhalten und durchstöbert ? und ? nach ? . Ganz erstaunlich ist, dass dieses ? sich trotz der kurzen ? relativ schnell fortbewegen kann. In der freien ? legt es ziemlich lange ? zurück, weil es einen großen ? hat. Es kann auf seinem ? sogar schwimmen. In ? und ? findet es mehr ? und muss nicht so weit laufen. Unterwegs trifft der ? ? , lässt sie aber in ? , solange er nicht in der ? um ein ? wirbt.

1 a Welches Tier wird in dem Text beschrieben?
Nennt Wörter aus dem Text, die euch darauf gebracht haben.
b Was wäre, wenn wir keine Nomen in unserer Sprache hätten? Tauscht euch aus.

2 Mit Hilfe der folgenden Nomen könnt ihr sicher bestimmen, um welches Tier es im Text oben geht.
Schreibt den Text ab und ergänzt die Nomen in der richtigen Form.

Abend • Gebüsch • Schnaufen • Prusten • Glück • Kugel • Beine • Körper • Stachelkleid • Weg • Hecken • Gärten • Insektenleckerbissen • Tierchen • Beine • Natur • Strecken • Lebensraum • Weg • Parks • Gärten • Nahrung • Einzelgänger • Artgenossen • Ruhe • Paarungszeit • Weibchen

3 Nomen können in Texten verschiedene Begleiter haben.
Beweist mit den folgenden Nomenproben, dass die Wörter in Aufgabe 2 Nomen sind:
a Führt zu fünf Nomen die Artikelprobe durch. Notiert die Nomen mit Artikel, z. B. *der Abend*.
b Führt zu fünf Nomen die Adjektivprobe durch. Schreibt z. B. *der frühe Abend, der dunkle Weg*.
c Führt zu fünf Nomen die Zählprobe durch. Schreibt z. B. *zwei Abende, einige Parks*.
d Sucht die zwei Beispiele, wo Verben als Nomen verwendet werden.
Markiert im Heft die Begleiter, an denen man diese zwei Nomen erkennt.

4 Was fressen Igel? Womit darf man sie füttern? Recherchiert und formuliert eine Antwort, die mindestens fünf Nomen enthält. Stellt euer Ergebnis der Klasse vor.

Methode **Nomen durch Proben erkennen**

- **Artikelprobe:** Vor Nomen kann man einen Artikel setzen, z. B.: *der Igel, ein Igel.*
- **Adjektivprobe:** Nomen kann man durch Adjektive genauer beschreiben, z. B.: *der kleine Igel.*
- **Zählprobe:** Vor Nomen kann man oft Zahlwörter setzen wie *viel, etwas, einige, wenige,* z. B.: *viele Igel, etwas Freude.*
- Achtung: Verben können als Nomen verwendet werden, z. B.: *das Schnaufen.*

Nomen großschreiben

A

Stachelkleid der Igel

Typisch für den Igel ist natürlich das STACHELKLEID. Es beginnt an der STIRN, bedeckt den ganzen RÜCKEN und beide FLANKEN. Aber wusstet ihr, dass der Stachel EIGENTLICH ein HAAR ist? Jeder der mindestens 6000 STACHELN wird aus einem HORNSTOFF gebildet. Weil der Stachel in der MITTE hohl ist und eine LUFTKAMMER hat, kann der kleine IGEL das Stachelkleid tragen, ohne in die KNIE zu gehen. Jeder Stachel ENDET in einem kleinen HAARSACK und ist mit einem MUSKEL verbunden. Dadurch kann der Igel die Stacheln ANLEGEN oder aufstellen.

1 a Welche der großgedruckten Wörter sind Nomen? Prüft mit Hilfe der Nomenproben (▸ S. 205).
b Schreibt den Text ab. Entscheidet dabei, ob ihr die großgedruckten Wörter groß- oder kleinschreiben müsst.
c Markiert im Text alle Nomen und ihre Begleiter.

B

VORSICHT FEHLER!

Schutz gegen Feinde

Igel nutzen ihr stachelkleid, um sich bei bedrohung zu schützen. Mit hilfe von kleinen muskeln können sie jeden stachel aufstellen und wirken so ziemlich gefährlich. Aber wenn die gefahr zu groß ist, rollen sie sich einfach blitzschnell zu einer kugel zusammen. Der igel hat einen ringmuskel, der rund um seinen körper verläuft. Bei anspannung dieses muskels senkt sich der kopf nach unten und die stacheln an der stirn legen sich über die augen. Wenn er dann noch seine beine unter den bauch zieht, ist die stachelkugel perfekt. Kein feind kann sie knacken, ohne sich dabei selbst zu verletzen.

2 a Bestimmt mit Hilfe der Nomenproben (▸ S. 205), welche Wörter im Text Nomen sind.
b Schreibt den Text mit der richtigen Groß- und Kleinschreibung ab. Markiert alle Nomen.

3 Tauscht eure Texte A und B mit einer Partnerin oder einem Partner und korrigiert sie.

4 Bildet aus den Adjektiven und Verben im Igelbauch Nomen. Verwendet dazu die typischen Nomenendungen. Schreibt die Nomen mit Artikel in euer Heft, z. B. *die Dunkelheit*.

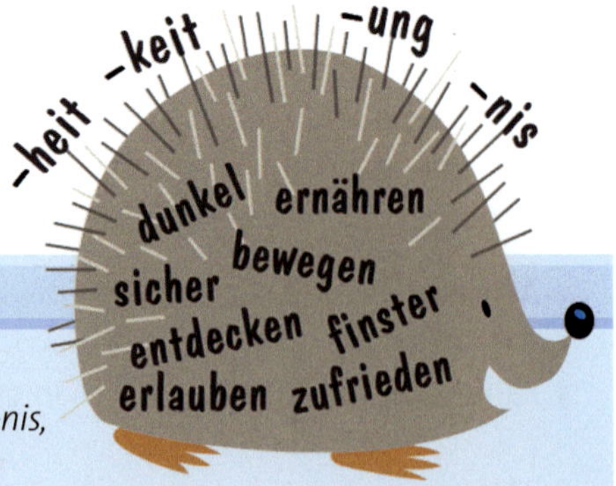

Methode **Nomen großschreiben**

- Nomen werden immer **großgeschrieben.**
- **Endungsprobe:** Viele Nomen enden auf *-heit, -keit, -ung, -nis,* z. B. *Gesundheit, Heiterkeit, Umgebung, Ereignis.*

Im Wörterbuch nachschlagen

Wörter, die man nicht kennt und deren Schreibweise man mit den Strategien nicht knacken kann, sollte man im Wörterbuch nachschlagen. Dort findet man sie alphabetisch geordnet.

Das Alphabet trainieren

1 Erstellt einen Vornamenbaum:

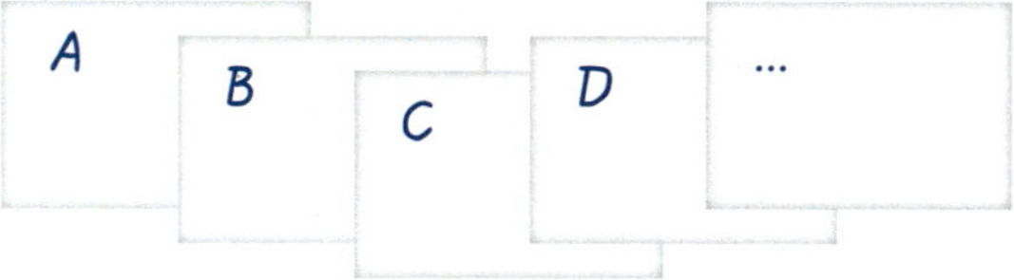

a Schreibt die Buchstaben A bis Z auf Kärtchen.
b Legt die Kärtchen in alphabetischer Ordnung auf den Boden. Das ist der Baumstamm.
c Schreibt eure Vornamen auf weitere Kärtchen.
d Stellt euch um den Baumstamm aus Buchstaben und ordnet ihnen eure Vornamen nach den Anfangsbuchstaben zu. Legt sie so aneinander, dass der Baum Äste bekommt.
e Zählt, zu welchem Buchstaben es in der Klasse die meisten Namen gibt.
f Gibt es Buchstaben ohne Vornamenkärtchen? Findet Namen mit diesen Buchstaben.

2 Schreibt die Schülerliste dieser Klasse alphabetisch geordnet auf:

Hanna • Jonas • Maximilian • Lukas • David • Aylin • Taha • Kaya • Carlotta • Joel • Linda • Franziska • Ronja • Abud • Anouk • Linus • Malte • Jasper • Melin • Jakob • Madita • Aliyar • Gabriela • Melinda • Norba • Abnorba

3 In dieser Liste beginnen alle Namen mit *L*. Um sie in eine alphabetische Reihenfolge zu bringen, müsst ihr auf den 2., 3., 4., ... Buchstaben achten. Sortiert die Namen im Heft. Markiert den Buchstaben, der die Reihenfolge bestimmt.

Leon • Lukas • Luca • Linus • Lennart • Lennard • Lena • Leonie • Lara • Laura • Liam • Lucia • Lorena • Leona • Leticia • Lorenz • Lenja • Lotte • Levin • Lisa

4 Spielt: Schreibt möglichst viele Vornamen auf Karten und legt sie gemischt in die Mitte.
– Jeder zieht eine Karte. Gemeinsam ordnet ihr sie möglichst schnell nach dem Abc.
– Jeder zieht verdeckt fünf Karten. Auf Kommando werden sie sortiert. Wer ist zuerst fertig?

5 Arbeitet zu zweit mit einem Wörterbuch. Der Schnellste gewinnt!
a Wie heißt das erste Wort mit *d, p, qu* ...? Legt weitere Buchstaben fest.
b Welches Wort steht nach: *Abenteuer, Schule, Marmor?* Legt weitere Wörter fest.

Methode **Im Wörterbuch nachschlagen**

Wörter mit demselben Anfangsbuchstaben werden nach dem zweiten Buchstaben geordnet. Sind die ersten beiden Buchstaben gleich, wird nach dem dritten geordnet usw., z. B.:
die Kasse, die Klasse, die Klemme, die Klette, ...

Einzelne Verben, Adjektive und Nomen im Wörterbuch finden

Ich habe die Verbform *gibt* im Wörterbuch gesucht, kann das Verb aber so nicht finden.

Ich habe nach *am nettesten* gesucht. Wo steht das Adjektiv bloß im Wörterbuch?

1 a Wie können die Schüler die gesuchten Wörter finden? Wie lautet die richtige Antwort?
A Sie müssen ein anderes Wörterbuch nehmen. Da steht es bestimmt drin.
B Sie müssen nach der Grundform suchen, also: *gibt → geben, am nettesten → nett.*

b Bildet die Grundform für folgende Verben und Adjektive. Schreibt ins Heft:
er nutzt, sie sitzt, es passt, lästiger, am klügsten, bequemer

2 Im Wörterbuch erhaltet ihr für jedes Nomen Informationen über die Schreibung, die Silbentrennung, den Artikel und die Bedeutung des Nomens.
Schlagt nach: Welche Artikel haben die folgenden Wörter? Welche Bedeutung haben sie?

Ka | ker | lak, *der:* Küchenschabe

Patentante • Fragebogen • Jägerschnitzel • Apfelsinenschale • Pantoffelblume • Paukenfell

3 a Wortzusammensetzungen müsst ihr zerlegen, wenn ihr sie nachschlagt, z. B.:
Mississippi | alligator → Mississipi auf Seite …
Alligator auf Seite …
Bearbeitet die nebenstehenden Wörter nach dem Beispiel.

Mississippialligator • Nilkrokodil • Waschbärrevier • Gespenstheuschrecke • Klapperschlangengeräusch • Kammmuschelschale • Wasserschildkröte

b Prüft, auf welcher Seite eures Wörterbuchs man die Teile dieser Wortzusammensetzungen findet. Schreibt die Wörter mit der Seitenzahl ins Heft. Notiert auch die Artikel.
Tipp: Je nach Ausgabe des Wörterbuchs können die Seitenzahlen unterschiedlich sein.

4 Wettspiel: Schlagt im Wörterbuch nach. Der Schnellste in der Gruppe gewinnt.
a Aus welcher Sprache stammen diese Wörter: *Brimborium, Piazza, Portmonee?*
b Wie kann man diese Wörter auch schreiben: *Spaghetti, Delfin, Joghurt, Ketchup?*

Methode **Wörter im Wörterbuch finden**

- Bei **Verbformen** sucht ihr den **Infinitiv** (Grundform), z. B. *geht → gehen.*
- Bei **Adjektiven** sucht ihr die **Grundform,** z. B. *netter → nett.*
- Bei **Nomen** sucht ihr die **Singularform** (Einzahl), z. B. *die Wände → die Wand.*
- **Zusammengesetzte Wörter** solltet ihr zerlegen und **getrennt nachschlagen.**

Teste dich!

die Lesebrille • die Wassermelonenkerne • die Baustellenschilder • das Winterapfelaroma • die Mofareparaturkosten • die Schneckenschleimspur

1 a Lies die Wörter im Kasten. Decke sie nacheinander ab und schreibe sie richtig ins Heft.
Tipp: Wende beim Schreiben die Strategie des Schwingens an.
b Kontrolliere, ob du die Wörter richtig geschrieben hast.

die Schule • der Zwerg • die Ferne • der Zug • die Weite • das Blatt • der Strand • das Band • das Lob • der Kamm • der Schüler • die Puppe • das Lamm • der Verband • der Zustand • das Gewand

2 a Lies die Wörter im Kasten deutlich in Silben.
b Welche Wörter musst du verlängern, um den Endlaut richtig zu hören? Schreibe sie ins Heft.
c Markiere die schwierigen Stellen und notiere neben jedes Wort ein Verlängerungswort als Beweis.

VORSICHT FEHLER!

der Waltarbeiterarbeitsanzuk • das Siepdruckbilt • der Berkwergseingang • das Hantbalturnier • die Wekbeschreipung • Klepstofreste • Winterwolkleit

3 In jedem Wort gibt es zwei Fehler. Korrigiere die Wörter und schreibe sie mit Beweis ins Heft.
Tipp: Zerlege und verlängere die Wörter, um die richtige Schreibweise zu finden.

kr ? chzen • der B ? sen • die Z ? hne • das H ? schen • die Kr ?? ter • die M ?? te • l ?? ten • bed ?? ten • s ?? bern • aufr ?? men

4 Setze ein: *e* oder *ä*, *eu* oder *äu*? Schreibe die Wörter richtig in dein Heft und ergänze, wenn möglich, ein Ableitungswort als Beweis.

VORSICHT FEHLER!

Es gibt viele arten von schnecken. Das erkennungsmerkmal von schnirkelschnecken ist das haus, das sie mit sich herumtragen und das ihnen schutz bietet. Die nacktschnecken haben kein haus. Sie müssen sich vor ihren feinden verstecken und kommen deshalb meistens erst gegen abend aus der deckung. Als schutz haben sie einen zähen schleim, den nicht nur die fressfeinde eklig finden.

5 a Schreibe den Text richtig in dein Heft. Achte dabei auf die Großschreibung von Nomen.
b Markiere die 14 Nomen im Heft.

6 Vergleiche deine Ergebnisse der Aufgaben 1 bis 5 mit einer Partnerin oder einem Partner.

●●● Fordern – Strategiewissen anwenden

Folgende Schülertexte zum Thema Gliederfüßer enthalten Rechtschreibfehler und müssen überarbeitet werden.

VORSICHT FEHLER!

Tausendfüßer: Zu viele Füße?
Tausendfüßer haben natürlich keine tausent Füße. Aber es sind bestimmt mehrere hundert Beine, mit denen sie sich schnel fortbewegen. Es ist unglaublich, dass sie sich beim Laufen nicht selpst ein Beinchen stellen. Aber sie laufen ohne Störung und verlieren sogar in einem Laubberk nicht die Kontrolle über ihre Beine.

1 ●●●
a Sucht im Text „Tausendfüßer: Zu viele Füße?“ die vier Fehler, die man durch Verlängern korrigieren kann.
b Schreibt den Text richtig ins Heft und markiert die korrigierten Wörter. Notiert die Verlängerungswörter dazu.

VORSICHT FEHLER!

Gliederfüßer: Kleine Tiere – große Wirkung
Es gibt unzehlige Arten von Gliederfüßern. Obwohl die Tierchen harmlos wirken, können sie sowohl schedlich als auch nützlich für den Menschen sein. Termiten fressen in wermeren Gebieten Holzheuser an und bringen sie zum Einstürzen. Wespen belestigen uns beim Essen. Andere Gliederfüßer können Krankheiten verbreiten. Es gibt aber Reuber unter ihnen, die dem Menschen nützen. Diese fressen z.B. Blattleuse und andere Schedlinge von den Nutzpflanzen. Mistkefer machen aus Tierkot wertvollen Dünger.

2 ●●● Im Text „Gliederfüßer: Kleine Tiere – große Wirkung“ gibt es nur die Schreibweise mit *e* und *eu*. Welche der Wörter mit diesen Lauten werden mit *ä* oder *äu* geschrieben?
a Schreibt die neun Fehlerwörter richtig ins Heft. Notiert neben jedes Wort ein Beweiswort.
b Zu welchem Wort mit *ä* gibt es kein Beweiswort? Markiert dieses Merkwort im Heft.

VORSICHT FEHLER!

Gliederfüßer: Gemeinsame Merkmale
Die Gliederfüßer sehen ganz unterschiedlich aus, aber sie haben auch gemeinsame eußerliche Merkmale. Dazu gehört ihr Außenskelet, das wie ein Panzer mit Gelenkstellen aussieht und den Körper schützt. Ein weiteres Merkmal sind die sechs Beine. Sie bestehen aus harten Abschniten, aber ihre Gelenke ermöglichen bewegungen. Mit diesem Körperbau haben sich die Gliederfüßer fast jeden lebensraum auf der Erde erobert: Es gibt sie auf dem Lant, in der Luft, in Weldern, Feuchdgebieten, trockenen Gegenden, in Flüsen und Seen und sogar auf kalten Berkgletschern.

3 ●●●
a Sucht im Text „Gliederfüßer: Gemeinsame Merkmale“ die zehn Fehler.
b Mit welchen Strategien lassen sich diese Fehler vermeiden? Zeichnet die fünf Symbole untereinander ins Heft und ordnet jedem Symbol zwei Fehlerwörter aus dem Text zu.

4 Schlagt den Artikel und die Bedeutung der folgenden drei Wörter in einem Wörterbuch nach: *Spezies, Chitin, Arthropoden.*

Fördern – Strategiewissen anwenden

der Wald • der Sinn • die Lichter • die Körper • der Weg • der Schwamm • der Tunnel • breitet • hebt • liegt • nagt • schreibt • wartet • bewegt • fragen

1 Welche Wörter muss man verlängern, um das Wortende richtig zu hören? Schreibt sie mit Beweiswort ins Heft, z. B.: *der Wald → die Wälder, hebt → heben*

der Lebensraum • der Gelbrandkäfer • das Glühwürmchen • der Flugsegler • der Elefantenrüssel • die Spitzmausfellfarbe • der Schwimmkäfer • die Untergruppenbezeichnung

2 Lest die Wörter. In welchen Wörtern gibt es schwierige Stellen?

a Legt im Heft die folgende Tabelle an und ordnet die Wörter ein.

Wörter, die man schwingen kann	Wörter, die man zerlegen muss
der Lebensraum	*der Gelb | rand | käfer – gelb → gel be, rand → ...*

b Markiert schwierige Stellen in den Wörtern.

c Notiert neben die schwierigen Wörter jeweils ein Beweiswort.

die Mäuse • verträglich • das Männchen • das Kämmerchen • die Nährstoffe • erklären • oberflächlich • die Bäume • die Räuber • säuberlich • ungläubig

3 Warum werden die Wörter im Kasten mit *ä* und *äu* geschrieben? Schreibt sie ins Heft und ergänzt zu jedem Wort ein Ableitungswort, z. B.: *die Mäuse → die Maus*

VORSICHT FEHLER!

Die Käfer

Die Käfer stelen die größte Untergrupe der Jnsekten dar. Man glaupt es kaum, aber es gipt über 350 000 arten, und jedes Jahr werden neue entdeckt. Wie alle Jnsekten haben auch die Käfer zwei flügelpaare, nur ist bei ihnen das vordere Paar hart geworden und schützt das darunter liegende zweite Flügelpaar. Wenn Käfer fliegen wollen, müssen sie also zuerst ihre Deckflügel heben, damit sie die darunter liegenden Flügel öffnen können. Käfer haben außer dem Meer alle Lebensreume der Erde erobert und sich gut an sie angepasst.

4 Korrigiert den Schülertext „Die Käfer“.

a Schreibt alle unterstrichenen Fehlerwörter richtig untereinander ins Heft.

b Ergänzt neben jedem Fehlerwort das Symbol für die Strategie, die euch bei der Korrektur geholfen hat.

: Wörter schwingen : Wörter ableiten : Wörter verlängern : Nomen erkennen

12.2 Rechtschreibung erforschen – Regeln finden

Offene und geschlossene Silben unterscheiden

der Hakenschnabel • die Komposthaufenwürmer • die Winternester • die Regenbogenforelle • die Schimpansenart • der Wanderfalkenflügel

1 a Schreibt die sechs Wörter ins Heft und zeichnet unter jedes Wort die Silbenbögen, z. B.:
der Ha ken schna bel
b Enden Silben mit einem Vokal, nennt man sie offen. Markiert diese Silben in den Wörtern rot.
c Enden Silben mit einem Konsonanten, so nennt man sie geschlossen. Markiert sie grün.

2 a Sprecht die Verben laut in Silben. Prüft dabei: Ist die erste Silbe offen oder geschlossen?
b Legt die folgende Tabelle im Heft an und ordnet die Verben ein. Ergänzt die Silbenbögen.

rennen • reden • trampeln • sausen • schreiten • jagen • schlurfen • sprinten • trotteln • torkeln • trödeln • wandern • laufen • klettern • rasen • bummeln • schleichen • fliegen • schwimmen

erste Silbe offen	erste Silbe geschlossen
re den	*ren nen*

c Wie spricht man den Vokal in offenen Silben, lang oder kurz? Prüft noch einmal die Wörter in der linken Spalte und schreibt die richtige Aussage in euer Heft.
Ist die erste Silbe offen, spricht man den Vokal …

3 a Verlängert die Einsilber. Unterscheidet, ob die erste Silbe offen oder geschlossen ist.
b Tragt die Verlängerungswörter in die folgende Tabelle ein.

der Schlaf • der Wind • das Rind • das Schaf • das Kalb • die Kuh • das Holz • der Wald • der Schuh

erste Silbe offen	erste Silbe geschlossen
schla fen	*die Win de*

4 Notiert je drei zweisilbige Wörter, bei denen die erste Silbe offen oder geschlossen ist.

Information **Offene und geschlossene Silben**

- Enden Silben mit einem **Vokal,** nennt man sie **offen,** z. B.: *Blu se.*
- Enden Silben mit einem **Konsonanten,** nennt man sie **geschlossen,** z. B.: *Klas sen.*
- Bei zweisilbigen Wörtern ist im Deutschen die erste Silbe wichtig, weil sie betont wird. Sie gibt Hinweise darauf, wie die Wörter geschrieben werden.

Wann schreibt man Doppelkonsonanten?

der Ofen – offen • beten – die Betten • raten – die Ratten • die Schale – schallen • die Robe – die Robbe • die Hüte – die Hütte • die Rose – die Rosse • die Schafe – schaffen • die Miete – die Mitte

1 a Übertragt die Tabelle unten in euer Heft und ordnet die Wörter aus dem Kasten ein.
b Zeichnet unter jedes Wort die Silbenbögen.
c Ergänzt in beiden Spalten die Aussagen. Setzt die folgenden Begriffe ein: *lang, kurz, Vokal, Konsonant.*

Wörter mit nur einem Konsonanten in der Wortmitte	**Wörter mit Doppelkonsonant in der Wortmitte**
O fen, …	*of fen, …*
Die erste Silbe endet mit einem … *Den Vokal spricht man …*	*Die erste Silbe endet mit einem …* *Den Vokal spricht man …*

d Schreibt die folgende Regel richtig in euer Heft:
Regel: Doppelkonsonanten schreibt man nie, wenn die erste Silbe ? (offen? / geschlossen?) ist.

2 Wenn ihr die Regel bei Einsilbern anwenden wollt, müsst ihr diese verlängern, z. B.: *brummt → brummen* Dann hört ihr beim Schwingen, ob die erste Silbe offen oder geschlossen ist. Bildet zu den Einsilbern Verlängerungswörter und ordnet diese in die Tabelle von Aufgabe 1 ein.

brummt • knallt • tobt • hofft • lobt • weint • rennt • meint • kommt • lebt • bellt • schnell • satt • still • schön • hell • kam

3 a Schreibt die folgenden Wörter richtig in euer Heft. Zerlegt dazu die zusammengesetzten Wörter. Geht vor wie im Beispiel: *die Ball | spiele → weil: die Bäl le*

l oder *ll?*	*m* oder *mm?*	*p* oder *pp?*	*t* oder *tt?*
die Ba ? spiele	der Bru ? kreisel	die Pa ? nase	das Gla ? eis
der Wa ? gesang	der Kra ? laden	das Pie ? geräusch	der Ra ? geber
der Notfa ?	das Schwi ? bad	der Ti ? schein	die Bla ? laus

b Markiert offene Silben in den Verlängerungswörtern rot und überprüft, ob ihr nach den offenen Silben immer nur einen Konsonanten geschrieben habt.

Information **Doppelkonsonanten**

- **Doppelkonsonanten** schreibt man nie, wenn die erste Silbe offen ist.
- Um diese Regel anzuwenden, muss man Einsilber verlängern und zusammengesetzte Wörter zerlegen, z. B.: *der Rat → ra ten*, aber: *knallt → knal len, die Blattlaus – das Blatt → die Blät ter.*

4 a Lest die Wörter im Kasten und achtet dabei auf die erste Silbe. Prüft, ob diese bei allen Wörtern offen oder geschlossen ist.
b Übertragt die folgende Tabelle in euer Heft und ordnet die Wörter aus dem Kasten ein.

die Sorte • die Butter • die Arten • die Motte • die Kirsche • die Welle • die Murmel • das Messer • die Pappel • die Pumpe • die Gruppe • die Kälber • der Schalter • die Schelle

Wörter mit zwei verschiedenen Konsonanten an der Silbengrenze	Wörter mit Doppelkonsonanten an der Silbengrenze
die Sor te, ...	*die But ter, ...*

c Ergänzt die folgende Regel und schreibt sie richtig in euer Heft:
Regel: Wenn die erste Silbe geschlossen ist und man an der Silbengrenze zwei verschiedene Konsonanten hört, schreibt man ? (einen? / keinen?) Doppelkonsonanten.

Michael Ende

Die Schildkröte

Die Schildkröt' geht im Regen gern
spazieren ohne Regenscherm.
Das Wasserspritzen stört sie nicht,
ihr Mantel ist ja wasserdicht.
Sie bleibt zu Haus, auch wenn sie reist,
Sie kann, obwohl sie Kröte heißt,
nicht hupfen
und kriegt auch keinen Schnupfen.

5 a Lest das Gedicht „Die Schildkröte" gestaltend vor.
b Schreibt das Gedicht in euer Heft und untersucht die markierten Wörter. Unterstreicht ...
– Wörter, in denen die erste Silbe offen ist, rot.
– Wörter mit zwei verschiedenen Konsonanten an der Silbengrenze grün.
– Wörter mit Doppelkonsonanten an der Silbengrenze blau.
c Vergleicht eure Ergebnisse mit einer Partnerin oder einem Partner.

6 Bereitet für eure Mitschülerinnen und Mitschüler einen Mini-Vortrag zu der Frage vor: Wann muss ich Konsonanten verdoppeln?

Information **Schreibung von Konsonanten**

- Wenn die erste Silbe geschlossen ist, stehen an der Silbengrenze immer mindestens zwei Konsonanten. Oft sind das zwei verschiedene Konsonanten, z. B.: *die Mur mel.*
- Wenn man bei geschlossenen Silben nur einen Konsonanten hört, muss dieser doppelt geschrieben werden, z. B.: *ren nen, der Bum mel.*

Zur Anwendung der Regel muss man Einsilber verlängern und zusammengesetzte Wörter zerlegen.

Wann schreibt man *ie?*

singen • biegen • siegen • wissen • lieben • finden • kriechen • hindern • wiegen • filmen • dienen • dichten • ziehen • binden • liegen • schimpfen • sieben

1 a Lest die Wörter im Kasten laut. Sprecht dabei deutlich die einzelnen Silben.
b Übertragt die folgende Tabelle ins Heft und ordnet die Wörter ein. Zeichnet zu jedem Wort die Silbenbögen ein.

Wörter mit *i*	Wörter mit *ie*
sin gen, …	bie gen, …

c Wann schreibt man *ie?* Untersucht die Wörter in den beiden Spalten und ergänzt die folgende Regel:
Regel: Wenn die erste Silbe ? ist und mit dem Laut i endet, dann schreibt man ie.
Wenn die erste Silbe ? ist, dann schreibt man i.

2 Um die Regel bei Einsilbern anwenden zu können, muss man diese verlängern.
a Ordnet die Einsilber aus dem nebenstehenden Kasten in die Tabelle von Aufgabe 1 ein.
b Notiert zu jedem Wort ein Verlängerungswort und zeichnet die Silbenbögen ein.
c Markiert die offenen Silben in den Verlängerungswörtern rot.

lieb • still • schief • das Schiff • das Ziel • klingt • fließt

3 Setzt ein: *i* oder *ie?*
a Schreibt die folgenden Wörter richtig in euer Heft. Schwingt und verlängert die Wörter dazu, wenn notwendig.

t ? f • m ? ld • bl ? nd • sch ? f • f ? s • w ? ssen • das F ? ber • er s ? ngt • es kl ? ngt • er z ? ht • er kr ? cht • f ? lmen • das B ? ld • das L ? d • das R ? nd • der F ? nk • der D ? b • die Zw ? bel • er l ? bt • er d ? nt

b Vergleicht eure Ergebnisse zu zweit. Begründet abwechselnd, warum ihr die einzelnen Wörter so geschrieben habt.

4 Auf welche der folgenden Wörter trifft die Regel von Aufgabe 1 nicht zu? Stellt euren Mitschülerinnen und Mitschülern die Ausnahmen als Merkwörter vor.

ihr • sie • wir • ihnen • ihm • ihn • mir • ihre • dir

Information **Wörter mit *ie***

- Man schreibt Wörter in der Regel mit ***ie,*** wenn die **erste Silbe offen** ist und der Vokal lang gesprochen wird. Achtung: Diese Regel gilt nur für **zweisilbige** deutsche Wörter.
- Die Personalpronomen *ihr, ihnen, ihm, ihn, ihre* sind wichtige Merkwörter.

die G ? ßkanne • der Br ? fumschlag • das Sch ? ßeisen • das Z ? lfernrohr • das R ? chorgan • das Kr ? cht ? r • der D ? bstahl • das Schl ? ßfach • das Bl ? tzl ? cht

5 a Lest die zusammengesetzten Wörter im Kasten. Schreibt man *i* oder *ie?*
b Zerlegt und verlängert die zusammengesetzten Wörter, um die richtige Schreibung mit *i* oder *ie* zu begründen, z. B.:
die Gießkanne – Gieß | kanne → weil: gie ßen
c Schreibt die Wörter mit Beweiswort richtig in euer Heft.

6 Die Präteritumformen (Vergangenheitsformen) im Kasten rechts werden häufig falsch geschrieben.
a Bildet zu jedem Verb im Präteritum eine Verlängerungsform, z. B.: *sie schrieb → schrie ben*
b Schreibt zu jedem Verb in der Präteritumform einen Satz, z. B.:
Sie schrieb ihrem Freund einen Brief.

sie schrieb • er blieb • es fiel • er schlief • sie lief • es trieb

Die Gesch ? chte der s ? ben jungen F ? sche

Die s ? ben jungen F ? sche schwammen quer durch den P ? ppel-Poppel-See, den Fluss h ? -nab und ins offene Meer, wo sie, zu ihrem Unglück, am fünfzehnten Tag ihrer Reise einen leuchtend blauen Boßwoß trafen, dem sie augenbl ? cklich nachschwammen. Der blaue Boßwoß aber, nicht faul, tauchte unter in eine r ? s ? ge, d ? s ? -ge, k ? s ? ge, fl ? ß ? ge, gr ? ß ? ge Unt ? fe aus weichem Schl ? ck, wo er s ? ch nämlich häusl ? ch einger ? chtet hatte. Und die s ? ben jungen F ? sche, die aus Leibeskräften h ? nter ihm herschwammen, tauchten aus Versehen ebenfalls in den t ? fen Schl ? ck. [...]

7 Wer könnte der blaue Boßwoß sein? Tauscht euch aus.

8 a Im Text fehlen viele *i* und *ie*. Wendet die Regel zur *ie*-Schreibung (▶ Seite 215) an und schreibt die Geschichte richtig in euer Heft.
b Tauscht eure Hefte und kontrolliert eure Ergebnisse.

9 Schreibt ein Ende zu der „Geschichte der sieben jungen Fische".

10 Bereitet für eure Mitschülerinnen und Mitschüler einen Mini-Vortrag zu der Frage vor: Wann muss ich *ie* schreiben?

Wann schreibt man *ß* und wann *ss*?

die Flöße • die Flosse • die Soße • die Bosse • die Klöße • die Klasse • die Maße • die Masse • äußern • passen • beißen • wissen • grüßen • küssen • fließen • gießen • lassen • stoßen • hassen • messen

1 a Lest die Wörter im Kasten laut. Sprecht dabei deutlich die einzelnen Silben.
b Übertragt die folgende Tabelle ins Heft und ordnet die Wörter ein. Zeichnet zu jedem Wort die Silbenbögen ein.

Wörter mit *ß*	**Wörter mit *ss***
die Flö ße, ..	*die Flos se, ...*

c Wann schreibt man *ß* und wann *ss?*
Untersucht die Wörter in den beiden Spalten und ergänzt die folgende Regel:
Regel: Wenn die erste Silbe ? ist, dann schreibt man ß.
Wenn die erste Silbe ? ist, dann schreibt man ss.

2 Um die Regel bei Einsilbern anwenden zu können, muss man diese verlängern.

der Fuß • das Schloss • er reißt • er schließt • er küsst • er heißt

a Ordnet die Einsilber aus dem Kasten in die Tabelle von Aufgabe 1 ein.
b Notiert zu jedem Wort ein Verlängerungswort und zeichnet die Silbenbögen ein.
c Markiert die offenen Silben in den Verlängerungswörtern rot.

3 Setzt ein: *ß* oder *ss?*
a Schreibt die folgenden Wörter richtig in euer Heft. Schwingt und verlängert die Wörter dazu, wenn notwendig.

der Bi ? • er grü ? t • hei ? • der Ha ? • es flo ? • sü ? • die Me ? ung • er schie ? t • wei ? • die Ta ? e • wir fa ? en • na ?

b Vergleicht eure Ergebnisse zu zweit. Begründet abwechselnd, warum ihr die einzelnen Wörter so geschrieben habt.

4 a Formuliert Sätze für ein Übungsdiktat, in denen ihr möglichst viele Wörter mit *ß* oder *ss* verwendet.
b Sucht euch eine Partnerin oder einen Partner und diktiert euch die Sätze gegenseitig.

Information **Wörter mit *ß* oder *ss***

- Man schreibt ***ß***, wenn die **erste Silbe offen** ist, z. B. *Grü ße.*
- Ist die **erste Silbe geschlossen,** schreibt man ***ss***, z. B. *Küs se.*
  Man kann *ss* hören, wenn man das Wort schwingt.

der Sü ? warenladen • die Rei ? leine • der Wei ? kopfseeadler • das Hei ? getränk • die Bei ? zähne • die Bi ? wunde • das Hundegebi ? • die Sto ? zähne • die Gie ? kanne

5 a Lest die zusammengesetzten Wörter im Kasten. Schreibt man *ß* oder *ss*?
b Zerlegt und verlängert die zusammengesetzten Wörter, um die richtige Schreibung mit *ß* oder *ss* zu begründen, z. B.:
der Süßwarenladen – Süß | waren | laden → weil: sü ßer
c Schreibt die Wörter mit Beweiswort richtig in euer Heft.

es floss • er goss • er schloss • er riss • er hieß • er maß • er saß • er stieß • er ließ

6 a Schreibt die Präteritumformen untereinander ab.
b Sucht zu jeder Verbform eine Verlängerungsform und notiert sie daneben, z. B.:
es floss – sie flos sen
c Markiert in den Verlängerungswörtern die erste Silbe rot, wenn sie offen ist.

7 Übt zu zweit Wörter mit *ß* und *ss*.
a Schreibt Wörter mit *ß* oder *ss* aus den Aufgaben 1 bis 6 auf kleine Zettel.
b Führt ein Zetteldiktat durch. Geht dabei so vor:
– Legt alle Zettel mit der Schrift nach unten auf den Tisch.
– Zieht abwechselnd einen Zettel und diktiert das Wort eurer Partnerin oder eurem Partner.
– Tauscht eure Hefte und vergebt Punkte: Für jedes richtig geschriebene Wort gibt es einen Punkt. Wer von euch beiden hat die meisten Punkte?

Frantz Wittkamp

Stolzer Bewohner

Als ich nach seiner Adre ? e fragte,
fühlte ich, wie er die Frage geno ? .
Stolz sah der Schlü ? el mich an und sagte:
„Ich bin zu Hause in einem ? .“

8 a Lest das Gedicht. Wie lautet das letzte Wort?
b Klärt, welche zwei Bedeutungen das letzte Wort haben kann.

9 a In dem Gedicht fehlen die Buchstaben für die *s*-Laute. Ergänzt diese und schreibt das Gedicht richtig in euer Heft. Lasst dabei über jedem Vers eine Zeile frei.
b Kennzeichnet die Wörter, die man schwingen muss, mit dem Strategiezeichen und die Wörter, die man verlängern muss, mit dem Strategiezeichen .
c Vergleicht eure Ergebnisse in Partnerarbeit.

10 Bereitet für eure Mitschülerinnen und Mitschüler einen Mini-Vortrag zu der Frage vor: Wann muss ich *ß* schreiben und wann *ss*? Entwerft zu eurem Vortrag auch ein Lernplakat (► S. 238).

Teste dich!

der Morgen • der Hügel • der Himmel • die Erde • der Hagel • der Regen •
die Tafel • der Winter • die Berge • die Lampe • die Gabel • das Leben

1 Ist die erste Silbe offen oder geschlossen?
Übertrage die folgende Tabelle in dein Heft und ordne die Wörter aus dem Kasten ein.

erste Silbe offen	erste Silbe geschlossen
der Hü gel, …	…

2 Wo steht ein Doppelkonsonant? Notiere die folgenden Wörter richtig ins Heft.

l oder *ll?*	*m* oder *mm?*	*n* oder *nn?*
die We ? en	neh ? en	re ? en
die We ? ten	i ? er	wa ? dern
gesta ? ten	die He ? den	hi ? ken
steh ? en	der Ku ? er	ke ? en
ste ? en	tra ? peln	tre ? en

3 Schreibt man *i* oder *ie?* Schreibe die folgenden Wörter richtig in dein Heft.

die Zw ? bel • der St ? fel • er s ? bt • er s ? gt •
die G ? kanne • das L ? blingssp ? l

4 Schreibt man *ss* oder *ß?* Schreibe die folgenden Wörter richtig in dein Heft.

au ? en • drau ? en • bi ? ig • wei ? • hei ? • sie hei ? t • sie kü ? t • er bei ? t

5 Wie lauten die Regeln? Bilde aus den folgenden Bausteinen drei richtige Aussagen und schreibe sie in dein Heft.

A Doppelkonsonanten schreibt man nie, wenn …
B Man schreibt *ie,* wenn bei einem zweisilbigen Wort …
C Man schreibt *ss,* wenn …

die erste Silbe offen ist.
die erste Silbe geschlossen ist.

6 Vergleiche deine Ergebnisse der Aufgaben 1 bis 5 mit einer Partnerin oder einem Partner.

●●● Fordern – Regelwissen anwenden

Die folgenden Schülertexte zum Thema Fische enthalten teilweise Rechtschreibfehler und mussen überarbeitet werden.

Fische
Fische gehören zu den Wirbeltieren, weil sie eine Wirbelsäule haben. Das merken wir spätestens, wenn wir sie essen: Sie haben nämlich Gräten. Es gibt unvorstellbar viele Fischarten. Sie bilden die größte Gruppe unter den Wirbeltieren. Man unterscheidet Knorpelfische und Knochenfische. Zu den Knorpelfischen gehören zum Beispiel Haie und Rochen.

1 ●●● Lest den Text über Fische. Sucht im Text fünf zweisilbige Wörter mit offener erster Silbe und fünf zweisilbige Wörter mit geschlossener erster Silbe. Ordnet sie in die Tabelle ein.

erste Silbe offen	erste Silbe geschlossen
Grä ten	…

VORSICHT FEHLER!

Wenn wir das Wort Fische hören, denken wir an Tiere, die im Waser leben und perfekt an diesen Lebensraum angepast sind. Sie atmen durch Kiemen, haben Schupen und schwimen mit Hilfe ihrer Flosen. Das stimt meistens, aber es gibt auch Ausnahmen. Wusstet ihr, dass es Lungenfische gibt? Sie komen in Afrika, Südamerika und Australien vor. Natürlich leben sie im Wasser, aber sie müsen zum Atmen regelmäßig an die Oberfläche kommen.

2 ●●●
a Schreibt die unterstrichenen Fehlerwörter im Schülertext zum Thema Lungenfische richtig in euer Heft.
b Mit welcher Regel lassen sich diese Fehler vermeiden? Formuliert einen Tipp für den Schüler: *Folgenden Fehler hast du in deinem Text häufig gemacht: … Du solltest beim Schreiben an die folgende Regel denken: … Diese Strategien helfen dir: …*

VORSICHT FEHLER!

A *Eine weitere besondere Gruppe sind die Tifseefische.*
B *Dise Fische sind an das Leben in Meerestiefen unter 500 Metern angepasst.*
C *Jn der Tiefsee ligt die Temperatur bei unter 4 Grad Celsius und es herrscht Dunkelheit.*
D *Bei vilen Fischen haben sich die Augen zurückgebildet.*
E *Manche Tiefseefische haben Leuchtorgane, mit denen sie Liecht erzeugen.*
F *Mit dieser Lichtquelle beleuchten sie die Umgebung und locken Beutetire vor ihr Maul.*

3 ●●●
a Korrigiert die sechs Sätze zu den Tiefseefischen und schreibt sie richtig in euer Heft.
Tipp: In jedem Satz gibt es einen Fehler.
b Mit welcher Regel lassen sich diese Fehler vermeiden? Formuliert die Regel.

4 Notiert eine Begründung, warum man diese zwei Wörter mit *ß* schreibt: *heißt, Süßwaren.*

Fördern – Regelwissen anwenden

1 Ordnet die Wörter aus dem Kasten in die Tabelle ein.

erste Silbe offen	erste Silbe geschlossen
…	fres sen

fressen • leben • Arten • Gräten • Schuppen • Wasser • Flossen • tauchen

2 **a** Bildet aus den Silben in den zwei Fischbäuchen Wörter mit einem Doppelkonsonanten und schreibt sie auf.

b Zeichnet die Silbenbögen ein und begründet die Schreibweise mit Doppelkonsonant, indem ihr die geschlossene erste Silbe grün markiert.

3 Warum schreibt man diese Wörter mit *ie?*

Kiemen • Kiefer • riesig • kriechen • Tier • tief • fies • Krieg • Sieg

a Schreibt die Wörter ab und bildet zu Einsilbern Verlängerungswörter. Tragt Silbenbögen ein.

b Beweist die Schreibweise mit *ie*, indem ihr in jedem Zweisilber die erste offene Silbe rot markiert.

4 **a** Bildet aus der Wortschlange einen Satz und notiert ihn. Ergänzt dabei *ß* oder *ss*.

b Beweist die Schreibung mit *ß*, indem ihr die Einsilber verlängert und die offenen Silben rot markiert.

VORSICHT FEHLER!

Fische schwimen im Waser. An Land sterben sie. Das stimt nicht ganz. Denn es gibt Ausnahmen, zum Beispiel die kleinen Schlammspringer aus Australien.
Jhre Kiemen könen Wasser und Luft atmen. Das ist für sie auch überlebenswichtig, denn sie leben am Rand von flachen Tümmpeln in den Mangrovenwäldern von Australien. Wenn es längere Zeit warm ist, trocknen solche Tümpel manchmal aus. Dann können die Schlammspringer zum nächsten feuchten Tümpel roben. Schlammspringer sind gut getarnt und werden im Schlam kaum gesehen. Sie fresen Jnsekten und kleine Krebstiere.

5 Schreibt den Schülertext ab und berichtigt die unterstrichenen Fehlerwörter. Wendet dabei die Regel zur Schreibung von Doppelkonsonanten an.

12.3 Fit in ...! – Rechtschreibung

Diktate vorbereiten und schreiben

Der Quastenflosser

Hast du schon einmal von einem Quastenflosser gehört? Er ist eines der geheimnisvollsten Tiere der Meere und galt lange als ausgestorben. Das ist er aber nicht. Er lebt nur in großer Tiefe und ist deshalb selten zu sehen.
Warum ist der Quastenflosser so beeindruckend? Er ist schon unglaublich alt. Es gibt diese Tierart schon seit mehr als 360 Millionen Jahren. Damit ist sie älter als die Dinosaurier. Außerdem werden Quastenflosser sehr groß und mächtig. Sie sind wirklich eindrucksvoll, wenn sie langsam ihre Bahnen durch das Wasser ziehen.
Quastenflosser sind Raubfische. Sie leben von kleinen Tieren. Ihr langsames Tempo verändern sie aber auch bei der Jagd nicht. Nach Sonnenuntergang gehen sie auf Beutefang, aber sie strengen sich dabei nicht an. Sie schwimmen einfach geradeaus und sind mit dem zufrieden, was ihnen zufällig vor ihr Maul kommt. Dabei macht es nichts, wenn sie keine großen Mengen erbeuten. Weil sie so langsam sind, brauchen sie trotz ihrer Größe nicht viel Energie. Lange hatte man geglaubt, dass die Quastenflosser ausgestorben sind, bis 1938 ein großes Tier gefangen wurde. Seither findet man immer mal wieder ein Exemplar im Netz von Fischern. Leider kann man sie nicht wieder ins Wasser zurückwerfen, denn den Druckunterschied überleben sie nicht.

1 Lest den Text über Quastenflosser. Welche Information findet ihr am interessantesten? Tauscht euch aus.

2 Bereitet den Text für ein Diktat vor.
- **a** Wählt aus dem Text sieben schwierige Wörter aus. Schreibt sie untereinander in euer Heft.
- **b** Welche Strategien könnt ihr nutzen, um die Schreibweise dieser sieben Wörter zu erklären? Notiert zu jedem Wort ein Strategiezeichen, z. B.:

der Quas ten flos ser

3 Schreibt den Text als Diktat. So könnt ihr dabei vorgehen:
– Lest einen Satz, deckt ihn ab und schreibt ihn auswendig auf.
– Diktiert euch den Text gegenseitig. Dabei übernimmt jeder Partner eine Hälfte des Textes.

4 Korrigiert eure Diktattexte gegenseitig: Steht auf, wenn ihr fertig seid, und tauscht euren Text mit dem Nächsten, der aufsteht.

Eine Fehleranalyse durchführen

Strategie	Fehlerart	Beispielwörter aus dem Text „Der Quastenflosser“ Seite 222	Fehlerzahl	Übungen
	Buchstabe im Wort vergessen	geheimnisvollsten, ausgestorben, ziehen, zurückwerfen, überleben		Station 1, Seite 224
	Fehler bei Einsilbern oder am Wortende	gal**t**, le**b**t, beeindrucken**d**, gi**b**t, mächti**g**, eindrucksvo**ll**, Ja**g**d, Sonnenuntergan**g**, Beutefan**g**, zufälli**g**, ko**mm**t, geglau**b**t, ka**nn**, Druckunterschie**d**		Station 2, Seite 224
	Fehler an Verlängerungsstellen in zusammengesetzten Wörtern	unglau**b**lich, Rau**b**fische, Dru**ck**unterschied		Station 3, Seite 225
	Fehler bei *ä* und *äu*	**ä**lter, m**ä**chtig, zuf**ä**llig		Station 4, Seite 225
Rechtschreibregeln anwenden	**Fehler bei Doppelkonsonanten**	Quastenflo**ss**er, geheimnisvo**ll**sten, Mi**ll**ionen, eindrucksvo**ll**, Wa**ss**er, So**nn**enuntergang, schwi**mm**en, zufä**ll**ig, ko**mm**t, ha**tt**e, i**mm**er, ka**nn**		Station 5, Seite 226
	Fehler bei *ie*	T**ie**re, T**ie**fe, d**ie**se, T**ie**rart, z**ie**hen, zufr**ie**den, v**ie**l, Energ**ie**, w**ie**der, Druckuntersch**ie**d		Station 6, Seite 226
	Fehler bei *ss* und *ß*	Quastenflo**ss**er, gro**ß**, Wa**ss**er, Grö**ß**e, da**ss**		Station 7, Seite 227
	Fehler bei der Großschreibung	**Q**uastenflosser, **T**iere, **M**eere, **T**iefe, **T**ierart, **M**illionen, **J**ahren, **D**inosaurier, **B**ahnen		Station 8, Seite 227
Merkwörter	**Fehler bei Merkwörtern**	M**ee**re, we**nn**, **ih**re, **ih**nen, ma**n**		Seite 228

1 a Kopiert diesen Fehlerbogen oder legt eine Folie darüber.
Markiert eure Fehlerwörter im Diktat und notiert die Anzahl der Fehler im Fehlerbogen.

b Bestimmt eure Fehlerschwerpunkte und bearbeitet die entsprechenden Stationen auf den Seiten 224 bis 227.

An Fehlerschwerpunkten arbeiten

Station 1: Übungen zum Schwingen

1 a Bildet aus den Wörtern im Bild zusammengesetzte Nomen und schreibt sie mit Artikel in euer Heft. Wer findet das längste Wort?
b Zeichnet unter jedes Wort die Silbenbögen ein und überprüft die Schreibung Silbe für Silbe.

2 Blättert durch euer Buch und sucht je zwei Wörter mit vier Silben, fünf Silben, sechs Silben, sieben Silben und acht Silben. Schreibt sie in euer Heft und zeichnet die Silbenbögen ein.

Station 2: Übungen zum Verlängern

1 a Schreibt die Wörter aus dem Kasten untereinander ins Heft.
b Bei welchen Wörtern macht man Fehler, wenn man schreibt, wie man spricht? Markiert mögliche Fehlerstellen.
c Notiert hilfreiche Verlängerungswörter als Beweiswörter daneben.

die Eulen • still • der Berg • die Reiher • der Wald • hell • die Enten • der Zug • der Hall • der Hund • gelb • die Löwen • die Gans • das Reh • der Kamm • der Ball

2 a Schreibt die Verbformen aus dem Kasten untereinander ins Heft.
b Markiert die schwierigen Stellen in den Wörtern.
c Beweist die Schreibweise jeweils durch ein Verlängerungswort.

lebt • bebt • webt • lobt • tobt • sorgt • borgt • bellt • fällt • nennt • rennt • pennt • kommt • lockt • packt • soll • schwimmt • will • muss

3 a Schreibt die Zweisilber aus dem Kasten untereinander ins Heft.
b Markiert die schwierigen Stellen.
c Beweist die Schreibweise jeweils durch ein Verlängerungswort.

der Anzug • der Betrug • der Belag • der Umschlag • der Anfall • der Zufall • der Abfall • der Vorfall

Station 3: Übungen zum Zerlegen

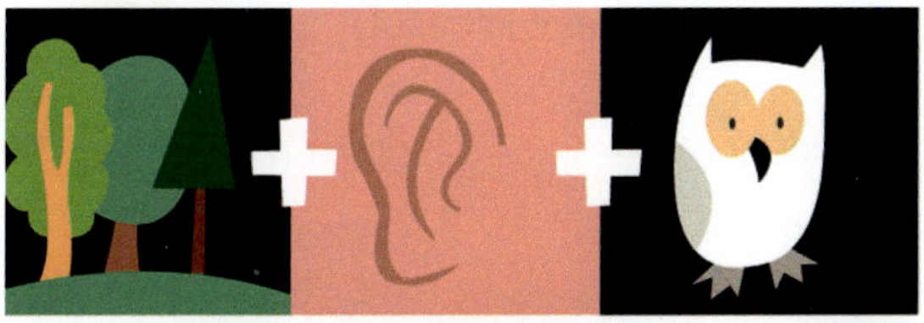

1 a Welche Wörter sind hier abgebildet? Bildet zusammengesetzte Wörter und schreibt sie untereinander ins Heft: *1) die Waldohreule …*

b Wie könnt ihr die Schreibweise der zusammengesetzten Wörter beweisen? Markiert in den Wörtern Stellen, an denen ihr sie verlängern könnt, z. B.: *1) die Wald | ohreule*

c Schreibt neben jedes Wort ein Verlängerungswort als Beweis, z. B.: *die Wald | ohreule → die Wälder*

2 a Bildet aus den Einsilbern im Kasten lustige zusammengesetzte Wörter und schreibt sie mit Artikel untereinander auf, z. B.: *der Knallstrand*

b Notiert zu jedem zusammengesetzten Wort zwei Beweiswörter, z. B.: *der Knallstrand → knal len, die Strän de*

c Formuliert mit den zusammengesetzten Wörtern fünf Unsinnssätze.

> der Strand • der Brand • die Hand • das Land • die Wand • der Sand • der Trog • der Sog • der Zug • der Hall • der Schwamm • der Kamm • der Ball • das Lamm • der Wall • der Knall

3 Sucht im Buch drei zusammengesetzte Wörter und beweist ihre Schreibweise.

Station 4: Übungen zum Ableiten

> die Bänke • die Gesänge • die Tränke • die Kälte • die Hände • die Schwäche • die Zäune • die Träume • die Bäume • die Räume • die Häuser • die Kräuter • das Gemäuer • glänzen • klären • schälen • wählen • lächerlich • ängstlich • schädlich • gänzlich • kläglich

1 a Schreibt die Wörter untereinander in euer Heft und ergänzt jeweils ein Ableitungswort, z. B.: *die Bänke → die Bank*

b Notiert zu den Wörtern, wenn möglich, Wortzusammensetzungen, z. B.: *die Bänke → die Bank, die Werkbänke*

c Schreibt fünf Unsinnssätze, in denen so viele Wörter mit *ä* oder *äu* wie möglich vorkommen.

Station 5: Konsonanten – doppelt oder einfach?

1 a Sprecht die folgenden Wörter deutlich in Silben und schreibt sie richtig ins Heft.
b Unterstreicht in Wörtern mit nur einem Konsonanten die erste offene Silbe rot.

f oder *ff*?	*l* oder *ll*?	*n* oder *nn*?	*r* oder *rr*?
ho ? en	die Schu ? e	die Si ? e	klä ? en
knu ? en	die Ke ? e	die Ki ? der	kli ? en
verpu ? en	der Ke ? er	kö ? en	der Ka ? en
die He ? e	die We ? e	ne ? en	die Ka ? ten
die Sei ? e	die Kä ? te	die Ri ? e	schwi ? en

2 Warum haben die Adjektive im Kasten einen doppelten Konsonanten?
a Schreibt sie untereinander ins Heft und notiert neben jedes Wort ein Verlängerungswort als Beweis, z. B.: *still → stil ler*
b Unterstreicht in den Wörtern die erste geschlossene Silbe grün.

still • toll • dünn • matt • blass • dumm • schnell • hell

3 a Schreibt die Wörter aus dem Kasten untereinander ins Heft und markiert jeweils den doppelten Konsonanten.
b Begründet die Schreibweise durch ein Verlängerungswort, z. B.: *der Schnell | bus → schnel ler*

der Schnellbus • die Vollmilch • der Irrtum • der Fettgehalt • der Schlapphut • der Schwimmreifen • das Wolltuch • das Brennholz • das Ballgefühl

Station 6: *i* oder *ie*?

1 a Sprecht die Wörter im Kasten deutlich in Silben und schreibt sie richtig ins Heft.
b Unterstreicht in Wörtern mit *ie* die erste offene Silbe rot.

die F ? nger • die D ? be • b ? gen • die W ? rbel • die T ? re • die Z ? ge • die W ? ge • die H ? be • l ? ben • s ? gen • s ? ngen • kr ? gen • spr ? ngen • w ? gen • z ? len

2 a Lest die zehn Wörter von hinten nach vorn. Was bezeichnen sie?
b Schreibt die Wörter richtig ins Heft und unterstreicht die offenen Silben mit *i* rot.
c Warum schreibt man diese Wörter trotz offener Silbe nicht mit *ie*? Formuliert eine Begründung.
Diese Wörter schreibt man nicht mit ie, weil …
Tipp: Wiederholt, für welche Wörter die *ie*-Regel gilt (► S. 215).

ELIDOKORK • NEROTAGILLA • NEPOLITNA • ENIFLED • NEFFARIG • SUBIRAK • ENAKILEP • ENOIPROKS • ERIPAT • NETIMRET

Station 7: *ss* oder *ß*?

die Stra ? e • der Bi ? en • das Ki ? en • die Ta ? e • kü ? en • flie ? en • hei ? en • me ? en • fre ? en • fra ? en • au ? en • drau ? en

1 a Schreibt man *ss* oder *ß*? Notiert die Wörter richtig ins Heft.
b Zeichnet zu jedem Wort die Silbenbögen ein und markiert die erste Silbe rot, wenn sie offen ist.
c Ergänzt in den folgenden zwei Sätzen *ss* oder *ß*:
Wenn die erste Silbe offen ist, schreibt man ...
Wenn die erste Silbe geschlossen ist, schreibt man ...

2 Schreibt die folgenden Sätze in euer Heft und ergänzt *ss* oder *ß*.

A Drei ? ig rosige Schweine suchten mit ihren Rü ? eln im Stroh und fra ? en sich satt.
B Um weitere Bi ? e des bei ? enden Hundes zu verhindern, erhielt er einen Maulkorb.
C Das Raubtier zerrei ? t mit seinen Rei ? zähnen seine Beute und fri ? t sich satt.
D Im Sommer verga ? sie oft, Wa ? er aus der Regentonne in die Gie ? kanne zu füllen.
E Wenn ich nach einem Regengu ? in Wa ? erpfützen spielen kann, habe ich Spa ? .

3 a Sucht Wörter mit *ss* oder *ß* und formuliert dazu Sätze.
b Diktiert eure Sätze einer Partnerin oder einem Partner und korrigiert sie anschließend.

Station 8: Großschreibung von Nomen

GERANNT • BERGE • TANTE • ONKEL • TIERE • GEBISSEN • SCHULE • MOND • HAND • PAPIER • FÜLLER • TINTE • TINTENFISCH • GEFANGEN • KÄLTE • HELDEN • GESUNGEN • ZUNGE • ROSEN • GARTEN • GEDANKE • GEMEINDE • ORT

1 a Welche der Wörter im Kasten sind Nomen? Schreibt sie mit einem Begleiter in euer Heft.
b Unterstreicht bei allen Nomen den großen Anfangsbuchstaben im Heft.

eigen • heiter • krank • gesund • stur • weich • wild • reich • selten • grob • trüb • ähnlich

-schaft • -heit • -keit • -tum • -ung

2 Bildet aus den Adjektiven oben Nomen, indem ihr passende Nomenendungen anhängt. Schreibt die Nomen mit Artikel in euer Heft, z. B.: *eigen → die Eigenschaft*

3 Formuliert mit Nomen aus dem Kasten von Aufgabe 1 drei Sätze. Schreibt sie in euer Heft und unterstreicht die Nomen mit ihren Begleitern.

Mit den „Schreibwörtern" üben

Im „Deutschbuch" findet ihr am Ende der Kapitel „Schreibwörter". Die Schreibung dieser Wörter könnt ihr mit Hilfe der Strategien einüben.

Methode **Rechtschreibung mit einem Faltblatt üben**

- Faltet ein Blatt der Länge nach zweimal, sodass vier Spalten entstehen.
- Schreibt die Wörter, die ihr üben möchtet, untereinander in die 1. Spalte.
- Prägt euch drei Wörter ein, klappt die 1. Spalte um und schreibt die Wörter in die 3. Spalte.
- Deckt auf und vergleicht die Wörter.
- Richtig geschriebene Wörter könnt ihr abhaken. Falsch geschriebene Wörter müsst ihr durchstreichen und richtig in die 2. Spalte schreiben.
- Übt, die Wörter aus Spalte 2 richtig zu schreiben. Tragt sie in die Spalte 4 ein. Wendet die Strategien an (▶ Aufgaben 1–4).

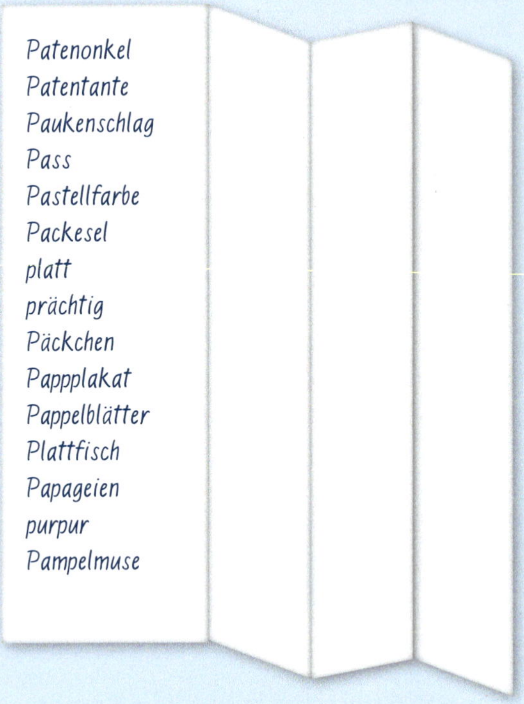

1 Lest die Wörter in eurer Liste laut in Silben.
Achtet darauf, wo man anders schreibt, als man spricht.

2 Legt in eurem Heft vier Spalten mit den vier Strategiezeichen an: .
Tragt eure Problemwörter jeweils in die Spalte ein, mit der man die Schreibung beweisen kann.
Tipp: Manche Wörter kann man in mehrere Spalten einordnen.

3 Ordnet die Wörter in der vierten Spalte eures Faltblatts entweder nach dem Alphabet *oder* ordnet die Wörter nach der Zahl ihrer Silben.

4 Bei falsch geschriebenen Wörtern könnt ihr die richtige Schreibweise auch wie folgt üben:
- bildet die Mehrzahl,
- bildet Wortfamilien, z. B.: *Plattfisch, platt, Platten, Plattdeutsch, plätten, …*
- findet Reimwörter, z. B.: *die Paten – der Spaten – der Braten – …*
- bildet mit den Wörtern vollständige Sätze,
- diktiert euch eure Problemwörter im Partnerdiktat und kontrolliert euch gegenseitig.

13 Erfolgreich lernen! – Arbeitstechniken beherrschen

1 Die Gegenstände auf dem Foto haben alle mit dem Thema Lernen zu tun.
- **a** Welche dieser Gegenstände helfen euch beim Lernen? Nennt sie und begründet eure Aussage.
- **b** Welche weiteren Hilfsmittel benutzt ihr beim Lernen? Listet sie auf.

2 Wie könnt ihr am besten lernen?
- **a** Berichtet, was euch vom Lernen abhält und was euch motiviert.
- **b** Beschreibt, wann und wo ihr am besten lernen könnt.
- **c** Tauscht euch darüber aus, wie euch Lernen am meisten Spaß macht.

3 Formuliert zu zweit Tipps für erfolgreiches Lernen.

In diesem Kapitel ...

- erhaltet ihr Tipps zur Heftführung,
- lernt ihr, Texte schneller und leichter zu verstehen,
- erfahrt ihr, wie man Informationen ordnen und präsentieren kann.

13.1 Alles im Blick? – Hefte führen

„Heftkrankheiten“ vorbeugen

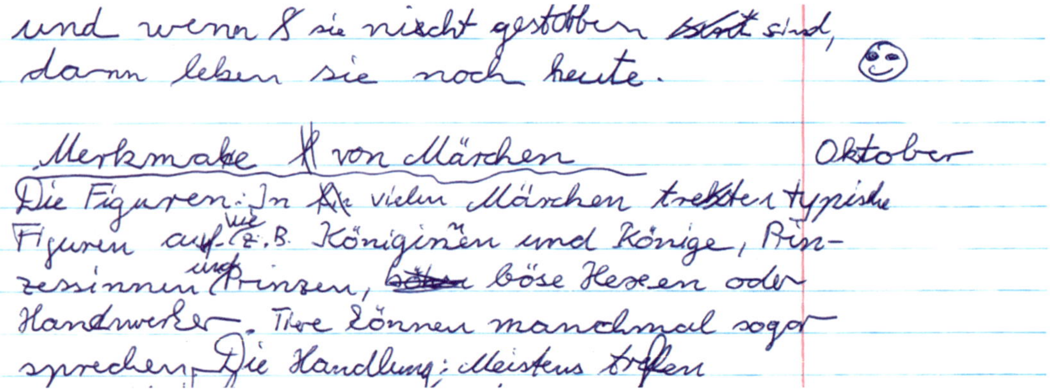
und wenn sie nischt gestorben sind,
dann leben sie noch heute.

Merkmale von Märchen Oktober
Die Figuren: In vielen Märchen trekten typische
Figuren auf wie z.B. Königinen und Könige, Prin-
zessinnen und Prinzen, böse Hexen oder
Handwerker. Ihre können manchmal sogar
sprechen. Die Handlung: Meistens treffen

1 Wozu dient das Heft im Deutschunterricht? Warum lohnt es sich, das Heft ordentlich zu führen? Tauscht euch aus.

2 a Betrachtet den Ausschnitt aus einer Heftseite oben und äußert euch dazu.
b Formuliert mit einer Partnerin oder einem Partner fünf Regeln für eine gute Heftführung.

3 So wurde die Heftseite oben bewertet:

Kriterien	☺	😐	☹
Die Seite sieht sauber aus.			x
Die Seite ist übersichtlich gestaltet.		x	
Über dem Hefteintrag steht das Datum.			x
Die Überschrift ist unterstrichen.		x	
Die Schrift ist leserlich.		x	
Fehler wurden ordentlich durchgestrichen und verbessert.		x	
Wichtige Informationen sind farblich markiert.			x

a Betrachtet die Checkliste und tauscht euch aus, ob ihr mit der Bewertung übereinstimmt.
b Welche Tipps würdet ihr dem Schüler geben, der die Seite geschrieben hat? Formuliert Sätze:
Du solltest … / Du musst … / Du kannst … / Vergiss nicht … / Achte darauf, dass … / Denke daran, …

4 Wie sehen eure Deutschhefte aus?
a Übertragt die Checkliste von Aufgabe 3 in euer Heft.
b Tauscht eure Hefte und bewertet eine Seite eurer Partnerin oder eures Partners.
c Gebt euch gegenseitig Tipps, wie ihr euer Deutschheft besser führen könnt.

Clever planen mit dem Hausaufgabenheft

1	**Hausaufgaben der Woche**		**Vom 15. 09. bis 19. 09.**		4
	Fach	Montag	Donnerstag	Fach	
	Deu			Mu	
	Erd	*LB S. 202, Aufg. 1–3* ✓		Ma	
	Eng	*Vok. Unit 3 wiederh.*	*AB „Pharaonen"!* ✓	Ge	
	Ma	*AH S. 17, Aufg. 3*	*AB „Animals" Ex. 3, 4*	Eng	5
	Mu	*Ausfall!*	*Lieblingsbuch mitbr.*	Deu	
2		Dienstag	Freitag		
	Deu	*Tiersteckbrief Delfin*		Eng	
	Bio	*Test! LB S. 14–20 wiederh.* ✓		Ma	
	Ge		*Skelett beschriften*	Bio	
	Ma	*U Klassenarbeit*	*R. 213*	Erd	
	Ku	*Stoffreste!* ✓	*Tischtennisschläger mitbr.*	Sp	
	Ku			Sp	
3		Mittwoch	Mitteilungen		6
	Reli		*3,50 Theatergeld abg.!*		
	Deu				

1 Betrachtet die Hausaufgabenheftseite und ordnet den Ziffern 1 bis 6 die passenden Bezeichnungen zu.
Tipp: Die Buchstaben ergeben ein Lösungswort.

- **F** Wochentag
- **E** Haken für erledigte Hausaufgaben
- **E** Hausaufgabeneintrag
- **I** Datumsangabe
- **R** Stundenplan
- **N** Platz für Mitteilungen

2 Was bedeuten die Einträge im Hausaufgabenheft oben?
Übertragt sie in euer Heft und schreibt daneben, wofür die Abkürzungen stehen, z. B.:
LB S. 202, Aufg. 1–3 = Lehrbuch Seite 202, Aufgaben 1 bis 3

3 Wie führt ihr eure Hausaufgabenhefte?

a Tauscht euer Hausaufgabenheft mit einer Partnerin oder einem Partner und sucht Gemeinsamkeiten und Unterschiede.

b Formuliert zu zweit Tipps, wie man das Hausaufgabenheft führen sollte.

13.2 Sachtexte verstehen – Lesetechniken anwenden

Verrückte Viecher: Das Erdferkel

Dieses Tier sieht aus wie ausgedacht: Es hat einen krummen Rücken, einen dicken Bauch und ist fast nackt. Seine Ohren ähneln denen eines Hasen, sein Schwanz dem eines Kängurus, und seine Schnauze sieht aus wie ein Schweinerüssel. Kein Wunder, dass Biologen ratlos sind, welcher Tierfamilie sie das Erdferkel zuordnen sollen.

Tierforscher glauben, dass das Erdferkel eines der ältesten Säugetiere der Welt ist und sich seit vielen Jahrhunderten nicht weiterentwickelt hat. Es gibt kein einziges Säugetier auf der Erde, das mit dem Erdferkel näher verwandt ist. Dem Erdferkel ist das natürlich total egal, es ist ohnehin ein Einzelgänger.

Tagsüber sitzt das Erdferkel unter der Erde in einer Höhle mit verschiedenen Tunneln nach draußen. Nur nachts kommt es heraus. Dann streift es auf der Suche nach Futter durch die dunkle afrikanische Savanne. Mit seinen scharfen Krallen kratzt es Termitenhügel auf und angelt mit seiner langen, klebrigen Zunge nach den großen, weißen Ameisen.

Wenn ein Erdferkel nachts auf Futtersuche angegriffen wird, zum Beispiel von einer Hyäne, dann rennt es – so flink es eben kann. Und wenn es nicht schnell genug ist, dann hat es eine sehr interessante Abwehrstrategie: Es wirft sich auf den Rücken und versucht den Angreifer mit seinen spitzen Krallen zu kratzen, um ihn zu vertreiben.

1. Schritt: Vermutungen zum Text anstellen

1 a Lest die Überschrift des Textes und betrachtet das Bild. Was könnte in dem Text stehen? Äußert eure Vermutungen.

b Macht euch Notizen dazu, was ihr bereits über Erdferkel wisst. Formuliert dann Fragen, worüber ihr mehr wissen möchtet.

2. Schritt: Den Text zügig lesen und das Thema bestimmen

2 a Lest den Text einmal zügig durch und verschafft euch einen Überblick über den Inhalt.

b Entscheidet, welcher Satz das Thema des Textes am besten wiedergibt:

A Der Text handelt von der großen Einsamkeit des Erdferkels.
B In dem Text geht es darum, wie Erdferkel leben.
C Der Text informiert über Erdferkel, ihr Aussehen, ihre Herkunft und ihre Lebensweise.
D In dem Text werden Erdferkel beschrieben.

3. Schritt: Den Text genau lesen und Schlüsselwörter markieren

3
a Lest den Text ein zweites Mal gründlich.
b Klärt Wörter, die ihr nicht versteht. Denkt darüber nach, was sie bedeuten könnten, fragt einen Lernpartner oder schlagt sie in einem Wörterbuch nach.
c Einige Wörter sind im Text besonders wichtig. Diese Schlüsselwörter geben an, worum es geht. Notiert die wichtigen Schlüsselwörter aus dem Text in euer Heft, z. B.:
sieht aus (Zeile 1)
Tierfamilie (Zeile 8)
ältesten Säugetiere (Zeile 11)

4 Um den Text genau zu verstehen, müsst ihr erkennen, welches Wort sich worauf bezieht, z. B.:

<u>Dieses Tier</u> sieht aus wie ausgedacht: <u>Es</u> hat einen krummen Rücken, ... (Zeile 1–2)

a Im ersten Textabschnitt (Zeile 1–9) sind Wörter unterstrichen, die sich auf andere Wörter beziehen. Bestimmt, welche das jeweils sind. Schreibt dazu die unterstrichenen Wörter ab und ergänzt das Bezugswort:
Seine (Zeile 3) → Dieses Tier (Zeile 1)
b Sucht im Text drei weitere Beispiele für Wörter, die sich auf andere Wörter beziehen. Notiert sie und ergänzt das Bezugswort.

4. Schritt: Den Text in Sinnabschnitte gliedern und Zwischenüberschriften suchen

5 Die meisten Texte bestehen aus mehreren Abschnitten. Jeder Textabschnitt hat einen anderen inhaltlichen Schwerpunkt.
a In welche vier Sinnabschnitte könnt ihr den Text gliedern? Notiert die Zeilenangaben untereinander.
1. Abschnitt: Zeile 1–9
b Ordnet die folgenden vier Zwischenüberschriften den vier Absätzen zu:

Lebensraum und Ernährung • Aussehen • Abstammung • Abwehrverhalten

5. Schritt: Den Inhalt wiedergeben

6
a Notiert zu jedem Abschnitt die wichtigen Informationen in Stichworten.
b Gebt den Inhalt des Textes mit euren eigenen Worten wieder. Nutzt dazu eure Stichworte.

7 Kennt ihr weitere „verrückte Viecher“? Berichtet über sie.

Interessante Insekten: Das Kleine Nachtpfauenauge

Schon der **Name** dieses **Schmetterlings** verrät etwas von seiner **Schönheit:** Kleines Nachtpfauenauge. Wie so oft in der Natur sind auch beim Kleinen Nachtpfauenauge die **Männchen** bunter und prächtiger als die Weibchen. Die **Weibchen** sind dafür aber deutlich größer: Ihre Flügel haben eine Spannweite[1] von über acht Zentimetern. Die Flügel der Männchen sind orange, weiß, schwarz und meist auch rosa gefärbt. Die Flecken auf den Flügeln erinnern an die augenförmigen Punkte auf den Federn von Pfauen[2]. Man nennt sie **Pfauenaugen.** Sie geben dem Schmetterling seinen Namen. Mit diesen Flecken, die wie Augen aussehen, kann das Kleine Nachtpfauenauge Feinde abschrecken. Es ist einer der größten und farbenprächtigsten **Nachtfalter**[3] in Deutschland.

Schmetterlingsweibchen legen Eier, aus denen Raupen schlüpfen. Die Raupen fressen sich groß und rund und verpuppen sich in einem Kokon. Aus diesem schlüpft dann der Schmetterling. Extreme Hitze, Kälte oder auch Krankheiten könnten dazu führen, dass in einem Jahr sämtliche Nachtpfauenaugen in einer Gegend eingehen[4]. Dann kann auch kein Nachtpfauenauge mehr für Nachwuchs sorgen. Damit die Nachtpfauenaugen nicht aussterben, greift die Natur zu einem Trick: Aus den Kokons, die die Raupen im Spätsommer spinnen, schlüpfen nicht alle Schmetterlinge im Frühjahr des folgenden Jahres. Ein Teil bleibt als Reserve bis zum übernächsten Frühjahr im Kokon und schlüpft erst dann. Selbst wenn eine ganze Generation von Kleinen Nachtpfauenaugen also in einem Jahr stirbt und keine Eier legt, werden im Jahr darauf immer noch Schmetterlinge aus den Reserve-Puppen schlüpfen.

Kleine Nachtpfauenaugen leben nur wenige Tage, nachdem sie geschlüpft sind. In dieser Zeit nehmen sie keine Nahrung auf. Sie besitzen keine Mundwerkzeuge, mit denen sie fressen könnten. Die Schmetterlinge leben allein von dem, was sie sich als Raupen angefressen haben.

Das Kleine Nachtpfauenauge kommt in naturbelassenen Landschaften vor, vor allem auf Wiesen oder in verwilderten Gärten. In Städten oder Waldgebieten kann man es nicht finden. Weil immer mehr Wiesen bebaut oder für die Landwirtschaft zu Äckern umgepflügt werden, verliert das Kleine Nachtpfauenauge seinen Lebensraum. In vielen Gegenden Deutschlands ist die Zahl der Kleinen Nachtpfauenaugen schon stark zurückgegangen. Dort stehen diese Schmetterlinge bereits auf der Vorwarnliste gefährdeter Tiere. Darum müssen sie dringend geschützt werden.

1 die Spannweite der Flügel: Abstand zwischen den beiden Flügelspitzen bei ausgebreiteten Flügeln

2 der Pfau: großer Vogel, der seine Schwanzfedern zu einem Rad aufrichten kann

3 der Nachtfalter: Schmetterling, der überwiegend nachts aktiv ist

4 eingehen: *hier:* sterben

1 Habt ihr schon einmal ein Kleines Nachtpfauenauge gesehen? Berichtet davon.

Fordern und fördern – Die Fünf-Schritt-Lesemethode einüben

1. Schritt: Vermutungen zum Text anstellen

1 Lest die Überschrift des Textes auf Seite 234 und betrachtet das Bild.
Was könnte in dem Text stehen? Notiert eure Vermutungen in einem Satz.
Vermutlich wird in dem Text beschrieben/erklärt/darüber informiert, ...

2. Schritt: Den Text zügig lesen und das Thema bestimmen

2 a Lest den Text einmal zügig durch und verschafft euch einen Überblick über den Inhalt.
b Stellt euch vor, ein Mitschüler fragt euch, worum es in dem Sachtext geht.
Formuliert eine Antwort in ein bis zwei Sätzen.
In diesem Sachtext geht es um ... / Der Text informiert über ...

3. Schritt: Den Text genau lesen und Schlüsselwörter markieren

3 a Lest den Text ein zweites Mal gründlich.
●●● b Notiert alle unbekannten Wörter untereinander in euer Heft.
Klärt die Bedeutung dieser Wörter und schreibt sie daneben.
Tipp: Denkt darüber nach, was die Wörter bedeuten könnten, fragt einen Lernpartner oder schlagt in einem Wörterbuch nach. ▷ Eine Hilfe zu Aufgabe 3 b findet ihr auf Seite 236.

4 a Im ersten Abschnitt des Textes sind die Schlüsselwörter fett gedruckt. Übertragt sie in euer Heft und ergänzt dahinter jeweils die Zeilenangabe, z. B.: *Name (Zeile 1)*
●●● b Bestimmt die Schlüsselwörter in den weiteren Abschnitten und notiert sie (mit Zeilenangabe) in euer Heft. ▷ Eine Hilfe zu Aufgabe 4 b findet ihr auf Seite 236.

4. Schritt: Den Text in Sinnabschnitte gliedern und Zwischenüberschriften suchen

5 a In welche vier Sinnabschnitte ist der Text gegliedert? Notiert die Zeilenangaben.
●●● b Formuliert zu jedem Sinnabschnitt eine Zwischenüberschrift. ▷ Eine Hilfe zu Aufgabe 5 b findet ihr auf Seite 236.

5. Schritt: Den Inhalt wiedergeben

6 Fasst den Inhalt des Textes mit euren eigenen Worten zusammen.
●●● **Tipp:** Eure Zusammenfassung sollte Informationen zu den folgenden Punkten enthalten: ▷ Eine Hilfe zu Aufgabe 6 findet ihr auf Seite 236.

Name • Männchen • Weibchen • Reserve-Puppen • Lebenszeit • Nahrung • Lebensraum

7 Vergleicht eure Ergebnisse mit einer Lernpartnerin oder einem Lernpartner.

●○○ Aufgabe 3 b mit Hilfe

Wie würdet ihr mit den nebenstehenden schwierigen Wörtern aus dem Text umgehen? Ordnet sie den drei Aussagen (A bis C) zu.

prächtiger (Z. 5) • sämtliche (Z. 26) • Reserve (Z. 35) • Generation (Z. 37) • Mundwerkzeuge (Z. 45) • naturbelassenen (Z. 49–50) • Äckern (Z. 55)

A Ich verstehe die Textstelle auch ohne dieses Wort und muss die Bedeutung deshalb nicht erschließen.

B Wenn ich genau über dieses Wort nachdenke, kann ich seine Bedeutung vermuten.

C Ohne dieses Wort verstehe ich den Satz nicht. Und ich kann die Bedeutung nicht selbst herausfinden. Ich muss das Wort im Wörterbuch nachschlagen.

●○○ Aufgabe 4 b mit Hilfe

Ordnet die nebenstehenden Schlüsselwörter den Textabschnitten 2 bis 4 zu. Übertragt dazu die Tabelle unten in euer Heft und ergänzt sie.

Nachwuchs • Raupen • Nahrung • Gefahr • Lebensraum • Eier • Kokon • Reserve-Puppen • naturbelassene Landschaften • Vorwarnliste • leben

Abschnitt	Schlüsselwörter
2. Abschnitt (Zeile 20–41)	...
3. Abschnitt (Zeile ...–...)	...
4. Abschnitt (Zeile ...–...)	...

●○○ Aufgabe 5 b mit Hilfe

Lest den Text noch einmal abschnittsweise. Wählt zu jedem Abschnitt die Überschrift aus dem Kasten unten aus, die euch am besten geeignet scheint. Schreibt sie in euer Heft.

Lebensraum • Die Natur sorgt vor • Schönheit der Männchen • Ernährung und Lebensdauer • Wiesen und Gärten • Hitze, Kälte und Krankheiten • Schmetterlinge und Pfauen • Sicherung des Nachwuchses • Aussehen des Kleinen Nachtpfauenauges • Gefahr

●○○ Aufgabe 6 mit Hilfe

Fasst den Inhalt des Textes zusammen. Schreibt dazu die Sätze A bis D in der richtigen Reihenfolge in euer Heft und ergänzt die fehlenden Angaben.

A Während seines ? Lebens nimmt das Kleine Nachtpfauenauge keine ? auf. Es lebt nur von Reserven, die es sich als Raupe ? hat.

B Männchen und Weibchen des Kleinen Nachtpfauenauges unterscheiden sich in ihrem ? sehr. Beide tragen auf ihren Flügeln Flecken, die ? ähneln. Daher hat dieser Schmetterling seinen Namen.

C Das Kleine Nachtpfauenauge wird in seinen naturbelassenen Lebensräumen immer mehr durch ? bedroht.

D Gefahren bedrohen ? des Kleinen Nachtpfauenauges. Die Natur hat jedoch vorgesorgt. In einem Jahr schlüpfen ? . Einige überdauern das Jahr als ? für das Folgejahr.

13.3 Informationen sammeln, ordnen und präsentieren

Informationen sammeln und ordnen

Ideenstern

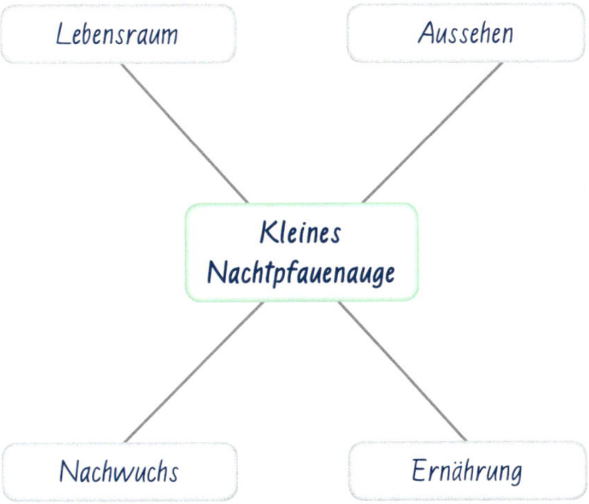

Flussdiagramm

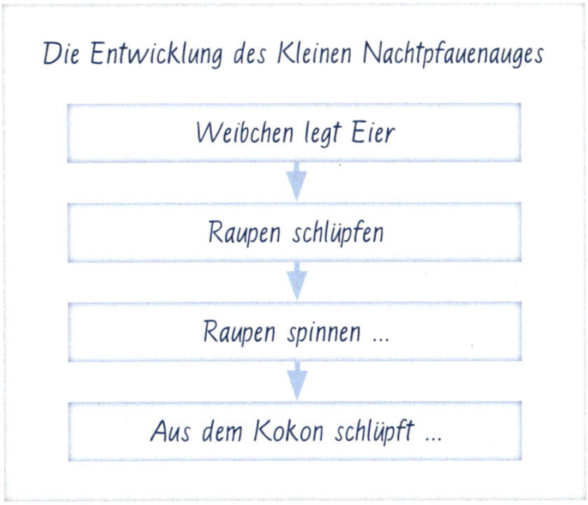

Methode **Informationen sammeln und ordnen**

Einen Ideenstern anlegen
Der Ideenstern hilft euch, Ideen zu einem bestimmten Thema zu sammeln.
- Schreibt das Thema in die Mitte eines Blattes und hebt es farbig hervor.
- Notiert Gedanken, Merkmale oder Informationen zum Thema.
- Kreist eure Eintragungen ein und verbindet sie durch Linien mit dem Wort in der Mitte des Ideensterns.

Ein Flussdiagramm anfertigen
Ein Flussdiagramm bildet Zusammenhänge oder Abläufe in einer bestimmten Reihenfolge anschaulich ab.
- Notiert Informationen in einer sinnvollen Reihenfolge untereinander.
- Schreibt nur Stichworte oder kurze Sätze und umrahmt sie.
- Zeichnet Pfeile von Rahmen zu Rahmen.

1 a Betrachtet die beiden Möglichkeiten, wie man Informationen sammeln und ordnen kann. Besprecht, worin sie sich unterscheiden.
b Welche Methode würdet ihr für jede der folgenden Aufgaben wählen? Entscheidet und begründet eure Wahl.
A Ideen für eine Geschichte sammeln
B Eigenschaften einer Figur zusammentragen
C notieren, was in einer Geschichte passiert
D Informationen zu einem Tier sammeln
E Ideen für einen Klassenausflug sammeln
F eine Vorgangsbeschreibung planen

2 Übertragt den Ideenstern und das Flussdiagramm ins Heft und ergänzt die fehlenden Angaben. Lest dazu noch einmal den Sachtext zum Kleinen Nachtpfauenauge auf Seite 234.

Informationen präsentieren

Stichwortkarten

Karte 1
Aussehen des Kleinen Nachtpfauenauges:
Weibchen: ...
Männchen: ...

Karte 2
Entwicklung des Kleinen Nachtpfauenauges:
...
...

Karte 3
Lebensraum des Kleinen Nachtpfauenauges:
Natur: ...
Bedrohung: ...
...

Plakat

Das Kleine Nachtpfauenauge

Entwicklung:
Ei → Raupe → Kokon → Schmetterling

Lebensraum:
– naturbelassene Landschaften (Wiesen, Gärten)

Aussehen:
Pfauenauge

Methode **Informationen präsentieren**

Stichwortkarten anlegen
Stichwortkarten helfen, einen Vortrag zu strukturieren und sicherer zu präsentieren.
- Notiert auf die Karten nur Stichworte, keine ganzen Sätze.
- Schreibt groß und deutlich.
- Lasst alles Unwichtige weg.
- Nummeriert die Karten in einer sinnvollen Reihenfolge.
- Übt den Vortrag mit den Stichwortkarten.

Ein Plakat anfertigen
Ein Plakat ist gut geeignet, um Fotos, Tabellen und Texte zu präsentieren.
- Hebt die Überschrift und Zwischenüberschriften durch eine größere Schriftgröße hervor.
- Gestaltet das Plakat übersichtlich.
- Verwendet unterschiedliche Farben.
- Schreibt sauber und ausreichend groß.
- Notiert nur Stichworte oder kurze Sätze.

1 Betrachtet die beiden Methoden und besprecht, wie ihr sie bei einem Vortrag einsetzen könnt.

2 a Legt Stichwortkarten an, übertragt die Stichworte zum Kleinen Nachpfauenauge und ergänzt die fehlenden Angaben. Lest dazu noch einmal den Sachtext auf Seite 234.
b Übt zu zweit einen Vortrag zum Kleinen Nachtpfauenauge. Nutzt dazu eure Karten.

3 Gestaltet ein Plakat zu eurem Lieblingstier und stellt es der Klasse vor.

Schreibwörter ► S. 228

die Heftführung	der Tipp	die Information	sammeln	informieren
das Hausaufgabenheft	die Idee	die Präsentation	planen	präsentieren

Orientierungswissen

Sprechen und Zuhören

Gesprächsregeln

► S. 30

Gespräche sollten nach bestimmten Regeln ablaufen.
Gesprächsregeln dienen dazu, dass man sich besser versteht und jeder zu Wort kommen kann.

Die wichtigsten Gesprächsregeln sind:

- Wir äußern uns nur zu dem Thema, um das es geht.
- Wir melden uns zu Wort und reden nicht einfach los.
- Wir hören anderen aufmerksam zu und lassen sie ausreden.
- Wir beleidigen uns nicht.
- Wir befolgen die Hinweise der Gesprächsleiterin oder des Gesprächsleiters.

Gesprächsmotoren und Gesprächsbremsen

► S. 29

- **Gesprächsmotoren** nennt man Aussagen, die ein Gespräch voranbringen, z. B.: *Ich verstehe, was du meinst. Aber ich finde, dass ...*
- **Gesprächsbremsen** nennt man Äußerungen oder Verhaltensweisen, die ein Gespräch blockieren, z. B.: *Du redest Blödsinn! Das ist Quatsch!*

Die eigene Meinung begründen

► S. 32–33

Wenn ihr andere von eurer Meinung überzeugen wollt, müsst ihr sie begründen, z. B.:

Ich bin dafür, dass wir einen Schulgarten anlegen,	= **die Meinung**
... ***weil*** *dadurch unser Schulgelände schöner wird.*	= **die Begründung (das Argument)**

Oder: ... ***denn*** *dadurch wird unser Schulgelände schöner.*
Die Meinung und die Begründung werden durch **Verknüpfungswörter** wie *weil, da* und *denn* verbunden, z. B.: *Ich bin für ..., denn ... / Meiner Meinung nach ..., weil ... / Ich schlage ... vor, da ...*

Ein Interview führen

► S. 15

In einem Interview stellt man dem Gesprächspartner Fragen zu einem bestimmten Thema.

- Bereitet die **Fragen** vor dem Interview gründlich vor und formuliert sie in der richtigen **Anrede** (Du-Form oder Sie-Form), z. B.: *Welche Aufgaben hast du? / Welche Aufgaben haben Sie?*
- Denkt daran, den Gesprächspartner **höflich** zu begrüßen und am Ende für das Gespräch zu danken.

Schreiben

Einen persönlichen Brief schreiben

► S. 17–18, 26

Es hängt vom **Empfänger** ab, worüber man in einem Brief schreibt und wie man den Brief formuliert. Briefe haben folgenden **Aufbau:**

Briefkopf (Ort und Datum)

Anrede mit Ausrufezeichen oder Komma

Brieftext
- Gliedert den Brief in Einleitung, Hauptteil und Schluss.
- Überlegt, was die Empfängerin oder den Empfänger interessiert. Sprecht sie oder ihn direkt an und stellt Fragen.
- Teilt Neuigkeiten und Erlebnisse mit.
- Anredepronomen wie *du, dein, euch* könnt ihr kleinschreiben. Wenn ihr jemanden siezt, schreibt ihr die Anredepronomen groß, z. B. *Sie, Ihre, Ihnen.*

Grußformel und Unterschrift
- Nutzt für Grußformel und Unterschrift jeweils eine eigene Zeile. Setzt am Ende weder Punkt noch Ausrufezeichen.

Köln, 03.09.20…

Hallo Ella! / Liebe Frau Kunz,

Wie geht es dir? / wie geht es Ihnen?
Die ersten Wochen an meiner neuen Schule waren …
Besonders gut gefällt mir …
Wie waren deine/Ihre ersten Schulwochen?
Ich hoffe, du meldest dich bald. / Ich würde mich sehr freuen, wenn Sie mir antworten würden.

Bis bald / Viele Grüße
dein/Ihr Tim

Meinungen begründen, schriftlich überzeugen

► S. 35–36, 42

Die **schriftliche Begründung einer Meinung** zu einem Thema sollte einem bestimmten Aufbau folgen. Auf diese Weise versteht der Empfänger (der Adressat) besser,
- worum es geht,
- wie die wichtigsten Begründungen lauten und
- was gewünscht oder gefordert wird.

So kann man eine schriftliche Begründung aufbauen:

1 Anrede:	*Sehr geehrter Herr Meyer, / Liebe Sarah,* (Komma nicht vergessen)
2 Einleitung:	worum es geht, z. B.: *Ich habe über die folgende Frage nachgedacht …* *Ich schreibe dir zum Thema …*
3 Meinung:	*Meiner Meinung nach sollte … / Ich bin der Meinung, dass …* *Ich bin dafür/dagegen, dass …*
4 Begründungen (Argumente):	mindestens zwei Begründungen mit Verknüpfungswörtern, z. B.: *Ich schlage das vor, weil … / Außerdem muss man bedenken, dass …* *Das kann man so begründen: …*
5 Schluss:	z. B. ein Wunsch: *Ich würde mich freuen, wenn Sie/du …*
6 Gruß und Name:	*Mit freundlichen Grüßen / Viele Grüße*

Erzählen

Erlebnisse spannend erzählen (Erlebniserzählung)

▶ S. 46–48

- Wer erzählt, gibt ein **wirkliches oder ein erdachtes Erlebnis** wieder.
  Um den Leser zu fesseln, sollte man die Erzählung in Form einer **Lesefieberkurve** aufbauen.
- Die Lesefieberkurve zeigt, wie sich die Spannung in einer Geschichte entwickelt.

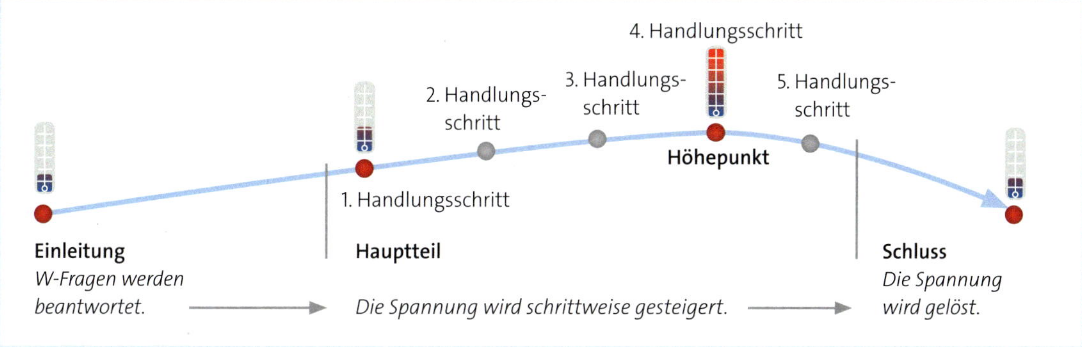

Einleitung

Die Einleitung führt in die Geschichte ein und gibt Antworten auf die folgenden W-Fragen: **Wann** ereignete sich die Handlung? **Wo** spielte sie? **Wer** waren die beteiligten Figuren? (▶ S. 47)
Sie sollte die Leserin oder den Leser neugierig machen. Dies gelingt, wenn man **Schlingen** auslegt. (▶ S. 49)

Hauptteil

Der **Hauptteil** besteht aus mehreren **Handlungsschritten,** mit denen die Spannung schrittweise bis zum **Höhepunkt** gesteigert wird. (▶ S. 47)
Besonders spannend und anschaulich wird eure Erzählung, wenn ihr ...

- **Spannungsmelder** einbaut, z. B.: *Plötzlich ... Ganz unerwartet ... In letzter Sekunde ...*
- **wörtliche Rede** benutzt, z. B.: *„Vorsicht!", schrie er.*
- **Gedanken, Gefühle, Wahrnehmungen** der Figuren mitteilt, z. B.: *Ihr Herz schlug laut.*
- **treffende Verben** verwendet, z. B.: *stammeln, brüllen, flüstern, wispern, keuchen, stottern.*
- **anschauliche Adjektive** einbaut, z. B.: *kreidebeleich, stockdunkel, blitzschnell, schneeweiß.*

Schluss

Der **Schluss** einer Geschichte löst die Spannung auf. Er kann unterschiedlich gestaltet sein. (▶ S. 48)
Man kann ...

- den Ausgang der Geschichte erzählen und das Erlebnis abschließen,
- am Schluss der Geschichte Fragen offenlassen,
- auf die Einleitung zurückgreifen, sodass Einleitung und Schluss einen Rahmen bilden.

- Die **Überschrift** soll auf die Geschichte neugierig machen, aber noch nicht zu viel verraten.
- Achtung: Eine Geschichte wird in der Regel im **Präteritum** (einfache Vergangenheit) erzählt, z. B.: *ich schlief, ich hörte, ich ging*

Nach Bildern erzählen (Bildergeschichte)

► S. 46–48, 60

Spannende Geschichten kann man auch mit Hilfe von Bildern erzählen.
Die Bilder zeigen meist die wichtigsten Momente der Geschichte. Geht so vor:

- Seht euch **jedes Bild genau** an und findet heraus, worum es in der Bildergeschichte geht. Achtet auch auf Kleinigkeiten und schaut, welchen **Gesichtsausdruck** (Mimik) und welche **Körpersprache** (Gestik) die Figuren haben.
  Tipp: Stellt euch die Geschichte wie einen Film vor. Überlegt, welches Bild den Höhepunkt der Geschichte darstellt.
- Sammelt Ideen für eine Geschichte. Beantwortet die W-Fragen *Wer?, Wo?, Wann?* und notiert zu jedem Bild einige **Stichworte.**
- Notiert auch, was **zwischen den Bildern** passiert sein könnte.
- Plant den Aufbau eurer Erzählung. Legt die Erzählschritte in Form einer **Lesefieberkurve** mit Einleitung, Hauptteil und Schluss fest. (► S. 46)

Nach Reizwörtern erzählen (Reizwortgeschichte)

► S. 49, 123

Bei einer **Reizwortgeschichte** wird mit Hilfe **vorgegebener Wörter** eine Geschichte erzählt.

- **Alle** vorgegebenen **Reizwörter** sollen in der Geschichte vorkommen.
- Die **Reihenfolge** der Reizwörter darf **beliebig** umgestellt werden.

Geht so vor:

- Notiert mit Hilfe der Reizwörter **Ideen** für eure Geschichte. Überlegt:
  - Wo und wann spielt die Geschichte?
  - Wer kommt in der Geschichte vor?
  - Was passiert? / Was geschieht am Höhepunkt?
  - Wie endet die Geschichte?
- Plant den Aufbau eurer Reizwortgeschichte. Legt die Erzählschritte in Form einer **Lesefieberkurve** mit Einleitung, Hauptteil und Schluss fest. (► S. 46)

Eine Geschichte nacherzählen

► S. 99–101

Wenn ihr eine Geschichte nacherzählt, ist es wichtig, dass ihr die ursprüngliche Geschichte genau verstanden habt. Geht so vor:

- Lest die Geschichte mehrmals und notiert stichwortartig Antworten zu den folgenden Fragen:
  - **Wer** sind die Hauptfiguren der Geschichte?
  - **Wo** (Ort) und **wann** (Zeit) spielt die Geschichte?
  - **Was** geschieht nacheinander (Handlung) und wo liegt der Höhepunkt?
- Haltet die **Reihenfolge der Handlungsschritte** ein. Erfindet nichts Neues dazu.
- Verwendet möglichst eure **eigenen Worte.**
- Baut **wörtliche Rede** ein, um die Gedanken und Gefühle der Hauptfiguren mitzuteilen.
  Leitet die wörtliche Rede mit treffenden Verben ein, z. B. *schimpfen, spotten, loben, danken, entgegnen.*
- Verwendet **abwechslungsreiche Satzanfänge,** z. B. *während, als, daraufhin, aber, trotzdem, obwohl.*
- Erzählt im **Präteritum** (in der Zeitform der Textvorlage).

Beschreiben

In einer Beschreibung wird ein **Tier,** eine **Person** oder ein **Vorgang** so dargestellt, dass jemand, der das Beschriebene nicht kennt, eine genaue Vorstellung von dem Tier, der Person oder dem Vorgang bekommt.
Eine Beschreibung muss **anschaulich und genau** sein. Beschreibungen stehen im **Präsens.**

Einen Steckbrief schreiben

▶ S. 62–63

Ein Steckbrief enthält wichtige Informationen zu einem Menschen oder zu einem Tier.

- In einen **Tier-Steckbrief** gehören folgende **Angaben:**
  - Name und Tierart, z. B.: *Lia, Sibirischer Husky*
  - Größe und Körperbau, z. B.: *54 cm groß, 20 kg schwer, muskulös, kräftig*
  - Aussehen, z. B.: *grauschwarzes Fell, weißer Schwanz*
  - Verhalten, z. B.: *zutraulich, verspielt, kinderlieb*
  - Nahrung, z. B.: *Fleischfresser*
  - besondere Merkmale, z. B.: *benötigt viel Auslauf*
- Die Angaben sollen in einer sinnvollen **Reihenfolge** erscheinen.

Steckbrief

Name:	*Lia*
Tierart:	*Sibirischer Husky*
Größe:	*- 54 cm groß, 20 kg schwer*
Körperbau:	*- muskulös - kräftig*
Aussehen:	*- ...*

Ein Tier anschaulich und genau beschreiben (Suchanzeige)

▶ S. 64–67, 76

Damit man sich ein Tier (z. B. in einer Suchanzeige) genau vorstellen kann, sollte es so anschaulich und genau wie möglich beschrieben werden. Baut eure **Beschreibung** so auf:

- Beginnt mit der **Tierart** und dem **Namen,** z. B.:
  Es handelt sich um eine Perserkatze. Sie hört auf den Namen ...
- Nennt das **Alter,** die ungefähre **Größe** sowie das **Gewicht** und beschreibt **Farbe, Kopf- und Körperform,** z. B.: *Sie ist 18 Monate alt, mittelgroß und wiegt 4 kg. Ihr langes Fell ist glänzend schwarz, die Vorderpfoten sind weiß. Sie ist zierlich, aber sie hat einen großen Kopf.*
- Geht auf einzelne **Merkmale** ein. Beschreibt die Farben und Formen der Körperteile vom Kopf zu den Beinen.
- Nennt auffällige **Verhaltensweisen** und besondere **Kennzeichen,** z. B.:
  Fremden gegenüber verhält sie sich sehr scheu. Sie trägt ein rotes Halsband.
- Verwendet **passende Adjektive** (z. B. *mittelgroß, graubraun*) und **abwechslungsreiche Verben** (z. B. *sich befinden, tragen, sich verhalten*).
- Schreibt im **Präsens** (Gegenwartsform).

Einen Vorgang beschreiben

▶ S. 69–70, 73

In einer **Vorgangsbeschreibung** beschreibt ihr einen Vorgang so genau, dass ihn eine andere Person gut verstehen und selbst nachmachen kann.
Vorgangsbeschreibungen sind z. B. Reinigungsanleitungen, Gebrauchsanweisungen, Kochrezepte, Spielanleitungen oder Bastelanleitungen.

- Nennt am Anfang einer Vorgangsbeschreibung die notwendigen **Materialien,** die für den Vorgang benötigt werden, z. B.:
  Man benötigt ... / Zu Beginn sollte man folgende Materialien zurechtlegen ... / Dazu braucht man ...
- Beschreibt anschließend in der richtigen **Reihenfolge** und Schritt für Schritt den genauen **Ablauf** des Vorgangs.
- Wählt **Satzanfänge,** die die Reihenfolge der einzelnen Arbeitsschritte deutlich machen, z. B.:
  Am Anfang ..., Zunächst ..., Anschließend ..., Dann ..., Danach ..., Nachdem ..., Jetzt ..., Zuletzt ...
- Schreibt die Vorgangsbeschreibung im **Präsens** (Gegenwartsform).

Einen Weg beschreiben

▶ S. 16

Einen Weg beschreibt man für jemanden, der den Weg nicht kennt, ihn aber leicht finden soll.

- Beschreibt den Weg in der **Reihenfolge,** in der man ihn geht. Beginnt am Ausgangspunkt und listet Schritt für Schritt den weiteren Weg bis zum Ziel genau auf.
- Beschreibt **knapp, sachlich** und im **Präsens.**
- Verwendet **abwechlungsreiche Verben,** z. B.: *gehen, laufen, überqueren, abbiegen, folgen.*
- Leitet die Sätze ein mit Wörtern wie *zuerst, dann, danach, anschließend, schließlich, zuletzt.*

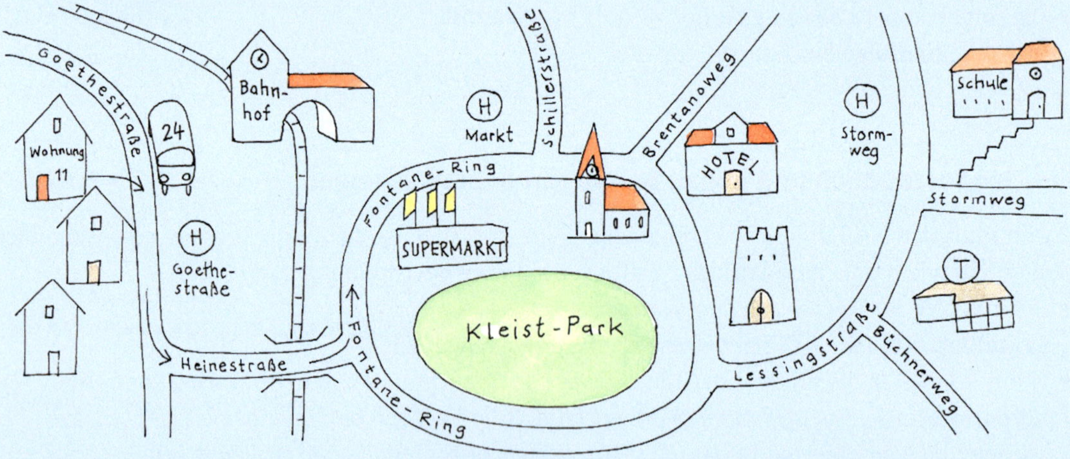

Lesen – Umgang mit Texten und Medien

Erzählungen
▶ S. 79–87

Eine Erzählung ist eine Geschichte, in der von Ereignissen erzählt wird, die tatsächlich passiert sind oder die erfunden sein können.

Figuren
▶ S. 79–83

- Personen oder Tiere, die in einer Erzählung auftreten, nennt man **Figuren.** Häufig gibt es eine **Hauptfigur,** die im Mittelpunkt steht, und mehrere **Nebenfiguren.** Man lernt eine Figur kennen, wenn man darauf achtet, worüber sie redet, was sie denkt, fühlt und wie sie handelt. (▶ S. 80)
- Achtet darauf, welche **Beziehungen** die Figuren zueinander haben. Untersucht, wie sie sich **verhalten** und **miteinander sprechen.** Davon könnt ihr ableiten, was sie **übereinander denken.** (▶ S. 83)

Handlungsort und Handlungsverlauf
▶ S. 86–87

- Erzählungen spielen an einem bestimmten **Ort.** Der Ort bestimmt oft die **Stimmung** in der Erzählung.
- Der **Handlungsverlauf** entspricht meistens der **Lesefieberkurve** (▶ S. 46): Die Spannung wird bis zum **Höhepunkt** gesteigert und dann gelöst.

Erzählweisen unterscheiden
▶ S. 43–45, 60, 98

Spannend wird erzählt, wenn ...
- Zeit und/oder Ort unheimlich wirken,
- von einer gefährlichen Situation erzählt wird,
- Rätselhaftes geschieht oder der Ausgang eines Geschehens ungewiss bleibt,
- spannungssteigernde Wörter und Wendungen verwendet werden, z. B. *schlagartig, unerwartet.*

Lustig wird erzählt, wenn ...
- eine Situation zum Lachen reizt, weil z. B. etwas wortwörtlich genommen wird,
- eine Figur auftaucht, die durch ihr Aussehen, ihre Redeweise oder ihr Verhalten komisch wirkt,
- lustige Namen verwendet werden,
- etwas stark übertrieben wird,
- eine Sprache verwendet wird (z. B. eine besonders vornehme), die nicht zur Situation passt.

Schelmengeschichten
▶ S. 97–98, 108–110

- Eine **Schelmengeschichte** ist eine **kurze, lustige Erzählung.** Sie handelt von einem **außergewöhnlichen und komischen Ereignis** oder einem **Streich.**
- Es gibt einen **lustigen Höhepunkt.** Dabei legt meistens ein äußerlich Schwächerer einen Stärkeren herein und erteilt ihm eine Lehre.
- Die **Hauptfigur** ist ein **Schelm** oder ein **Narr,** manchmal auch ein Betrüger. Sie spielt ihre Streiche, um Menschen zum **Lachen** zu bringen oder um **menschliche Schwächen** wie Dummheit, Eitelkeit oder Geiz bloßzustellen.

Märchen

▶ S. 112–117

Die Figuren

In vielen Märchen treten typische Figuren auf wie König und Königin, Prinz und Prinzessin, böse Stiefmutter, Handwerker, aber auch fantastische Gestalten wie Feen, Zauberer, Hexen, Riesen, Zwerge und sprechende Tiere.

Die Handlung

- Meistens treffen im Märchen Gegensätze aufeinander wie gut und böse, jung und alt, schön und hässlich, schlau und dumm oder fleißig und faul.
- Am Ende wird das Gute belohnt und das Böse bestraft.
- Zuvor müssen die Märchenfiguren jedoch Aufgaben erfüllen oder Prüfungen bestehen.
- Oft passieren wundersame Dinge, die sich in der Wirklichkeit nicht ereignen.

Die Erzählweise

- Viele Märchen beginnen mit: *„Es war einmal …“* und enden mit: *„Und wenn sie nicht gestorben sind, dann leben sie noch heute.“*
- Oft spielen die Zahlen 3, 7 oder 12 eine wichtige Rolle, z. B.: *drei Wünsche, sieben Zwerge.*
- Märchen werden in der Regel im Präteritum (▶ S. 178) erzählt.

Der Ort und die Zeit

Ort und Zeitpunkt der Handlung bleiben ungenau, z. B.: *hinter den sieben Bergen, vor langer Zeit.*

Gedichte

▶ S. 128–140

Strophen und Verse

Einen Abschnitt im Gedicht nennt man **Strophe.** Eine Strophe besteht aus mehreren **Versen.** So nennt man die einzelnen Zeilen eines Gedichts.
Die Wörter am Ende der Verse reimen sich oft. Sie bilden einen **Endreim.**

Reimformen

Folgende Reimformen kannst du bei den **Endreimen** unterscheiden:

Paarreim:	aabb
Kreuzreim:	abab
umarmender Reim:	abba

Wörter, die sich innerhalb eines Verses reimen, bilden einen **Binnenreim,** z. B.:
Wenn Raben graben

Klang von Wörtern in Gedichten

Dichter verwenden oftmals Wörter mit einem bestimmten **Klang.** Dadurch erzeugen sie eine besondere **Stimmung.**

- Wörter mit hellen Vokalen *(a, e, i)* wirken anders als Wörter mit dunklen Vokalen *(o, u).*
- Manchmal werden Klänge aus der Natur nachgeahmt. Dann spricht man von **Lautmalerei.**

Sachtexte

▶ Kapitel 4, 10, 13

- Sachtexte sind z. B. Lexikonartikel, Tierbeschreibungen (▶ S. 65), Anleitungen (▶ S. 69–71) oder auch Diagramme (▶ S. 152–153).
- Sachtexte unterscheiden sich von literarischen Texten (z. B. einem Märchen oder einem Gedicht) dadurch, dass sie sich vorwiegend mit wirklichen (realen) Ereignissen und Vorgängen beschäftigen und sachlich **informieren wollen.**

Einen Sachtext lesen und verstehen (Fünf-Schritt-Lesemethode)

▶ S. 154–156

1. Schritt: Lest zuerst die **Überschrift** und betrachtet die **Abbildungen** zum Text. Vermutet, worum es in dem Text gehen könnte. Überlegt, was ihr über dieses Thema bereits wisst.
2. Schritt: Lest den Text einmal zügig durch und verschafft euch einen Überblick über den Inhalt. Bestimmt das **Thema** des Textes.
3. Schritt: Lest den Text ein zweites Mal gründlich. Klärt **unbekannte Wörter** durch Nachdenken, Nachfragen oder Nachschlagen. Markiert oder notiert **Schlüsselwörter.**
4. Schritt: Gliedert den Text in **Sinnabschnitte** und formuliert zu jedem Abschnitt eine **Zwischenüberschrift.**
5. Schritt: Gebt den **Inhalt des Textes** mit euren eigenen Worten wieder.

Ein Diagramm verstehen

▶ S. 152–153

In Diagrammen werden Angaben (z. B. Mengen oder Zeiten) bildlich dargestellt.
So könnt ihr Diagramme entschlüsseln:
1. Schritt: Betrachtet das Diagramm genau. Lest die Überschrift und alle Angaben.
2. Schritt: Untersucht das Diagramm: Welche Angaben werden gemacht? Wofür stehen die Zahlen? Welche Informationen werden gegeben?
3. Schritt: Wertet das Diagramm **aus.** Vergleicht dazu die verschiedenen Angaben und notiert, was euch dabei auffällt.

Theater

▶ S. 142–150

Die Szene

Theaterstücke bestehen meist aus einzelnen Szenen. Eine Szene endet, wenn neue Figuren auftreten oder Figuren abtreten.

Die Rolle

- In einem Theaterstück werden verschiedene **Rollen** gespielt. Die Schauspielerin oder der Schauspieler schlüpft in die Rolle einer **Figur** und stellt diese mit ihren **Eigenschaften** dar. Dabei trägt sie oder er ein zur Rolle passendes **Kostüm** und nutzt bestimmte **Requisiten,** z. B. ein Handy.
- In **Bühnentexten** steht die Rolle oft in Großbuchstaben mit Doppelpunkt vor dem gesprochenen Text.

Die Regieanweisungen

- **Regieanweisungen** geben den Schauspielerinnen oder Schauspielern Hinweise darauf, wie sie sprechen und wie sie sich auf der Bühne bewegen und verhalten sollen.
- Die Anweisungen stehen in den **Bühnentexten** meistens in Klammern.

Das Adjektiv (das Wie-Wort, das Eigenschaftswort)

▶ S. 174

- Mit Adjektiven kann man die **Eigenschaften** von Lebewesen, Gegenständen, Gedanken und Ideen genauer beschreiben, z. B.: *der freundliche Mann, die kostbare Kette, der geniale Plan.*
- Adjektive stehen in der Regel **vor ihrem Nomen.** Sie stehen im gleichen **Kasus** wie das Nomen, z. B.: *der kostbare Ring* (Nominativ), *des kostbaren Ringes* (Genitiv), *dem kostbaren Ring* (Dativ), *den kostbaren Ring* (Akkusativ).
- Adjektive werden **kleingeschrieben.**

Steigerung der Adjektive

▶ S. 175

- Die meisten Adjektive kann man steigern und damit Vergleiche ausdrücken:

Positiv (Grundform)	Komparativ (Vergleichsstufe)	Superlativ (Höchststufe)
teuer	*teurer*	*am teuersten*

Achtung: Folgende **Ausnahmen** solltet ihr euch einprägen:
gut – besser – am besten
viel – mehr – am meisten

- Man vergleicht mit ***wie,*** wenn etwas gleich ist, z. B.: *Du bist so stark wie ich.*
- Sind Dinge unterschiedlich, vergleicht man mit ***als,*** z. B.: *Ich bin stärker als du.*

Das Verb (das Tätigkeitswort)

▶ S. 176

- Verben geben an, **was jemand tut** (z. B. *laufen*) oder **was geschieht** (z. B. *schneien*).
- Der **Infinitiv** (die Grundform) eines Verbs endet immer auf *-en* oder *-n.*
- Wenn ein Verb in einem Satz verwendet wird, bildet man die **Personalform des Verbs.** Das nennt man **konjugieren** (beugen), z. B.: *laufen* (Infinitiv) → *ich laufe* (1. Person Singular).
- Verben werden immer **kleingeschrieben.**

Die Zeitformen des Verbs (die Tempora)

▶ S. 116, 177–179

Verben kann man in verschiedenen Zeitformen (Tempora) verwenden, z. B. in der **Gegenwartsform,** der **einfachen Vergangenheitsform** und der **zusammengesetzten Vergangenheitsform.**

Präsens (Gegenwartsform)
- Das Präsens (Gegenwartsform) wird meist verwendet, wenn etwas jetzt, **in diesem Augenblick** geschieht, z. B.: *Das Schiff verlässt den Hafen.*
- Es wird auch benutzt, um **Gewohnheiten oder Dauerzustände** zu beschreiben, z. B.: *Jeden Abend verlässt das Schiff um 8 Uhr den Hafen.*
- Mit dem Präsens kann man auch ausdrücken, was in der **Zukunft** passieren wird, z. B.: *Morgen kommt das Schiff in New York an.*

Präteritum (einfache Vergangenheitsform)
- Wenn schriftlich von etwas **Vergangenem** erzählt wird (z. B. in Berichten, in Geschichten), verwendet man in der Regel das **Präteritum,** z. B.: *Langsam trieb das Boot zum Ufer. Sie entdeckten den Höhleneingang.*
- Das Präteritum ist die **einfache Zeitform der Vergangenheit.**

Perfekt (zusammengesetzte Vergangenheitsform)

- Wenn man **mündlich** von etwas **Vergangenem** erzählt, verwendet man häufig das **Perfekt,** z. B.: *Ich habe genau gesehen, wie das Schiff davongesegelt ist.*
- So wird das Perfekt gebildet: **Form von *haben/sein* (im Präsens) + Partizip II,** z. B.: *er hat gesucht, wir haben gefunden, sie sind geschwommen.*

Starke und schwache Verben

▶ S. 180

- Bei **starken Verben** verändert sich der Vokal im Wortstamm, wenn man eine Vergangenheitsform bildet, z. B.: *nehmen – er nahm – er hat genommen.*
- Bei **schwachen Verben** verändert sich der Vokal im Wortstamm nie, z. B.: *leben – er lebte – er hat gelebt.*
- Man muss die Formen der starken Verben auswendig lernen (▶ hintere Umschlagseite).

Das Personalpronomen (das persönliche Fürwort)

▶ S. 173

- Personalpronomen **ersetzen Nomen.** Man verwendet sie, um Wiederholungen von Nomen zu vermeiden, z. B.: *Der Schatz ist irgendwo versteckt. Er ist wertvoll. Alle wollen ihn finden.*
- Personalpronomen werden wie die Nomen **dekliniert.** Die wichtigsten Formen sind:

	Singular			**Plural**		
Kasus	**1. Person**	**2. Person**	**3. Person**	**1. Person**	**2. Person**	**3. Person**
Nominativ	ich	du	er/sie/es	wir	ihr	sie
Dativ	mir	dir	ihm/ihr/ihm	uns	euch	ihnen
Akkusativ	mich	dich	ihn/sie/es	uns	euch	sie

Satzglieder

Satzglieder erkennen: Die Umstellprobe

▶ S. 185

- Ein Satz besteht immer aus mindestens zwei Bausteinen, die man **Satzglieder** nennt.
- Ein Satzglied kann aus einem Wort oder aus mehreren Wörtern bestehen.
- Mit der **Umstellprobe** kann man herausfinden, welche Wörter ein Satzglied bilden. Sie bleiben bei der Umstellung zusammen, z. B.:
  [*Der Wanderer*] [*fand*] [*eine alte Mumie.*] – [*Eine alte Mumie*] [*fand*] [*der Wanderer.*]

Das Prädikat

▶ S. 186

- Der **Kern des Satzes** ist das **Prädikat.** Es gibt an, was jemand tut oder was geschieht. So kann man es erfragen: *Die Menschen jagten Tiere.* Frage: *Was taten die Menschen?* → *Sie jagten Tiere.*
- Prädikate werden aus **Verben** gebildet.
- Im Aussagesatz steht das einteilige Prädikat immer **an zweiter Satzgliedstelle.**

Das zweiteilige Prädikat: Die Prädikatsklammer ▶ S. 187

- **Prädikate** können auch aus **zwei Teilen** bestehen.
  Dann steht ein Teil des Prädikats an der **zweiten Stelle** des Aussagesatzes (nach dem ersten Satzglied) und der andere Teil meistens **am Schluss,** z. B.:
  Besucher dürfen nicht mehr in die Höhle gehen. Die Zeichnungen lösen sich langsam auf.
- Da die zwei Prädikatsteile andere Satzglieder einklammern, spricht man von einer **Prädikatsklammer.**

Das Subjekt ▶ S. 188

- Alle Prädikate brauchen ein **Subjekt.** Dieses erfragt man mit **Wer oder was …?.**
- Das Subjekt steht immer im **Nominativ** (1. Fall ▶ S. 172).
- **Subjekt und Prädikat** eines Satzes sind eng aufeinander bezogen. Das Subjekt bestimmt die Form des Prädikats, z. B.:
  Der Mann fällt einen Baum. → *Die Männer fällen einen Baum.*
- Subjekte können aus einem Wort oder aus mehreren Wörtern bestehen.

Die Objekte ▶ S. 189–190

- Manche Sätze bestehen nur aus Subjekt und Prädikat, z. B.: *Der Bauarbeiter arbeitet.*
- Die meisten Prädikate brauchen aber außer dem Subjekt weitere Satzglieder, die **Objekte.**
- Satzglieder, die man mit **Wen oder was …?** erfragt, heißen **Akkusativobjekte,** z. B.:
  Der Bauarbeiter findet alte Knochen. (Wen oder was findet der Bauarbeiter? → alte Knochen)
- Satzglieder, die man mit **Wem …?** erfragt, heißen **Dativobjekte,** z. B.:
  Der Wissenschaftler dankt dem Bauarbeiter. (Wem dankt der Wissenschaftler? → dem Bauarbeiter)
- Objekte können aus einem Wort oder aus mehreren Wörtern bestehen.

Proben (Ersatzprobe, Umstellprobe) ▶ S. 191

Die Ersatzprobe anwenden:
Wenn Wörter häufig wiederholt werden, wirkt ein Text eintönig. Mit der Ersatzprobe kann man Satzglieder, die immer wieder vorkommen, durch andere Wörter ersetzen:

- Für Nomen kann man Personalpronomen einsetzen (▶ S. 173), z. B.:
  Die Urmenschen kannten das Feuer.
  ~~Die Urmenschen~~ Sie hatten Angst davor.
- Verben tauscht man gegen andere Verben aus, z. B.:
  Die Urmenschen wurden nicht alt. Die Urmenschen wurden oft nur 30 bis 40 Jahre alt.
  → *Die Urmenschen wurden nicht alt. Sie lebten oft nur 30 bis 40 Jahre.*

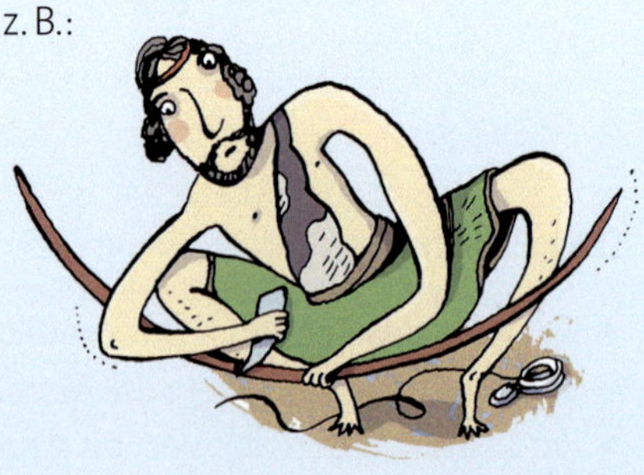

Die Umstellprobe anwenden:
Mit Hilfe der Umstellprobe kann man Texte abwechslungsreicher gestalten.
Man kann auch die Wiederholung von Satzanfängen vermeiden, wenn man die Satzglieder umstellt, z. B.:
Die Urmenschen zogen umher. Sie suchten Schutz in Höhlen. Sie jagten Tiere.
→ *Die Urmenschen zogen umher. In Höhlen suchten sie Schutz. Sie jagten Tiere.*

Sätze

Satzarten

▶ S. 184

Wenn man etwas aussagt, fragt oder jemanden zu etwas auffordert, verwendet man unterschiedliche Satzarten.
In der **gesprochenen Sprache** erkennt man die verschiedenen Satzarten oft an der Stimmführung:
- Bei einem **Aussagesatz** senkt sich die Stimme zum Ende des Satzes:
- Bei einem **Fragesatz** hebt sich die Stimme zum Ende des Satzes:
- Bei einem **Ausrufesatz** oder einem **Aufforderungssatz** wird die Stimme zum Ende des Satzes lauter:

In der **geschriebenen Sprache** werden die Satzarten durch unterschiedliche **Satzschlusszeichen** beendet:
- Nach einem **Aussagesatz** steht ein **Punkt,** z. B.: *Ich gehe jetzt ins Schwimmbad.*
- Nach einem **Fragesatz** steht ein **Fragezeichen,** z. B.: *Hast du heute Zeit?*
- Nach einem **Ausrufe- oder Aufforderungssatz** steht meist ein **Ausrufezeichen,** z. B.: *Vergesst eure Hefte nicht! Komm bitte her!*

Zeichensetzung

Satzschlusszeichen

▶ S. 184

- Nach einem **Aussagesatz** steht ein **Punkt,** z. B.: *Ich kaufe eine Uhr.*
- Nach einem **Fragesatz** steht ein **Fragezeichen,** z. B.: *Kommst du mit?*
- Nach einem **Ausrufe- oder Aufforderungssatz** steht meist ein **Ausrufezeichen,** z. B.: *Vergesst eure Hausaufgaben nicht! Lauft schneller!*

Zeichensetzung bei der wörtlichen Rede

▶ S. 47

Die **wörtliche Rede** steht in einem Text **in Anführungszeichen.** Man unterscheidet:
- Der **Redebegleitsatz vor** der wörtlichen Rede wird durch einen **Doppelpunkt** von der wörtlichen Rede abgetrennt, z. B.: *Tina rief: „Ich komme gleich zu dir!"*
- Der **Redebegleitsatz nach** der wörtlichen Rede wird durch ein **Komma** von der wörtlichen Rede abgetrennt, z. B.: *„Ich komme gleich zu dir!", rief Tina.*
- Der **Redebegleitsatz zwischen** der wörtlichen Rede wird **durch Kommas** von der wörtlichen Rede abgetrennt, z. B.: *„Ich", rief Tina laut, „komme gleich zu dir!"*

Rechtschreibstrategien

▶ S. 198–211

Der Zusammenhang von Lauten, Buchstaben, Silben und Wörtern

▶ S. 199, 212

- Die gesprochene Sprache besteht aus **Lauten.**
- In der Schrift stehen für diese Laute die 26 **Buchstaben** des Alphabets zur Verfügung. Man unterscheidet die **Vokale (Selbstlaute)** *a, e, i, o, u* und **Konsonanten (Mitlaute)** wie *b, c, d.*
- Aus Lauten bildet man **Silben.** Diese können offen oder geschlossen sein. **Offene Silben** enden mit einem Vokal, z. B.: *die Blu se.* **Geschlossene Silben** enden mit einem Konsonanten, z. B.: *die Klas sen.*
- Aus Silben bildet man **Wörter.** Alle Wörter der deutschen Sprache bestehen aus Silben.

Schwingen

▶ S. 198

Wenn man Wörter schwingt, kann man die Laute des Wortes besser hören.

- **Vor** dem Schreiben: Sprecht die Wörter deutlich in Silben. Zeichnet Silbenbögen in die Luft.
- **Beim** Schreiben: Sprecht die Silben leise mit. Sprecht nicht schneller, als ihr schreibt.
- **Nach** dem Schreiben: Prüft, ob ihr richtig geschrieben habt: Zeichnet dazu Silbenbögen unter jede Silbe und sprecht dabei leise mit.

Verlängern

▶ S. 201–202

- Bei **Einsilbern** kann man den Lauten die Buchstaben nicht immer sicher zuordnen.
- Beim **Schwingen** könnt ihr jedoch jeden Buchstaben deutlich hören, z. B.: *die Ta ge.*
- **Verlängert Einsilber,** damit ihr die Schreibweise hören könnt. Fügt dafür eine Silbe an, z. B.: *der Berg – die Ber ge, still – stil ler, rennt – ren nen.*
- Auch bei **Zweisilbern** weiß man manchmal nicht, wie man das Wortende schreiben soll.
- Wenn ihr sie **verlängert,** könnt ihr die richtige Schreibung hören, z. B.: *der A bend → die A ben de, ver liebt → ver lie ben, lus tig → lus ti ger, der An pfiff → die An pfif fe.*

Zerlegen

▶ S. 203

- In **zusammengesetzten Wörtern** können sich **Verlängerungsstellen** verstecken.
- Ihr könnt schwierige Stellen klären, wenn ihr die Wörter **zerlegt** und dann **verlängert,** z. B.: *Hand | ball → die Hän de, die Bäl le.*

Ableiten

▶ S. 204

- Der Vokal *e* und der Doppellaut *eu* sind leicht mit *ä* und *äu* zu verwechseln.
- Normalerweise schreibt man *e* oder *eu.*
- Wenn es **verwandte Wörter** mit *a* oder *au* gibt, schreibt man *ä* oder *äu,* z. B.: *die Kälte → kalt, die Bäume → der Baum.*

Nomen durch Proben erkennen

▶ S. 205–206

- **Artikelprobe:** Vor Nomen kann man einen Artikel setzen, z. B.: *der Igel, ein Igel.*
- **Adjektivprobe:** Nomen kann man durch Adjektive genauer beschreiben, z. B.: *der kleine Igel.*
- **Zählprobe:** Vor Nomen kann man oft Zahlwörter setzen wie *viel, etwas, einige, wenige,* z. B.: *viele Igel, etwas Freude.*
- Achtung: Verben können als Nomen verwendet werden, z. B.: *das Schnaufen.*

Im Wörterbuch nachschlagen

▶ S. 207–208

Wenn man nicht sicher ist, wie ein Wort geschrieben wird, kann man die Schreibung im Wörterbuch nachschlagen.
Wörter mit demselben Anfangsbuchstaben werden nach dem zweiten Buchstaben geordnet.
Sind die ersten beiden Buchstaben gleich, wird nach dem dritten geordnet, z. B.:
die Kasse, die Klasse, die Klemme, die Klette, ...

- Bei **Verbformen** sucht ihr den **Infinitiv** (Grundform), z. B.: *geht → gehen.*
- Bei **Adjektiven** sucht ihr die **Grundform,** z. B.: *netter → nett.*
- Bei **Nomen** sucht ihr die **Singularform** (Einzahl), z. B.: *die Wände → die Wand.*
- **Zusammengesetzte Wörter** solltet ihr zerlegen und **getrennt nachschlagen.**

Richtig abschreiben

▶ S. 200

- **Lest** den Text mehrmals, bevor ihr ihn abschreibt. Ihr solltet den Inhalt gut verstehen.
- **Schwingt** die Wörter: Sprecht schwierige Wörter in Silben (laut oder in Gedanken).
- **Merkt** euch jeweils eine Zeile und schreibt sie auf.
- **Sprecht leise mit,** während ihr schreibt. Sprecht dabei nicht schneller, als ihr schreibt.
- **Überprüft** noch einmal euren Text. Kontrolliert die Wörter Silbe für Silbe.
- Kontrolliert an jedem Satzende das Satzschlusszeichen.
- Schreibt sauber und lesbar.

Partnerdiktat

▶ S. 198, 228

- Lest zuerst den gesamten Text durch und achtet auf schwierige Wörter.
- Diktiert euch abwechselnd den Text, Abschnitt für Abschnitt.
- Jeder überprüft am Ende seinen eigenen Text auf Rechtschreibfehler und verbessert sie.
- Tauscht dann eure Texte und korrigiert sie gegenseitig.
- Verbessert zum Schluss die Fehler in euren Texten.

Rechtschreibregeln

Doppelkonsonanten

► S. 213–214

- Wenn die **erste Silbe geschlossen** ist, stehen an der Silbengrenze immer mindestens zwei Konsonanten. Oft sind das zwei verschiedene Konsonanten, z. B.: *die Mur mel.*
- Wenn man bei geschlossenen Silben nur einen Konsonanten hört, muss dieser doppelt geschrieben werden, z. B.: *ren nen, der Bum mel.*

Zur Anwendung dieser Regel muss man Einsilber verlängern und zusammengesetzte Wörter zerlegen.

Wörter mit *ie*

► S. 215–216

- Man schreibt Wörter in der Regel mit ***ie,*** wenn die **erste Silbe offen** ist und der Vokal lang gesprochen wird, z. B.: *bie gen, lie ben, die Zwie bel.*
  Achtung: Diese Regel gilt nur für **zweisilbige** deutsche Wörter.
- Die Personalpronomen *ihr, ihnen, ihm, ihn, ihre* sind wichtige Merkwörter.

Wörter mit *ß* oder *ss*

► S. 217–218

- Man schreibt ***ß,*** wenn die **erste Silbe offen** ist, z. B.: *Grü ße.*
- Ist die **erste Silbe geschlossen,** schreibt man ***ss,*** z. B.: *Küs se.*
  Man kann *ss* hören, wenn man das Wort schwingt.

Großschreibung

► S. 168, 206

- **Satzanfänge** werden großgeschrieben.
- **Nomen** werden immer großgeschrieben.
  Wörter, die auf *-heit, -keit, -ung, -nis, -schaft, -tum* enden, sind immer Nomen, z. B.: *Gesundheit, Heiterkeit, Umgebung, Ereignis, Freundschaft, Eigentum.*
- In Briefen und E-Mails schreibt man die **höflichen Anredepronomen** groß, z. B.: *Sie, Ihnen, Ihr.*

Kleinschreibung

► S. 173, 174, 176

Klein schreibt man ...

- alle **Verben,** z. B.: *malen, tanzen, gehen,*
- alle **Adjektive,** z. B.: *freundlich, sonderbar, rostig,*
- alle **Personalpronomen** (persönliche Fürwörter), z. B.: *ich, du, er/sie/es, wir, ihr, sie, mich, dich.*

Tipp: Eine Sonderregelung gibt es bei den **Anredepronomen in Briefen und E-Mails:**

- Wenn ihr jemanden **siezt,** schreibt ihr die Anredepronomen **groß,** z. B.: *Sie, Ihnen, Ihr.*
- Die vertraute Anrede **du** kann man **klein**schreiben, z. B.: *dir, dein, euch, euer.*

Arbeitstechniken und Methoden

Bibliothekskataloge nutzen

► S. 90

- Alle **Medien** in einer Bibliothek sind gekennzeichnet, meist mit einer Kombination aus Zahlen und Buchstaben (z. B. *KK08 FUNK*). Diese Kennzeichnung nennt man **Signatur.** Jedes Buch hat seine eigene Signatur. Mit Hilfe der Signatur kann man das Buch in den Regalen finden.
- Ein anderes Wort für Suche lautet **Recherche.** Wenn man ein bestimmtes Medium (Buch, CD, DVD, Spiel) in einer Bibliothek recherchieren möchte, gibt man das Thema, den Titel, die Autorin oder den Autor in die Eingabemaske des Computerkatalogs (OPAC) ein.

Informationen sammeln und ordnen

► S. 237

Einen Ideenstern anlegen

Der Ideenstern hilft euch, Ideen zu einem bestimmten Thema zu sammeln.

- Schreibt das Thema in die Mitte eines Blattes und hebt es farbig hervor.
- Notiert Gedanken, Merkmale oder Informationen zum Thema.
- Kreist eure Eintragungen ein und verbindet sie durch Linien mit dem Wort in der Mitte des Ideensterns.

Ein Flussdiagramm anfertigen

Ein Flussdiagramm bildet Zusammenhänge oder Abläufe in einer bestimmten Reihenfolge anschaulich ab.

- Notiert Informationen in einer sinnvollen Reihenfolge untereinander.
- Schreibt nur Stichworte oder kurze Sätze und umrahmt sie.
- Zeichnet Pfeile von Rahmen zu Rahmen.

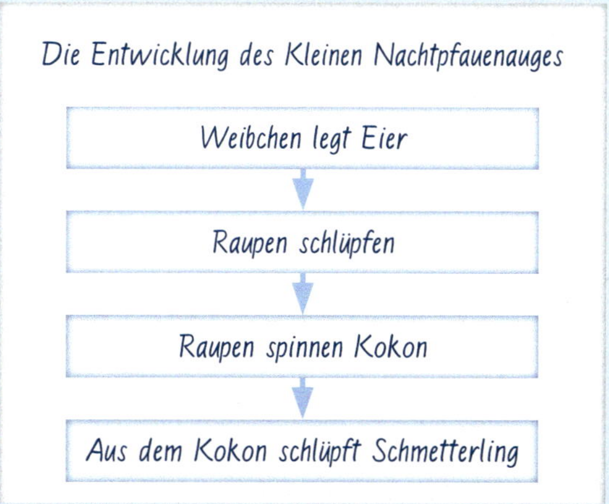

Informationen präsentieren

► S. 238

Stichwortkarten anlegen

Stichwortkarten helfen, einen Vortrag zu strukturieren und sicherer zu präsentieren.

- Notiert auf die Karten nur Stichworte, keine ganzen Sätze.
- Schreibt groß und deutlich.
- Lasst alles Unwichtige weg.
- Nummeriert die Karten in einer sinnvollen Reihenfolge.
- Übt den Vortrag mit den Stichwortkarten.

Karte 1
Aussehen des Kleinen Nachtpfauenauges:
Weibchen: ...
Männchen: ...

Karte 2
Entwicklung des Kleinen Nachtpfauenauges:
...
...

Karte 3
Lebensraum des Kleinen Nachtpfauenauges:
Natur: ...
Bedrohung: ...
...

Ein Plakat anfertigen

Ein Plakat ist gut geeignet, um Fotos, Tabellen und Texte zu präsentieren.

- Hebt die Überschrift und Zwischenüberschriften durch eine größere Schriftgröße hervor.
- Gestaltet das Plakat übersichtlich.
- Verwendet unterschiedliche Farben.
- Schreibt sauber und ausreichend groß. Man sollte die Schrift aus 2 m Entfernung lesen können.
- Notiert nur Stichworte oder kurze Sätze.

Das Kleine Nachtpfauenauge

Entwicklung:
Ei → Raupe → Kokon → Schmetterling

Lebensraum:
– naturbelassene Landschaften (Wiesen, Gärten)

Die Fünf-Schritt-Lesemethode

► S. 156, 247

Unbekannte Wörter klären (nachdenken, nachfragen, nachschlagen)

Wenn ihr ein Wort in einem Text nicht versteht, könnt ihr so vorgehen:

- Überlegt zuerst, ob es wirklich notwendig ist, das Wort zu verstehen. Vielleicht könnt ihr den Inhalt des Satzes auch ohne dieses Wort verstehen.
- Denkt über das Wort nach: Worum könnte es sich handeln? Kennt ihr Bestandteile des Wortes?
- Fragt einen Lernpartner oder eine Lernpartnerin nach der Bedeutung.
- Schlagt das Wort in einem Wörterbuch nach.

Einen Kurzvortrag halten (Buchvorstellung)

► S. 92

Eine gelungene Buchvorstellung sollte gut vorbereitet werden.
Zu eurer Buchvorstellung könnt ihr auch eine Lesekiste (► S. 92) oder ein Plakat (► S. 238) gestalten.
Auf diese Weise wird euer Vortrag anschaulicher.
Nutzt Stichwortkarten für euren Vortrag mit folgenden Informationen:

- Nennt **Autorin** oder **Autor** und **Titel** des Buches.
- Beschreibt die **Hauptfiguren,** den **Ort der Handlung** und die **Handlungszeit.**
- Fasst den **Inhalt** des Buches kurz zusammen.
- Wählt eine **kurze Leseprobe** aus dem Buch aus und lest sie wirkungsvoll vor. (► S. 96)
- **Bewertet** zum Schluss das Buch: Was hat euch an dem Buch gefallen oder nicht gefallen?

Tipps

- Sprecht laut, deutlich und nicht zu schnell.
- Versucht, möglichst frei vorzutragen.
- Schaut euer Publikum an. So seht ihr, ob es Zwischenfragen gibt.

Eine Schreibkonferenz durchführen

► S. 50

- Besprecht eure Texte in Gruppen. Dabei achtet jedes Gruppenmitglied als Experte auf einen **Schwerpunkt:** Inhalt, Aufbau oder Sprache.
- Formuliert eure Vorschläge in der **Ich-Form,** z. B.: *„Ich würde die Überschrift kürzer formulieren."*
- Achtet darauf, dass eure Verbesserungsvorschläge **unterstützend und hilfreich** sind.
- Der Verfasser notiert sich die Vorschläge und entscheidet selbst, welche er bei der Überarbeitung beachtet.

Inhalt
- *Verstehe ich, worum es in dem Text geht?*
- *Welche Textstellen sind unverständlich?*
- *Passt der Text zur Aufgabe und zum Thema?*
- *Hat der Text eine Überschrift?*

Sprache
- *Gibt es Wiederholungen im Text?*
- *Werden treffende Wörter verwendet?*
- *Wird die Zeitform richtig eingehalten?*
- *Sind Grammatik, Rechtschreibung und Zeichensetzung korrekt?*

Aufbau
- *Hat der Text eine Einleitung, einen Hauptteil und einen Schluss?*
- *Enthält der Text alle wichtigen Informationen?*
- *Sind die Informationen in einer sinnvollen Reihenfolge angeordnet?*

Wirkungsvoll vorlesen

► S. 96, 128–129

- **Lest** den Text **mehrmals still** und versucht, euch die Handlung genau vorzustellen.
- Beachtet beim Vorlesen die **Satzzeichen** *(., !, ?)*. Macht nach jedem Satz eine kurze **Pause.**
- **Betont Wörter,** indem ihr sie laut oder leise, schnell oder gedehnt sprecht.
  Um die **Spannung** zu steigern, könnt ihr die Stimme heben oder senken (↑ ↓).
- Lest die **wörtliche Rede** so, dass man merkt, **wer** spricht und **wie** er oder sie sich fühlt.
  Achtet dazu auf Hinweise im Redebegleitsatz, z. B.: *„Los geht's!", rief er voller Freude.*

Ein Gedicht wirkungsvoll vortragen

► S. 128–129

- Sprecht **deutlich** und macht **Pausen.**
- Wählt eine angemessene **Lautstärke** und ein passendes **Tempo.**
- Achtet auf die **Betonung** und die **Ausdrucksform** (z. B. *wütend, bittend* oder *aufgeregt*).

Richtige Heftführung

► S. 230

- Das Heft sollte von außen **sauber** aussehen und auf dem **Umschlag beschriftet** sein.
- Die Seiten im Heft sollten **übersichtlich** gestaltet sein.
- Die Einträge im Heft sollten alle ein **Datum** haben.
- Jeder Hefteintrag sollte eine **unterstrichene Überschrift** aufweisen.
- Die Schrift soll **leserlich** sein. Fehler werden ordentlich durchgestrichen und verbessert.
- Wichtiges sollte **farblich hervorgehoben** werden.

Hausaufgaben erledigen

► S. 231

Ihr solltet ...

- stets am Schreibtisch arbeiten, weil ihr dort Ruhe habt und eure Arbeitsmaterialien bereitliegen.
- zuerst die Hausaufgaben für den nächsten Tag erledigen, bevor ihr mit den Aufgaben für die restlichen Tage der Woche beginnt.
- auf keinen Fall bei der Arbeit am Schreibtisch fernsehen oder am Computer spielen, weil ihr dadurch abgelenkt werdet und euch nicht mehr konzentrieren könnt.
- euer **Hausaufgabenheft** ordentlich führen, damit ihr nicht vergesst, was ihr erledigen müsst.

Ein Lerntagebuch führen

► S. 19

- Ihr behaltet besser, was im Unterricht Thema war, wenn ihr am Ende einer Übung noch einmal über Folgendes nachdenkt: **Was sollten wir lernen? Wie haben wir gelernt?**
- Beantwortet in eurem Lerntagebuch die folgenden Fragen:
  - Was war das Thema der Stunde?
  - Was hast du neu gelernt?
  - Was wusstest/konntest du bereits?
  - Wie hast du gelernt?
  - Was möchtest du noch üben?
  - Was möchtest du dir noch merken?

Textartenverzeichnis

Autoren- und Quellenverzeichnis

Ahner, Dirk (*1973)

52 Hui Buh. Das Schlossgespenst
aus: Hui Buh. Das Schlossgespenst. Roman zum gleichnamigen Film nach Motiven von Eberhard Alexander-Burgh. Carlsen Verlag, Hamburg 2009, S. 26–31

Andersen, Hans Christian (1805–1875)

119 Die Prinzessin auf der Erbse
aus: http://www.labbe.de/lesekorb/index.asp?themaid=107&titelid=1000 [10. 05. 2013]

Brand, Heinz

130 Waschbär und Kragenbär
aus: Wo kommen die Worte her? Neue Gedichte für Kinder und Erwachsene. Hrsg. von Hans-Joachim Gelberg. Beltz & Gelberg, Weinheim/Basel 2011, S. 129

Brecht, Bertolt (1898–1956)

140 Es war einmal ein Rabe
Originaltitel: Kleine Lieder für Steff
aus: Gesammelte Werke, Band 9. Gedichte 2. werkausgabe edition suhrkamp. Suhrkamp Verlag, Frankfurt am Main 1967, S. 508

Busch, Wilhelm (1832–1908)

129 Bewaffneter Friede (1)
139 Fink und Frosch (2)
aus: Was beliebt ist auch erlaubt. Sämtliche Werke, Bd. 2. Hrsg. von Rolf Hochhuth. C. Bertelsmann, München 1982, S. 565 (1), Sämtliche Werke, Bd. 2. Hrsg. von Rolf Hochhuth. C. Bertelsmann, Gütersloh 1959, S. 509 (2)

Buschmann, Wolfgang (*1943)

131 Elefantenfloh (1)
135 Manchmal, wenn ich will (2)
aus: Wo kommen die Worte her? Neue Gedichte für Kinder und Erwachsene. Hrsg. von Hans-Joachim Gelberg. Beltz & Gelberg, Weinheim/Basel 2011, S. 61 (1), Keine Maus zu Haus? Hrsg. von Christine und Heinz Brand. Ravensburger Buchverlag, Ravensburg 2002, S. 34 (2)

Dorscheid, Kathrin

20 Unterricht im fahrenden Klassenzimmer
nach: Unterricht im fahrenden Klassenzimmer. Hrsg. von geolino.de. http://www.geo.de/GEOlino/mensch/unterricht-im-fahrenden-klassenzimmer-59325.html [15. 01. 2013]

Ende, Michael (1929–1995)

214 Die Schildkröte
aus: Das Schnurpsenbuch. Thienemann, Stuttgart 1979

Eschweiler, Christoph

199 Juchhu, ist ja super! ...
aus: Wo kommen die Worte her? Neue Gedichte für Kinder und Erwachsene. Hrsg. von Hans-Joachim Gelberg. Beltz & Gelberg, Weinheim/Basel 2011, S. 15

Funke, Cornelia (*1958)

55 Ein grässlicher Tag (1)
121 Die geraubten Prinzen (2)
aus: Gespensterjäger auf eisiger Spur. Loewe Verlag, Bindlach 1993, S. 11–15 (1), Cornelia Funke erzählt von Bücherfressern, Dachbodengespenstern und anderen Helden, Loewe Verlag, Bindlach 2004, S. 41–45 (2)

Gernhardt, Robert (1937–2006)

131 Die weißen Riesenhasen
aus: Zakis, Ursula (Hrsg.): Wenn die weißen Riesenhasen abends übern Rasen rasen: Kindergedichte aus vier Jahrhunderten. Marix-Verlag, Wiesbaden 2004, S. 81

Goethe, Johann Wolfgang (1749–1832)

137 Die Frösche
aus: Goethes Werke. Hamburger Ausgabe. Hrsg. von Erich Trunz. C. H. Beck Verlag, München 1978, S. 366

Grimm, Jakob (1785–1863) und
Grimm, Wilhelm (1786–1859)

112 Prinzessin Mäusehaut (1)
114 Der arme Müllerbursch und das Kätzchen (2)
nach: Märchen der Gebrüder Grimm für Erwachsene. Ausgewählt von Max Lüthi. Niemayer, Hameln 1991, S. 7–9 (1), Kinder- und Hausmärchen, gesammelt durch die Brüder Grimm. Vollständige Ausgabe mit über 160 Holzschnitten von Ludwig Richter. Hrsg. von Roland W. Fink-Henseler. 8. Aufl., Gondrom Verlag, Bayreuth 1985 (2)

Guggenmos, Josef (1922–2003)

137 Der Vogel auf der Hand
aus: Was denkt die Maus am Donnerstag? Süddeutsche Zeitung Junge Bibliothek, München 2006, S. 63

Hacks, Peter (1928–2003)

128 Der blaue Hund
aus: Der Flohmarkt. Eulenspiegel Verlag, Berlin 2001

Hamann, Götz (*1969)

154 Da schaust du!
nach: DIE ZEIT. Das Junior-Lexikon, Bd. 2, Hamburg 2007

Harranth, Wolf (*1941)

200 Du fragst mich: Wo kommen die Worte her?
aus: Wo kommen die Worte her? Neue Gedichte für Kinder und Erwachsene. Hrsg. von Hans-Joachim Gelberg. Beltz & Gelberg, Weinheim/Basel 2011, S. 10

Hirschmann, Kai (*1965)

221 Fische schwimmen im Wasser
nach: Schlammspringer – Fische, die über Land kriechen. © Cosmos Media nach: www.helles-koepfchen.de/artikel/381.html [18. 02. 2010]

Hohler, Franz (*1943)

102 Der offene Kühlschrank
aus: Franz Hohler/Nikolaus Heidelbach: Das große Buch. Geschichten für Kinder. Carl Hanser Verlag, München 2009, S. 222–225

Jandl, Ernst (1925–2000)

138 ottos mops
aus: Poetische Werke in 10 Bänden, Bd. 4: Der künstliche Baum. Luchterhand Literaturverlag, München 1997, S. 871

Kaléko, Mascha (1907–1975)

130 Die Spinne
aus: Die paar leuchtenden Jahre. Deutscher Taschenbuch Verlag, München 2003

Kästner, Erich (1899–1974)

105 Die Schildbürger: Die versunkene Glocke (1)
108 Wie Eulenspiegel Eulen und Meerkatzen buk (2)
aus: Erich Kästner erzählt. Dressler Verlag, Hamburg 1982 © Die Schildbürger: Atrium Verlag, Zürich 1956, S. 235–237 (1), ebd. © Till Eulenspiegel: Atrium Verlag, Zürich 1938, S. 39–43 (2)

Krüss, James (1926–1997)

127 Längenunterschied (1)
132 Der Uhu und die Unken (2)
aus: Wo kommen die Worte her? Neue Gedichte für Kinder und Erwachsene. Hrsg. von Hans-Joachim Gelberg. Beltz & Gelberg, Weinheim/Basel 2011, S. 94 (1), James' Tierleben. Annette Betz Verlag, München 1965, S. 146 (2)

Kurt, Kemal (1947–2002)

94 Keloğlan kauft Salz
aus: Als das Kamel Bademeister war: Keloğlans lustige Streiche. Edition Orient, Berlin 2001, S. 17–22

Lobe, Mira / Zotter, Gerri

135 Wortbilder „Giraffe“ und „Krokodil“
aus: Hans Domengo u. a.: Das Sprachbastelbuch. G & G Verlag 2007

Ludwig, Sabine (*1954)

22 Die fabelhafte Miss Braitwhistle
aus: Die fabelhafte Miss Braitwhistle. Cecilie Dressler Verlag, Hamburg 2011, S. 22–28

Maar, Paul (*1937)

99 Der Bogenschütze (1)
100 Die hungrige Tasche (2)
101 Nüsse und Melonen (3)
aus: Paul Maar/Aljoscha Blau: Das fliegende Kamel. Geschichten von Nasreddin Hodscha neu erzählt von Paul Maar. Friedrich Oetinger Verlag, Hamburg 2010, S. 28–29 (1), S. 21 (2), S. 12 (3)

NÖSTLINGER, CHRISTINE (*1936)
128 Haustierärger
aus: Christine Nöstlinger/Jutta Bauer: Ein und alles: Ein Jahresbuch mit Geschichten, Bildern, Texten, Sprüchen, Märchen und einem Tagebuch-Roman. Beltz & Gelberg, Weinheim 1993, S. 234

ORLOVSKÝ, SARAH MICHAELA (*1984)
136 Der Eber (1)
136 Der Hase (2)
136 Der Luchs (3)
aus: Wo kommen die Worte her? Neue Gedichte für Kinder und Erwachsene. Hrsg. von Hans-Joachim Gelberg. Beltz & Gelberg, Weinheim/Basel 2011, S. 189 (1) (2) (3)

PICHLER, WERNER
128 Die flotte Motte
aus: Wo kommen die Worte her? Neue Gedichte für Kinder und Erwachsene. Hrsg. von Hans-Joachim Gelberg. Beltz & Gelberg, Weinheim/Basel 2011, S. 107

SEIDEL, HEINRICH (1842–1906)
133 Das Huhn und der Karpfen
aus: Gesammelte Schriften von Heinrich Seidel, 7. Band. Glockenspiel. A. G. Liebeskind, Leipzig 1897, S. 299–300

STEINHÖFEL, ANDREAS (*1962)
79 Rico, Oskar und die Tieferschatten: Die Fundnudel (1)
84 Rico, Oskar und die Tieferschatten: Im Hinterhaus (2)
81 Rico, Oskar und die Tieferschatten: Oskar (3)
aus: Rico, Oskar und die Tieferschatten. Carlsen Verlag, Hamburg 2008, S. 9–14 (1), S. 190–194 (2), S. 64–68 (3)

TIEMANN, HANS-PETER
147 Finale (1)
149 Herr Bromme (2)
aus: Rote Karte. 10 Sketche rund um den Sport. Kohl-Verlag, Niederzier 2007, S. 10 (1) Mehr fetzige Schulsketche. Kohl-Verlag, Niederzier 2010, S. 15–18 (2)

WITTKAMP, FRANTZ (*1943)
218 Stolzer Bewohner (Titel red. ergänzt)
aus: Tage und Gedichte. F. Coppenrath, Münster 2006

Unbekannte/ungenannte Autorinnen und Autoren

21 Das größte Klassenzimmer der Welt
nach: www.australien-info.de/school-of-the-air.html [27. 05. 2013]

120 Die drei Wünsche
aus: Volksmärchen aus den Pyrenäen. Französische Märchen. Hrsg. von Ré Soupault. Diederichs, Düsseldorf 1963

216 Die Geschichte der sieben jungen Fische
aus: Edward Lear/Hans Magnus Enzensberger: Die Geschichte der sieben Familien vom Pippel-Poppel-See. Lesebuch für Kinder. Insel Verlag, Frankfurt am Main 1987, S. 115

157 Immer mehr Vorbilder und Idole
nach: KIM-Studie 2010. www.mpfs.de/fileadmin/KIM-pdf10/KIM2010.pdf [27. 05. 2013]

234 Interessante Insekten: Das Kleine Nachtpfauenauge
nach: Jahreswesen 2012: Das Kleine Nachtpfauenauge ist Schmetterling des Jahres. Hrsg. vom Bundesministerium für Umwelt, Naturschutz und Reaktorsicherheit. http://www.bmu-kids.de/Tipps/Wesen/schmetterling.php?p=1 [17. 12. 2012]

152 Schule – Und was dann?
nach: KIM-Studie 2010. www.mpfs.de/fileadmin/KIM-pdf10/KIM2010.pdf [27. 05. 2013]

206 Schutz gegen Feinde
nach: Sohns, Verena: Auf Achse. Landlust Juli/August 2012, S. 162–165

206 Stachelkleid der Igel
nach: Sohns, Verena: Auf Achse. Landlust Juli/August 2012, S. 162–165

153 Tägliche Nutzungsdauer verschiedener Medien durch 6- bis 13-Jährige
nach: KIM-Studie 2010. www.mpfs.de/fileadmin/KIM-pdf10/KIM2010.pdf [27. 05. 2013]

97 Till heilt Kranke
aus: http://www.labbe.de/lesekorb/index.asp?themakatid=16&themaid=97&titelid=861&titelkatid=139&momo=1 [28. 05. 2013]

232 Verrückte Viecher: Das Erdferkel
nach: Verrückte Viecher: Erdferkel. Hrsg. von KinderZEIT. http://blog.zeit.de/kinderzeit/2012/05/16/verrueckte-viecher-7-erdferkel_12188 [17. 12. 2012] und nach: Das Erdferkel. Hrsg. von NDR Info. http://www.ndr.de/info/programm/kinder/mikado_am_morgen/erdferkel103.html [11. 01. 2013]

205 Wer raschelt da?
nach: Sohns, Verena: Auf Achse. Landlust Juli/August 2012, S. 162–165

176 Wir treiben die Beute
aus: http://www.singenundspielen.de/id174.htm [17. 06. 2013]

163, 164 Wissen vor acht: Warum bekommt man bei Kälte eine Gänsehaut?
aus: http://www.daserste.de/information/wissen-kultur/wissen-voracht-ranga-yogeshwar/sendung-ranga-yogeshwar/2011/warum-bekommt-man-bei-kaelte-eine-gaensehaut-folge 657-100.html [17. 05. 2013]

Bildquellenverzeichnis

S. 13, 27, 28, 35, 141, 142, 148: Thomas Schulz, Teupitz; **S. 20:** © photopool GmbH; **S. 21:** © Photoshot/Eric Lalmand; **S. 61:** © Zoonar.com/Ingo Schulz; **S. 62, 63:** © Juniors Bildarchiv/Wildlife; **S. 64 oben:** © fotolia/Andreas Hilger; **S. 64 unten:** © Juniors Bildarchiv; **S. 66 oben:** © fotolia/mdxphoto; **S. 66 unten:** © fotolia/Peter Kirillov; **S. 68 links:** © fotolia/Carola Schubbel; **S. 68 rechts:** © ALIMDI.NET 7 Thorsten Jochim; **S. 73 oben:** © Waves images/Flonline Bildagentur; **S. 73 Mitte:** © fotolia/sonne fleckl; **S. 73 unten:** © Wildlife/S. Stüwer; **S. 74:** © Fotolia/Dogs; **S. 77:** © Archiv Mehrl/© Ulrich Baumgarten/vario images; **S. 78:** Cover: Andreas Steinhöfel, Rico, Oskar und die Tieferschatten. Carlsen Verlag, Hamburg; **S. 118:** akg-images; **S. 151:** © ullstein bild/Europress; **S. 154:** © ullstein bild; **S. 155 oben:** © Jochen Eckel; **S. 155 unten:** © Fotolia/Franz Pfluegl; **S. 159:** © NDR, Hamburg; **S. 160, 161, 162:** © NDR (Die Pfefferkörner, Folge „Wühltisch-Welpen"); **S. 171:** © A1PIX/You Photo Today; **S. 173:** © ullstein bild – Prisma/Pepper; **S. 174 links:** © Reuters; **S. 174 Mitte:** © Picture alliance/dpa/Andrew Gombert; **S. 174 rechts:** © picture alliance/abaca/Elizabeth Pantaleo; **S. 175 links:** © picture alliance/Geisler-Fotopress; **S. 175 Mitte:** © picture alliance/Landov/Ron Wolfson; **S. 175 rechts:** © Caro/Muhs; **S. 182:** © ddp images/AP/Shaun Stanley; **S. 221, 222:** © OKAPIA KG; **S. 229:** © fotolia/lunamarina; **S. 232:** © Alon Root/OKAPIA; **S. 234:** © D. Harms/WILDLIFE; **S. 238:** © TV-Yesterday

Lösungen

Lösungen zu den Seiten 182–183: Rund um Wortarten

Seite 182

1 a *Folgende Beispiele könntest du wählen:*
männliches Nomen: der Radiergummi, der Schatz, der Bach, der Gegenstand, der Inhalt, der Besuch, der Schatzsucher
weibliches Nomen: die Art, die Schatzsuche, die Natur, die Dose, die Kleinigkeit, die Murmel, die Form, die Koordinate, die Information, die Böschung
sächliches Nomen: das Geocaching, das Notizbuch, das Logbuch, das Versteck, das Internet, das GPS-Gerät, das Gelände, das Gebüsch
bestimmter Artikel: der (2x), dem (3x), das, die (3x), des, den (2x)
unbestimmter Artikel: eine, einem, einen
Personalpronomen im Singular: es
Personalpronomen im Plural: sie (2x)

b

Positiv	Komparativ	Superlativ
modern	moderner	am modernsten
dicht	dichter	am dichtesten

c *Folgende Beispiele könntest du wählen:*
ich habe gekonnt, ich bin gegangen, ich habe versteckt, ich habe gefüllt, ich habe gelesen, ich habe gemerkt, ich habe genutzt, ich habe gefunden, ich habe gesucht, ich habe gemusst, ich habe gekämpft, ich bin hochgelaufen, ich bin gesprungen, ich habe ausgetauscht, ich habe eingetragen, ich habe zurückgelegt, ich bin gekommen

2 a, b Wen oder was finden viele am spannendsten? – den Moment = Akkusativ
Wen oder was finden sie? – das Versteck = Akkusativ
Wessen Versteck finden sie? – des Schatzes = Genitiv
Wer oder was gehört aber nicht dem Finder? – der Schatz = Nominativ
Wem gehört der Schatz aber nicht? – dem Finder = Dativ
Wen oder was muss man wieder zurücklegen? – die Dose = Akkusativ

3 *So könnte deine Geschichte lauten:*
Schon lange hatte ich meinen Cousin versucht zu überreden, dass er mich einmal zu einer Geocaching-Tour mitnimmt. Endlich war es so weit. Er holte mich an einem Sonntagmorgen zeitig ab. Wir nahmen eine Wasserflasche und natürlich das GPS-Gerät mit und fuhren zu einem einsamen Gelände. Überall wuchsen Büsche und Sträucher, und es war nicht so einfach zu begehen. Wir krochen unter Ästen durch und folgten dabei immer der Spur des GPS-Geräts. Das Gerät zeigte nur noch wenige Meter zum Ziel an. Plötzlich merkten wir, dass wir nicht allein waren. Eine Gruppe war vor uns gekommen und trug sich gerade ins Logbuch ein. So mussten wir warten. Zum Glück vergrub die Gruppe die Dose nicht wieder, sodass wir sie gleich öffnen konnten. Aber irgendwie waren wir danach enttäuscht, dass wir den Schatz nicht selbst ausgegraben hatten.

Seite 183

1 a, b

Nomen	Artikel	Personalpronomen	Adjektiv	Verb
Sturm Kinder Wellen	den die	ich wir	alte fürchterlichen	gingen fanden

Folgende Beispiele könntest du für Aufgabe 1b wählen:

Sturmnacht, Opa, Geschichte, Mann, Enkeln, Nacht, Häuser, Augen, Wind, Türen, Morgen, Strand, Dorfes, Menge, Treibgut, Schiff	der	uns er es	großen folgende schrecklichsten	erzähl, bettelten, lehnte zurück, begann, erzählen, gab, erlebt habe, waren, wagte, rauszugehen, machte zu, rüttelte, war, gibt, dachten

2 Enkeln: **Wem** begann er die folgende Geschichte zu erzählen? – Dativ
Sturm: **Wen oder was** gab es in dieser Nacht? – Akkusativ
Wind: **Wer oder was** rüttelte an unseren Türen? – Nominativ
Dorfes: **Wessen** Strand? – Genitiv

3 a „Das Schiff lag zerschmettert im Wasser. Überall schwammen **alte** Balken herum, **kaputte** Segel und sogar Tassen und Teller mit **merkwürdigen** Mustern darauf. Und dann trieben da noch zwei **große** Kisten. Das waren **sonderbare** Kisten ..."

b Präteritum

c lag – liegen, schwammen – schwimmen, trieben – treiben, waren – sein

4 *So könnte deine Geschichte lauten:*
Wir versuchten, die Kisten mit langen Stöcken an Land zu ziehen. Plötzlich sahen wir drei Männer auf uns zukommen. „Geht weg von den Kisten", schrien sie. „Diese Kisten können gefährliche Dinge enthalten!" Wir erschraken und rannten natürlich weg. Aber wir versteckten uns hinter einem Felsen und beobachteten alles, was dann geschah. Die Männer kannten wir nicht, wir hatten sie noch nie gesehen. Woher kamen sie und warum wussten sie, was in den Kisten war? Zwei Männer gingen in das Wasser und zogen die Kisten heraus. Sie schienen es sehr eilig zu haben, denn der dritte trieb die anderen an. Er schaute sich ständig um, er fühlte sich wohl beobachtet. Wir fanden das komisch. „Ich rufe die Polizei", flüsterte ich den anderen zu. „Da stimmt was nicht." Die anderen nickten. Ich schlich weg und rannte, so schnell ich konnte, in unser Dorf. Dort ging ich zu unserem Dorfpolizisten, der sofort mit einigen Männern zum Strand kam. Tatsächlich, die Männer hatten gewusst, dass in den Kisten kostbare Schmuckstücke waren. Sie wurden verhaftet und gaben später zu, dass sie vorgehabt hatten, die Waren nicht an den Besitzer zurückzugeben, sondern für viel Geld zu verkaufen.

Lösungen zu den Seiten 193–194: Rund um Satzglieder

Seite 193

1 a, b grün = Subjekt, gelb = Prädikat, blau = Dativobjekt, rot = Akkusativobjekt
Der Mann schnitzt seinem Freund einen Bogen.
Seinem Freund schnitzt der Mann einen Bogen.
Einen Bogen schnitzt der Mann seinem Freund.
c Mit der **Umstellprobe** kann man herausfinden, welche Wörter gemeinsam ein **Satzglied** bilden: Die Wörter, die **zusammenstehen,** gehören zu einem **Satzglied.**

2 a, b, c 1. Unsere Vorfahren besaßen Flöten.
2. Archäologen entdeckten hohle Elfenbeinstäbe.
3. Diese hatten Grifflöcher.
4. Sie übergaben ihren Fund einem Musikexperten.
5. Er baute die Flöte nach.

d *Folgende Beispiele könntest du wählen:*
Besaßen unsere Vorfahren Flöten? / Entdeckten Archäologen hohle Elfenbeinstäbe? / Hatten diese Grifflöcher? / Übergaben sie ihren Fund einem Musikexperten? / Baute er die Flöte nach?

3 a, b grün = Subjekt, gelb = Prädikat, blau = Dativobjekt, rot = Akkusativobjekt
Folgende Sätze könntest du bilden:
Ich gebe meinem Freund ein Geschenk.
Wir kaufen uns ein Eis.
Ihrem kleinen Bruder baut sie eine Sandburg.
Die Lehrerin zeigt den Schülern ein Bild.
Der Briefträger bringt uns die Post.
Meine Oma schenkt mir einen Hut.
Der Vater erklärt dem Sohn die Himmelskörper.

4 Kindheit in der Steinzeit
In der Steinzeit mussten Kinder vermutlich sehr viel arbeiten. Man übertrug **ihnen** schon früh Aufgaben in der Gemeinschaft. **Sie** pflückten Beeren, hüteten Tiere oder holten Wasser. Sicher mussten **(sollten)** Kinder **(sie)** auch bei der Ernte mitarbeiten **(mithelfen).** Skelettfunde zeigen, dass **sie** schon mit sechs Jahren viele Stunden am Tag arbeiten mussten. Allerdings haben die Kinder **(sie)** sicher auch gespielt. Das zeigen Fundstücke wie z. B. ein Miniaturboot.

Seite 194

1 a, b, c 1. Der kleine Junge bringt der Frau ein großes Bärenfell.
2. Der Frau bringt der kleine Junge ein großes Bärenfell.
3. Ein großes Bärenfell bringt der kleine Junge der Frau.

d Mit der **Umstellprobe** kann man herausfinden, welche Wörter gemeinsam **ein Satzglied** bilden: Die Wörter, die **zusammenstehen,** gehören zu einem **Satzglied.**

2 a, b, c A Die Menschen trugen warme Felle. → Wer oder was trug warme Felle?
B Sie besaßen unterschiedliche Kleidungsstücke. → Wer oder was besaß unterschiedliche Kleidungsstücke?
C Manche Kleider von damals ähneln der heutigen Mode. → Wer oder was ähnelt der heutigen Mode?

3 a, c Handel in der Steinzeit
Die Menschen in der Steinzeit tauschten vermutlich **Nahrung und Werkzeuge.** Die Menschen handelten auch **Materialien wie Feuersteine.** Man hat **Muscheln** weit entfernt von Gewässern gefunden. Die Muscheln wurden als Schmuck verwendet. Wahrscheinlich legten die Menschen **lange Wege** für den Tausch zurück. **Geld** hatten die Menschen natürlich noch nicht.
b Akkusativobjekte
d Die Menschen in der Steinzeit tauschten vermutlich Nahrung und Werkzeuge. Sie handelten auch mit Materialien wie Feuersteinen. Man hat Muscheln weit entfernt von Gewässern gefunden. Sie wurden als Schmuck verwendet. Wahrscheinlich legten die Menschen lange Wege für den Tausch zurück. Geld hatten sie natürlich noch nicht.

Lösungen zu den Seiten 210–211: Strategiewissen anwenden

Seite 210

1 a, b Tausendfüßer: Zu viele Füße?
Tausendfüßer haben natürlich keine tausend Füße. Aber es sind bestimmt mehrere hundert Beine, mit denen sie sich schnell fortbewegen. Es ist unglaublich, dass sie sich beim Laufen nicht selbst ein Beinchen stellen. Aber sie laufen ohne Störung und verlieren sogar in einem Laubberg nicht die Kontrolle über ihre Beine.
Verlängerungswörter: tausende, schneller, selber, Laubberge

2 a, b unzählige – die Zahl, schädlich – der Schaden, wärmeren – warm, Holzhäuser – das Haus, belästigen – die Last, Räuber – rauben, Blattläuse – die Laus, Schädlinge – der Schaden, Mistkäfer = Merkwort

3 a **äuß**erliche, Außenskele**tt**, Abschni**tt**en, **B**ewegungen, **L**ebensraum, Lan**d**, W**ä**ldern, Feuch**t**gebieten, Flü**ss**en, Ber**gg**letschern

b

schwingen	verlängern	zerlegen	ableiten	Großschreibung
Abschnitten	Außenskelett	Feuchtgebieten	äußerliche	Bewegungen
Flüssen	Land	Berggletschern	Wäldern	Lebensraum

4 die Spezies: Tier- oder Pflanzenart, das Chitin: Stoff im Panzer der Gliederfüßer, die Arthropoden: Gliederfüßer

Seite 211

1 *Folgende Wörter muss man verlängern:*
der Wald – die Wälder, der Sinn – die Sinne, der Weg – die Wege, der Schwamm – die Schwämme, hebt – heben, liegt – liegen, nagt – nagen, schreibt – schreiben, bewegt – bewegen

2 a, b, c

<table>
<tr><th>Wörter, die man schwingen kann</th><th>Wörter, die man zerlegen muss</th></tr>
<tr><td>der Lebensraum
der Elefantenrüssel
die Untergruppenbezeichnung</td><td>der Gelb | rand | käfer – gelbe, die Ränder
das Glüh | würmchen – glühen
der Flug | segler – die Flüge
die Spitz | maus | fell | farbe – die Spitze, die Mäuse, die Felle
der Schwimm | käfer – schwimmen</td></tr>
</table>

3 die Mäuse – die Maus, verträglich – vertragen, das Männchen – der Mann, das Kämmerchen – die Kammer, die Nährstoffe – die Nahrung, erklärlich – klar, oberflächlich – flach, die Bäume – der Baum, die Räuber – der Raub, säuberlich – sauber, ungläubig – glauben

4 a, b ω: stel**l**en, Untergru**pp**e ↠: glau**b**t, gi**b**t ××: **A**rten, **F**lügelpaare ⚡: Lebensr**äu**me

Lösungen zu den Seiten 220–221: Regelwissen anwenden

Seite 220

1 *Folgende Wörter könntest du so einordnen:*

erste Silbe offen	erste Silbe geschlossen
Fische, eine, haben, Gräten, viele, Beispiel ...	merken, essen, nämlich, bilden, Gruppe ...

2 a Wa**ss**er, angepa**ss**t, Schu**pp**en, schwi**mm**en, Flo**ss**en, sti**mm**t, ko**mm**en, mü**ss**en
b Folgenden Fehler hast du in deinem Text häufig gemacht: Du hast nicht auf Doppelkonsonanten geachtet. Du solltest beim Schreiben daran denken, dass du den Konsonanten verdoppeln musst, wenn die erste Silbe geschlossen ist, du aber nur einen Konsonanten hörst. Achtung, du musst dazu schwingen und Einsilber verlängern.

3 a A Eine weitere besondere Gruppe sind die T**ie**fseefische.
B D**ie**se Fische sind an das Leben in Meerestiefen unter 500 Metern angepasst.
C In der Tiefsee l**ie**gt die Temperatur bei unter 4 Grad Celsius und es herrscht Dunkelheit.
D Bei v**ie**len Fischen haben sich die Augen zurückgebildet.
E Manche Tiefseefische haben Leuchtorgane, mit denen sie L**i**cht erzeugen.
F Mit dieser Lichtquelle beleuchten sie die Umgebung und locken Beutet**ie**re vor ihr Maul.
b Man schreibt in einem zweisilbigen Wort *ie*, wenn die erste Silbe offen ist.

4 heißt → hei ßen (erste Silbe offen), Süß | waren → weil: sü ßer (erste Silbe offen)

Seite 221

1

erste Silbe offen	erste Silbe geschlossen
leben, Gräten, tauchen	fressen, Arten, Schuppen, Wasser, Flossen

2 a, b Was ser, Schup pen, schwim men, Flos sen, Grup pe

3 Kie men, Kie fer, rie sig, krie chen, Tier – Tie re, tief – tie fer, fies – fie ser, Krieg – Krie ge, Sieg – Sie ge

4 a Die Flo**ss**en der Fische im Flu**ss** streiften den Fu**ß** eines Mannes auf dem Flo**ß**.
b der Fuß – die Fü ße, das Floß – die Flö ße

5 schwimmen, Wasser, stimmt, können, Tümpeln, robben, Schlamm, fressen

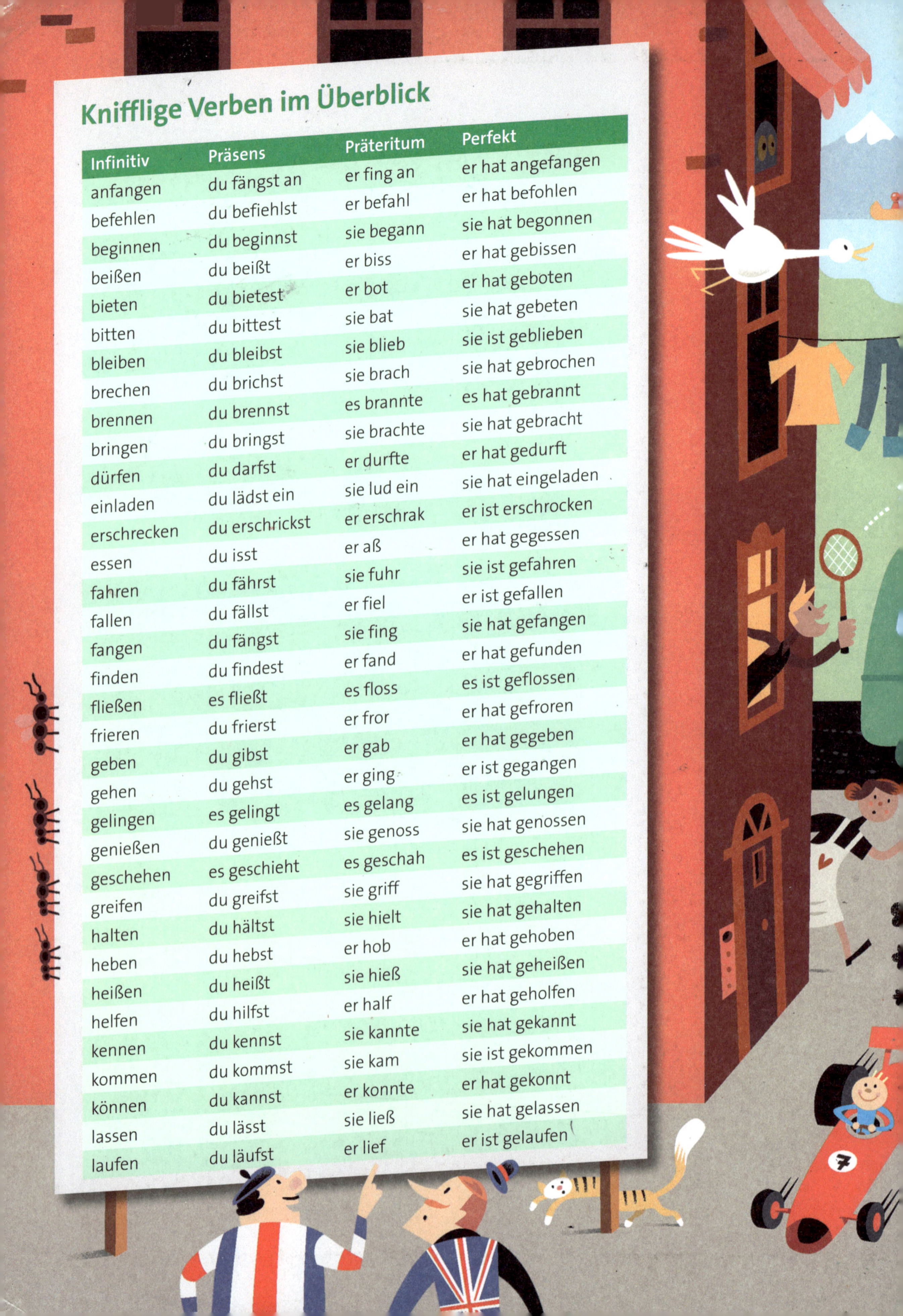

Knifflige Verben im Überblick

Infinitiv	Präsens	Präteritum	Perfekt
anfangen	du fängst an	er fing an	er hat angefangen
befehlen	du befiehlst	er befahl	er hat befohlen
beginnen	du beginnst	sie begann	sie hat begonnen
beißen	du beißt	er biss	er hat gebissen
bieten	du bietest	er bot	er hat geboten
bitten	du bittest	sie bat	sie hat gebeten
bleiben	du bleibst	sie blieb	sie ist geblieben
brechen	du brichst	sie brach	sie hat gebrochen
brennen	du brennst	es brannte	es hat gebrannt
bringen	du bringst	sie brachte	sie hat gebracht
dürfen	du darfst	er durfte	er hat gedurft
einladen	du lädst ein	sie lud ein	sie hat eingeladen
erschrecken	du erschrickst	er erschrak	er ist erschrocken
essen	du isst	er aß	er hat gegessen
fahren	du fährst	sie fuhr	sie ist gefahren
fallen	du fällst	er fiel	er ist gefallen
fangen	du fängst	sie fing	sie hat gefangen
finden	du findest	er fand	er hat gefunden
fließen	es fließt	es floss	es ist geflossen
frieren	du frierst	er fror	er hat gefroren
geben	du gibst	er gab	er hat gegeben
gehen	du gehst	er ging	er ist gegangen
gelingen	es gelingt	es gelang	es ist gelungen
genießen	du genießt	sie genoss	sie hat genossen
geschehen	es geschieht	es geschah	es ist geschehen
greifen	du greifst	sie griff	sie hat gegriffen
halten	du hältst	sie hielt	sie hat gehalten
heben	du hebst	er hob	er hat gehoben
heißen	du heißt	sie hieß	sie hat geheißen
helfen	du hilfst	er half	er hat geholfen
kennen	du kennst	sie kannte	sie hat gekannt
kommen	du kommst	sie kam	sie ist gekommen
können	du kannst	er konnte	er hat gekonnt
lassen	du lässt	sie ließ	sie hat gelassen
laufen	du läufst	er lief	er ist gelaufen